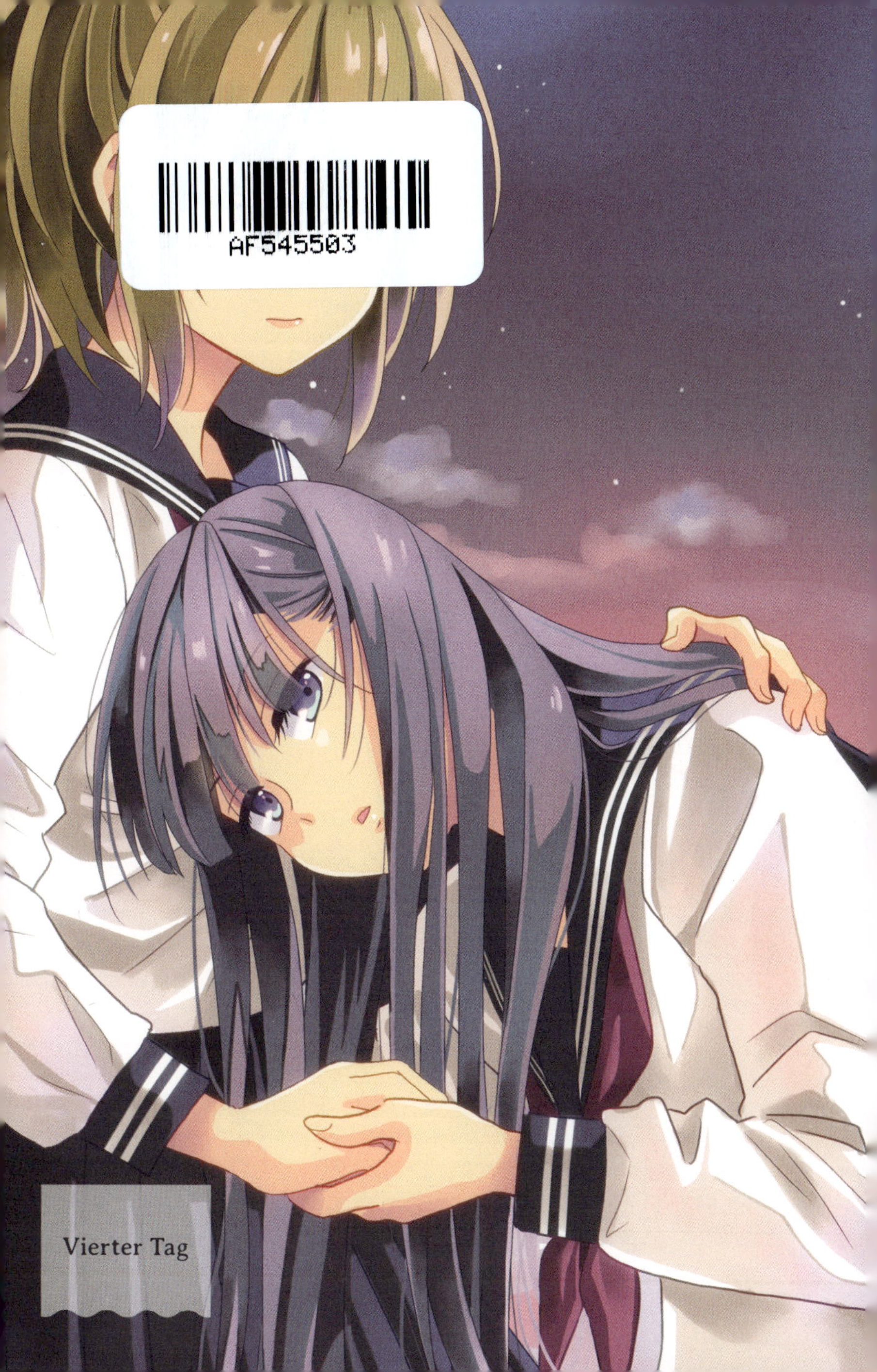
Vierter Tag

Inhalt

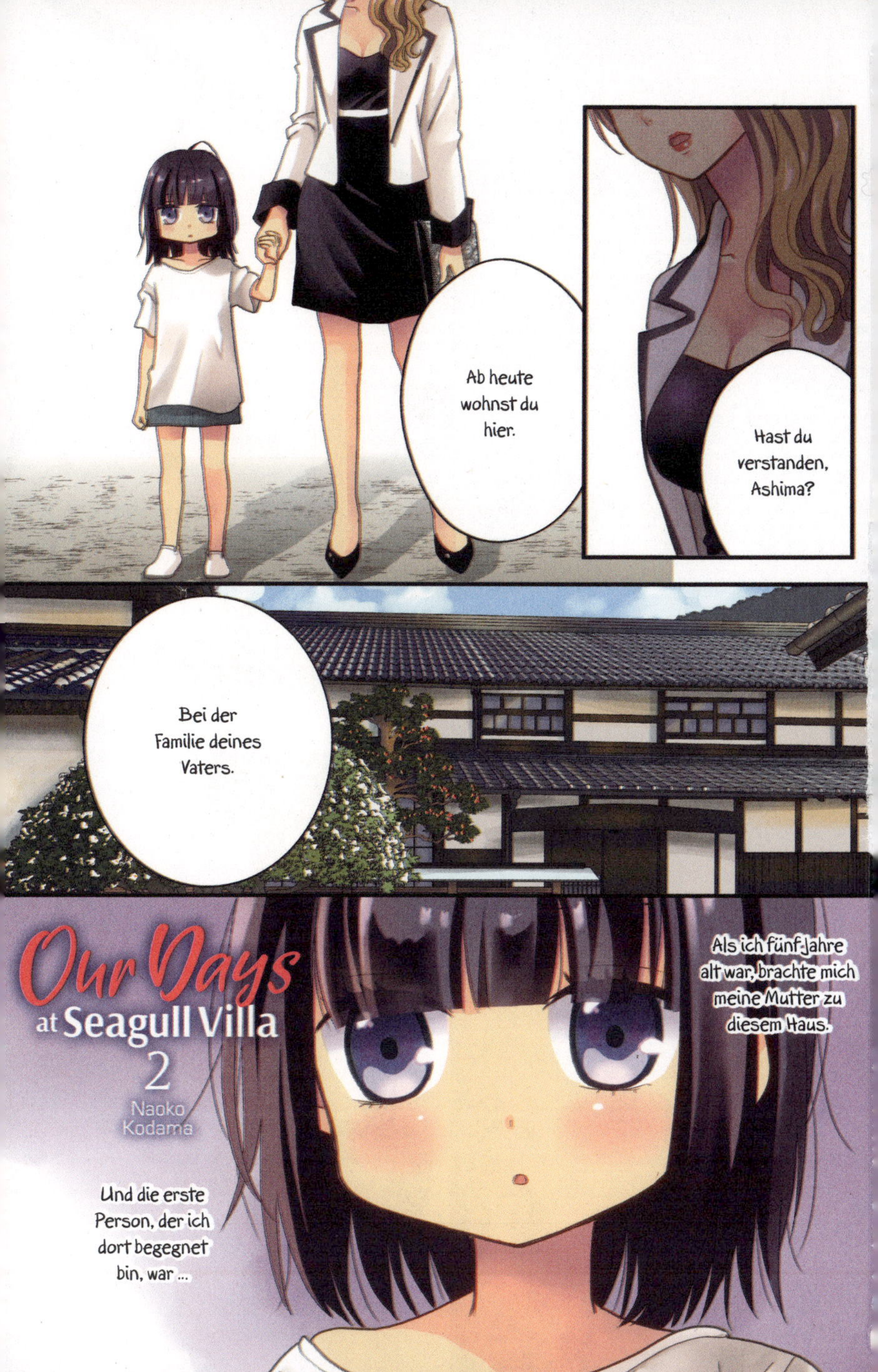
Ab heute wohnst du hier.
Hast du verstanden, Ashima?
Bei der Familie deines Vaters.
Our Days at Seagull Villa
2
Naoko Kodama
Als ich fünf Jahre alt war, brachte mich meine Mutter zu diesem Haus.
Und die erste Person, der ich dort begegnet bin, war ...

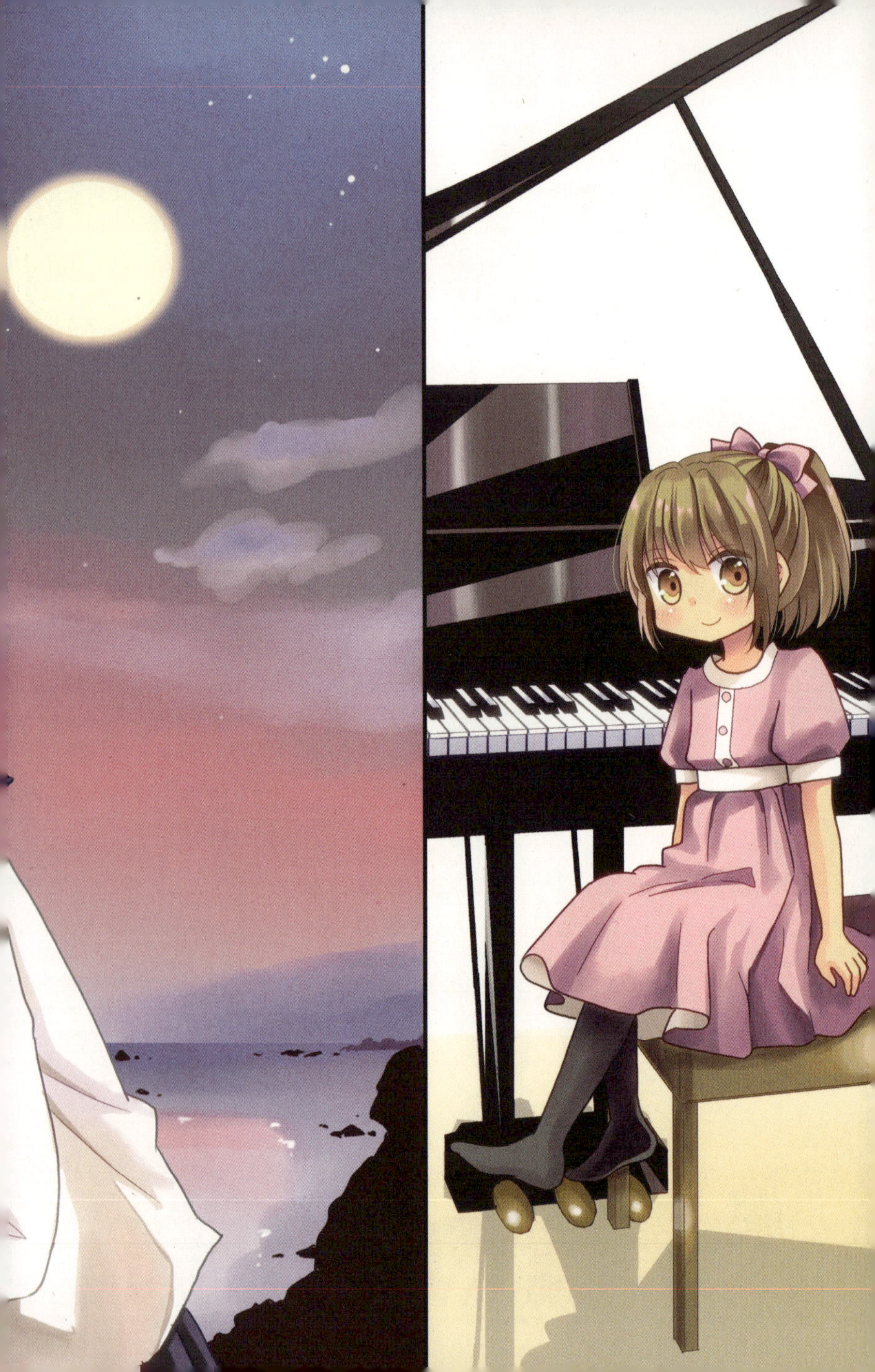

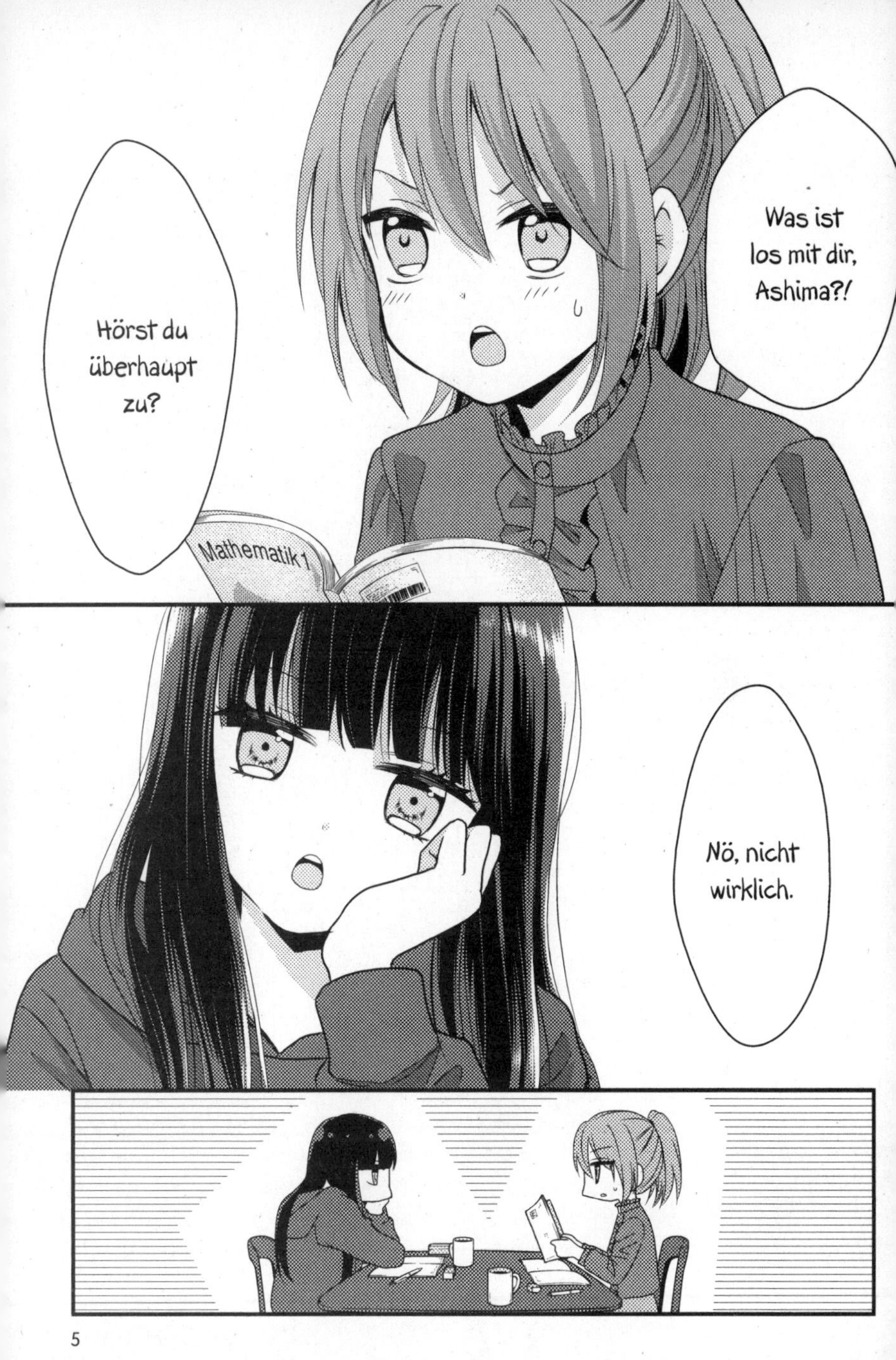
Was ist
los mit dir,
Ashima?!
Hörst du
überhaupt
zu?
Mathematik 1
Nö, nicht
wirklich.

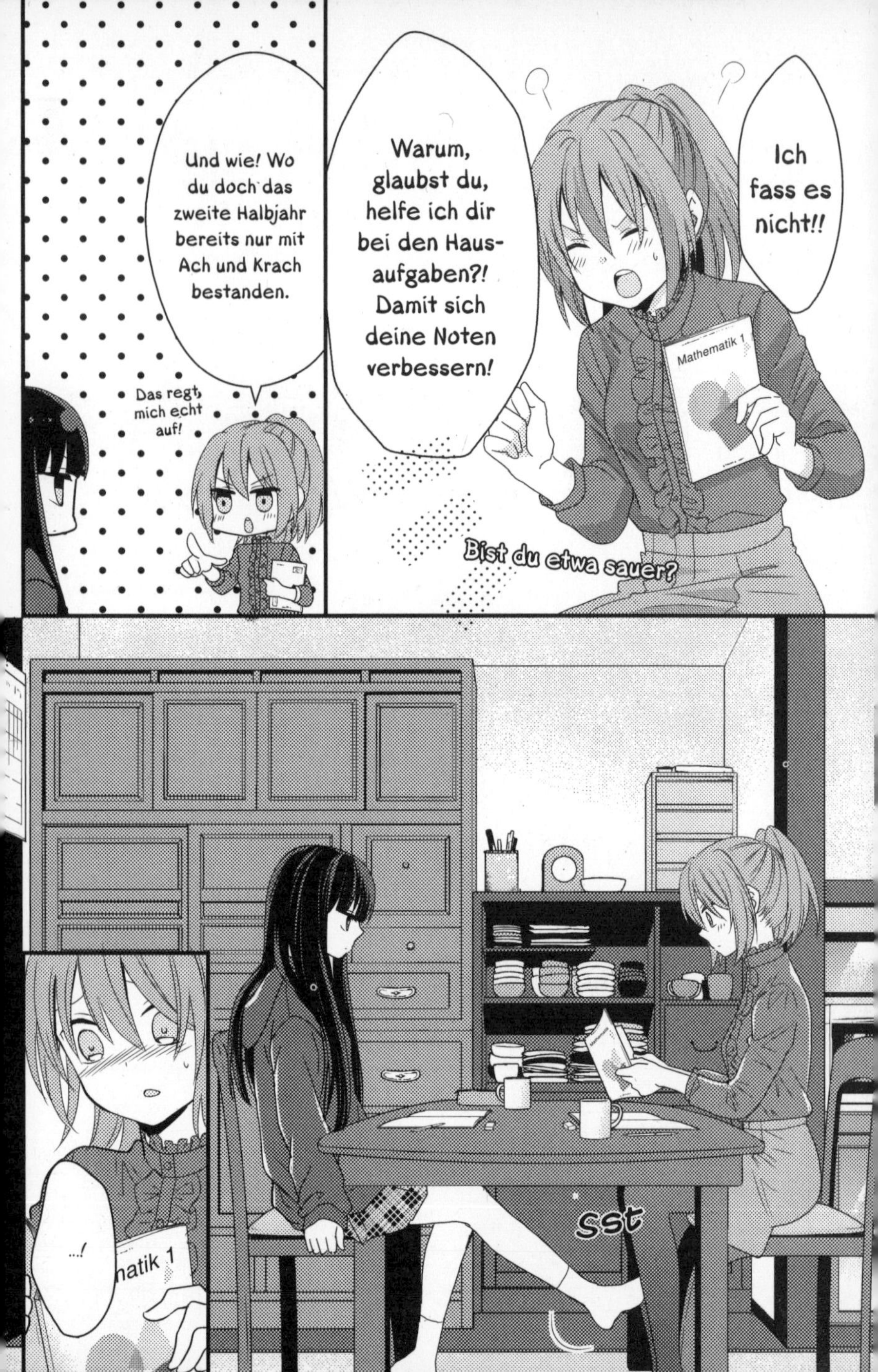
Ich fass es nicht!!
Mathematik 1
Warum, glaubst du, helfe ich dir bei den Hausaufgaben?! Damit sich deine Noten verbessern!
Bist du etwa sauer?
Und wie! Wo du doch das zweite Halbjahr bereits nur mit Ach und Krach bestanden.
Das regt mich echt auf!
SST
...!
matik 1

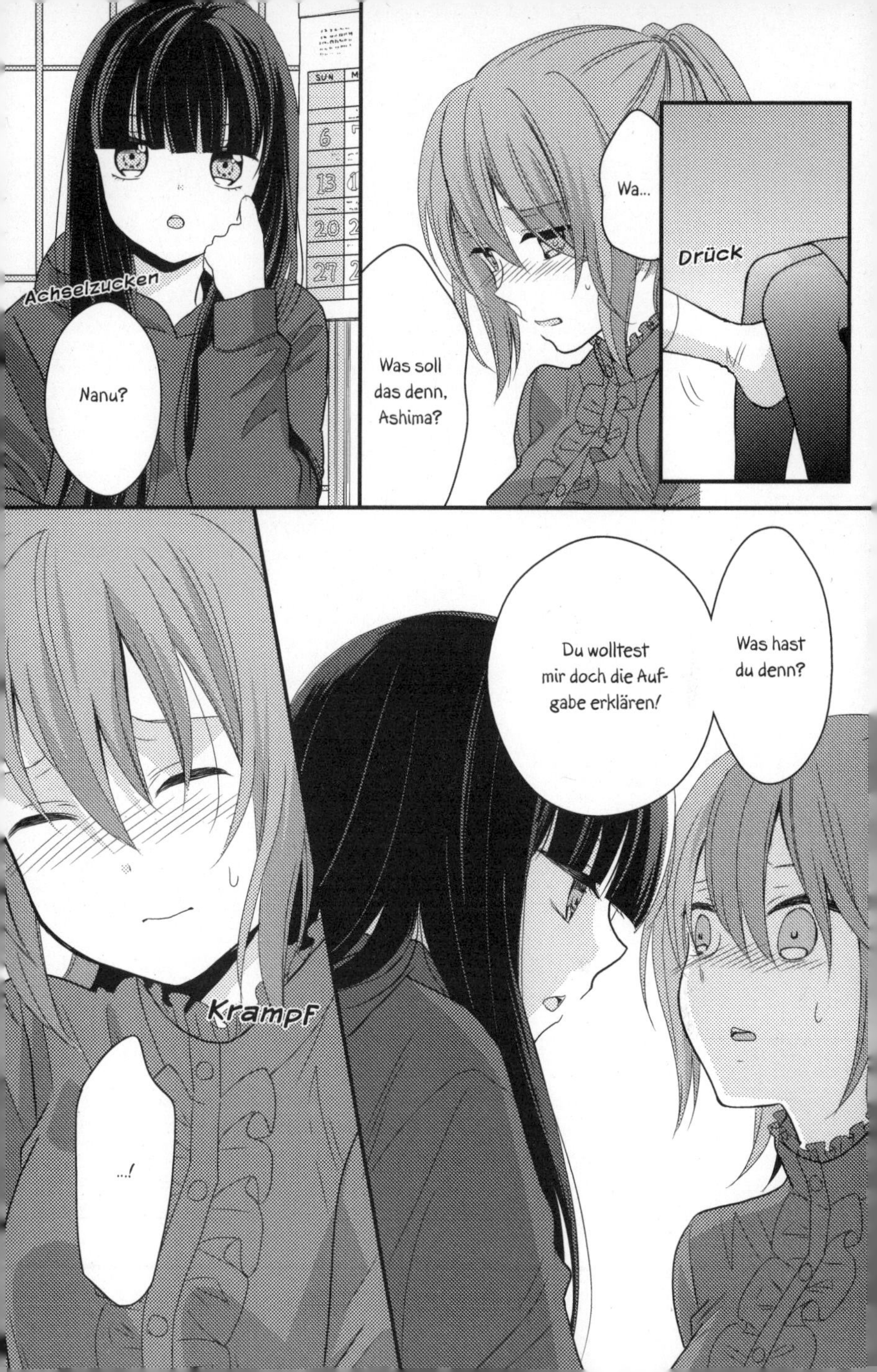
Drück
Wa...
Was soll das denn, Ashima?
Achselzucken
Nanu?
Was hast du denn?
Du wolltest mir doch die Aufgabe erklären!
Krampf
...!

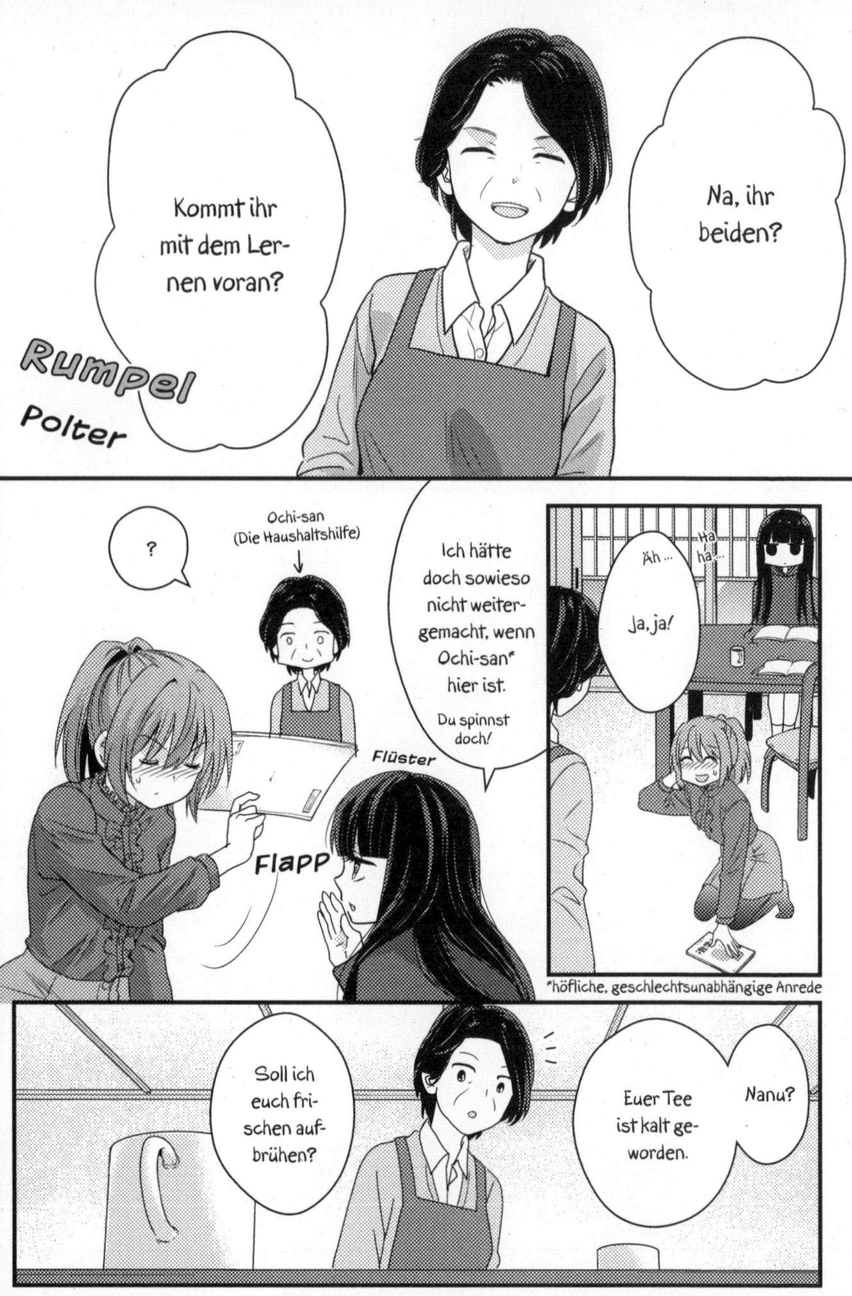

*höfliche, geschlechtsunabhängige Anrede

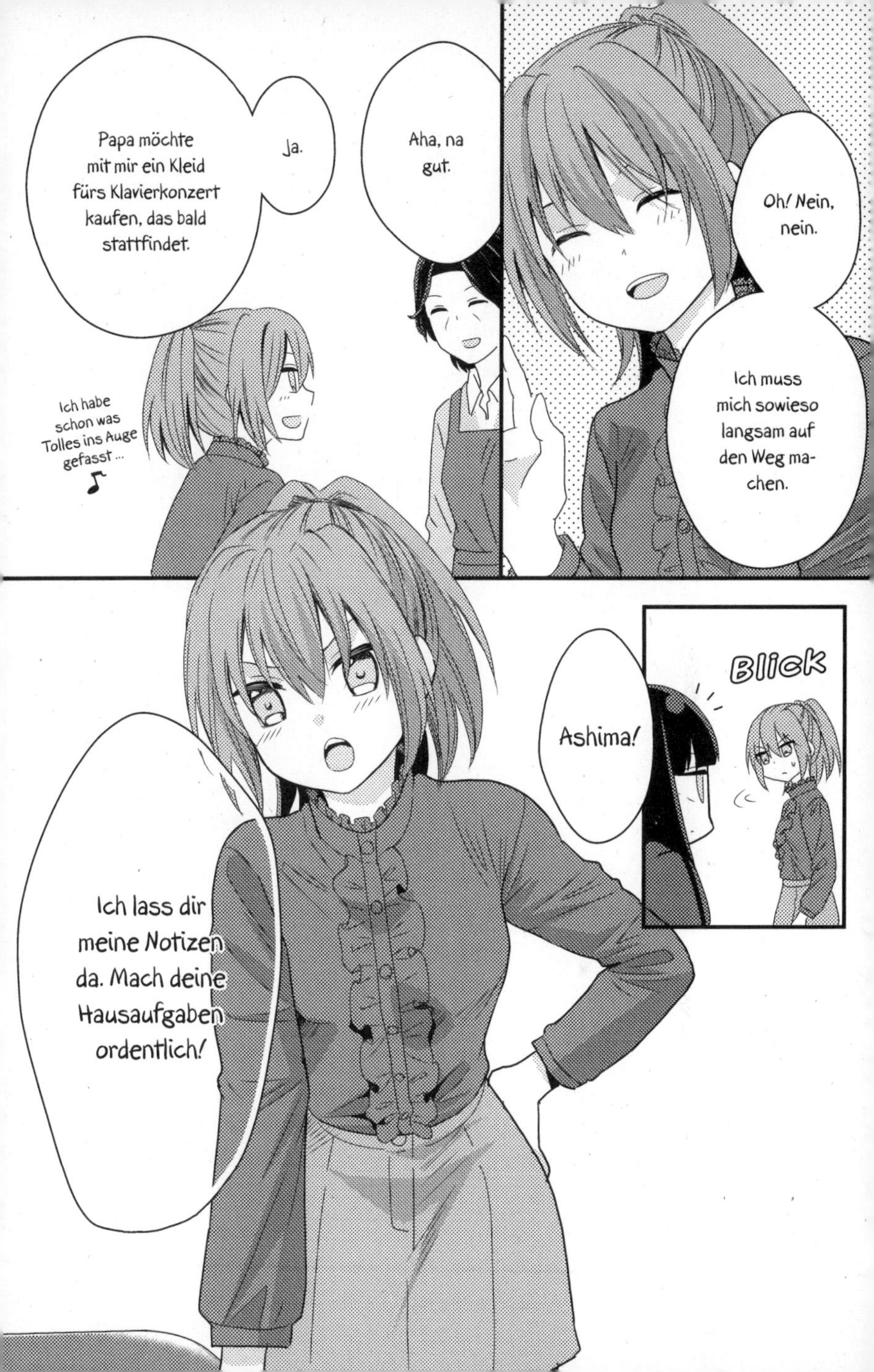
Oh! Nein, nein.
Ich muss mich sowieso langsam auf den Weg machen.
Aha, na gut.
Ja.
Papa möchte mit mir ein Kleid fürs Klavierkonzert kaufen, das bald stattfindet.
Ich habe schon was Tolles ins Auge gefasst ... ♪
Blick
Ashima!
Ich lass dir meine Notizen da. Mach deine Hausaufgaben ordentlich!

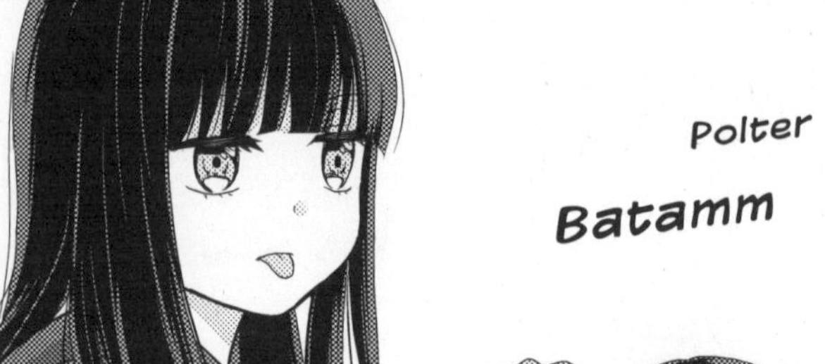

Sakura und ich ...

Das offizielle und das uneheliche Kind.

Damit unser unterschiedlicher Stand in der Familie noch deutlicher wird ...

... lebt Sakura in der prächtigen Villa, während ich in einem schäbigen Zimmer außerhalb des Haupthauses wohnen muss.

Und dass, obwohl wir doch denselben Vater haben und blutsverwandt sind.

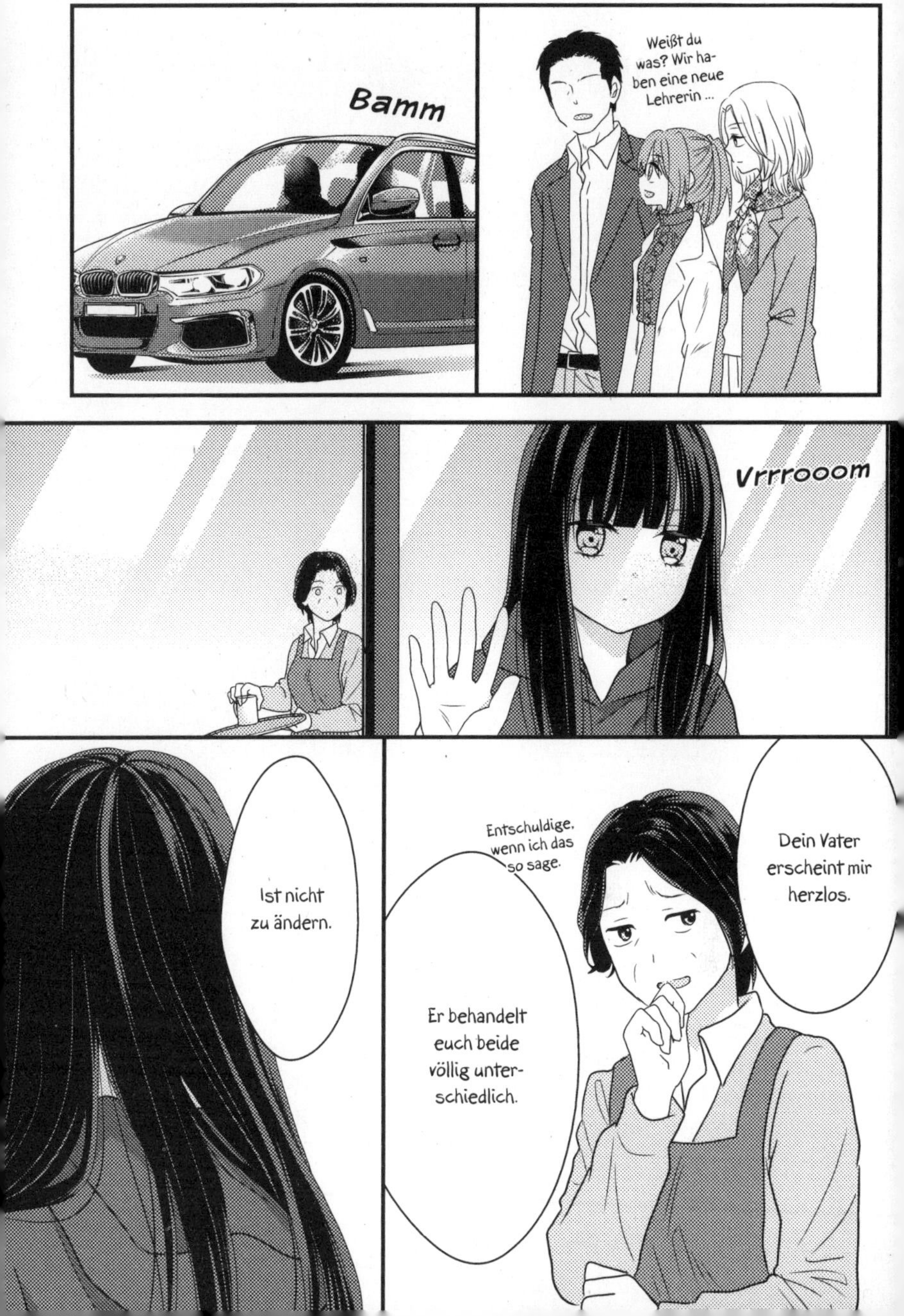

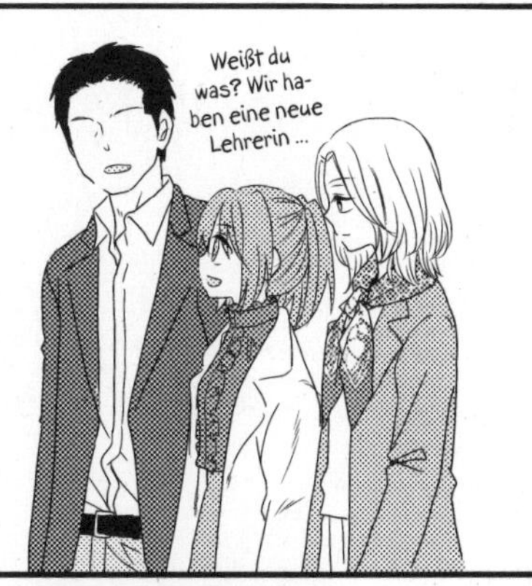

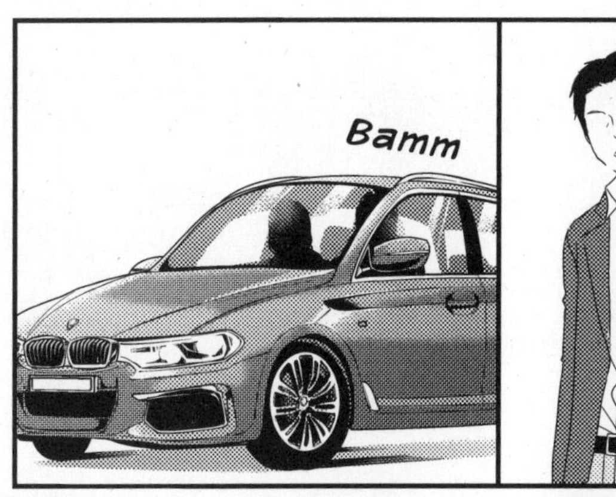

Vrrrooom

Dein Vater erscheint mir herzlos.

Entschuldige, wenn ich das so sage.

Er behandelt euch beide völlig unterschiedlich.

Ist nicht zu ändern.

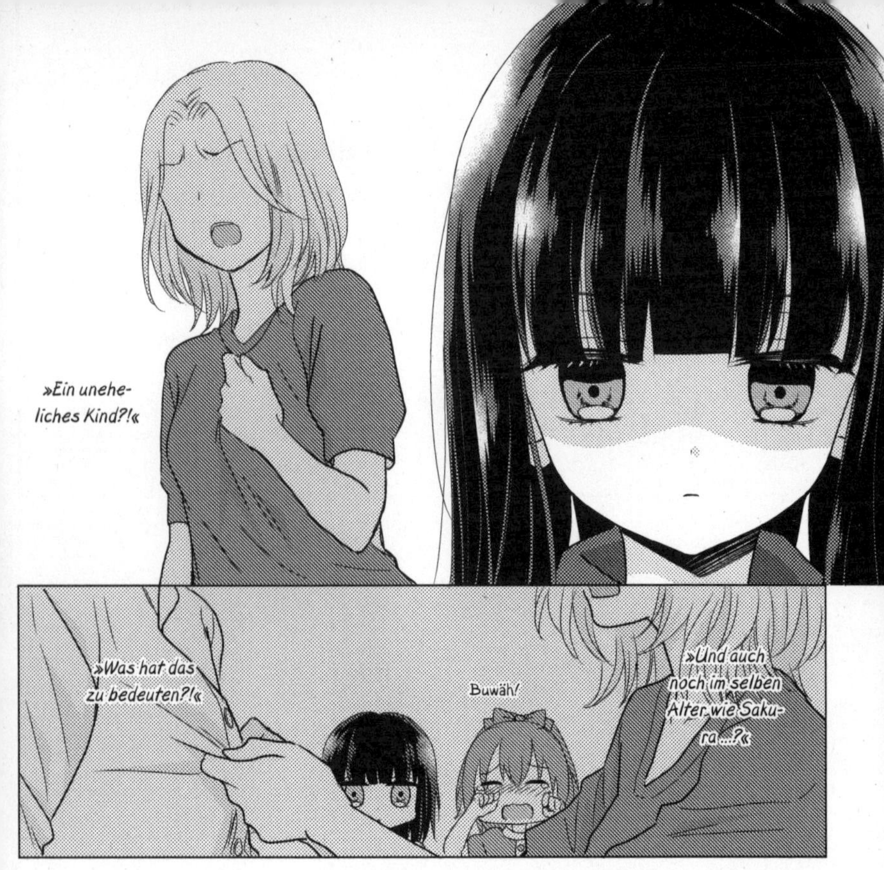

Ich werde auf keinen Fall heile Familie spielen und mit ihr unter einem Dach wohnen!

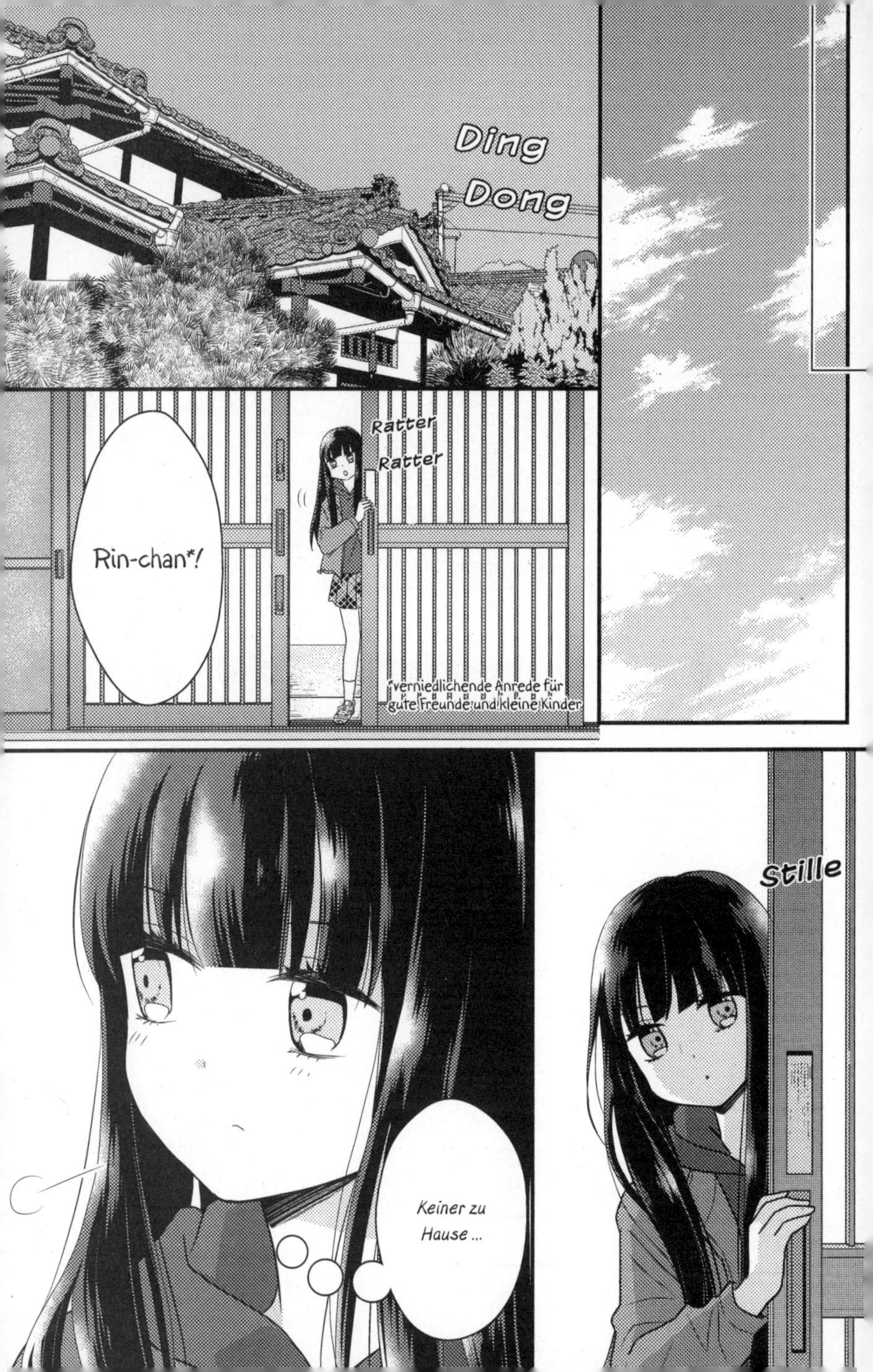

Ding Dong

Ratter

Ratter

Rin-chan*!

*verniedlichende Anrede für gute Freunde und kleine Kinder

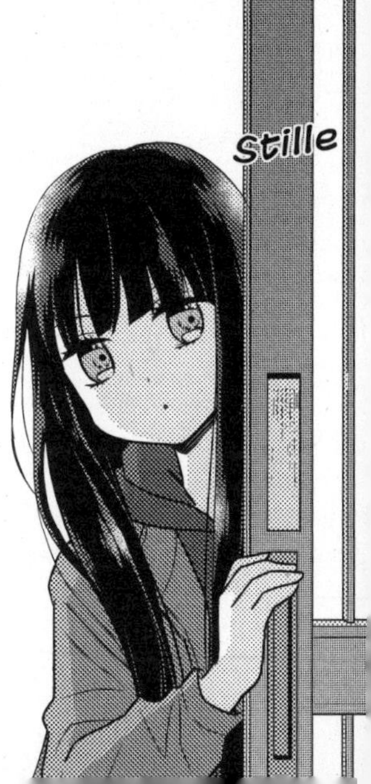

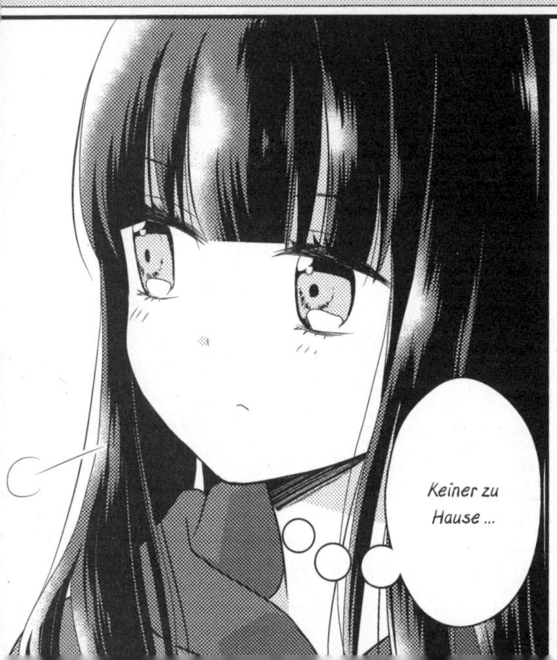

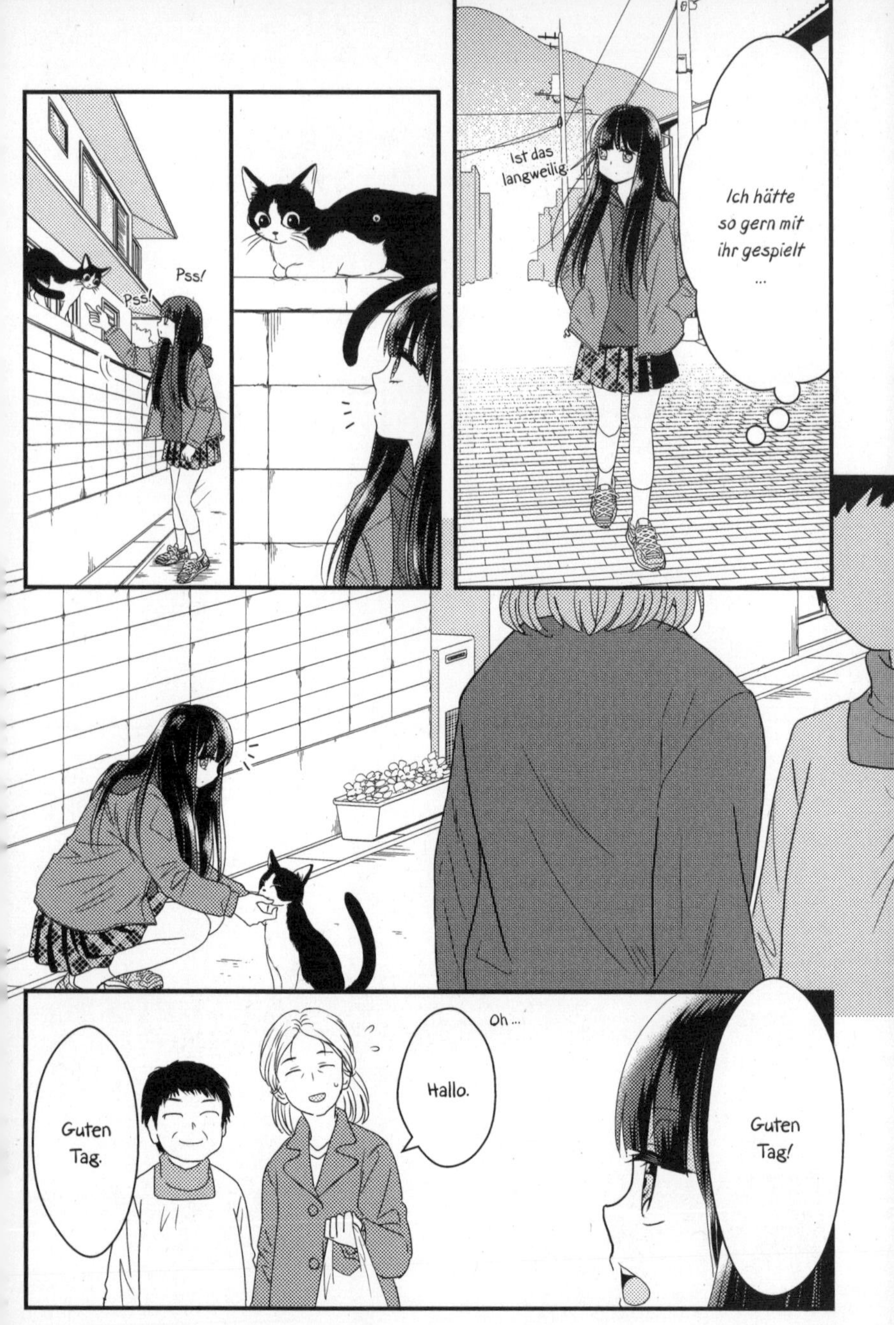
Ich hätte so gern mit ihr gespielt ...
Ist das langweilig.
Pss!
Pss!
Oh ...
Guten Tag!
Hallo.
Guten Tag.

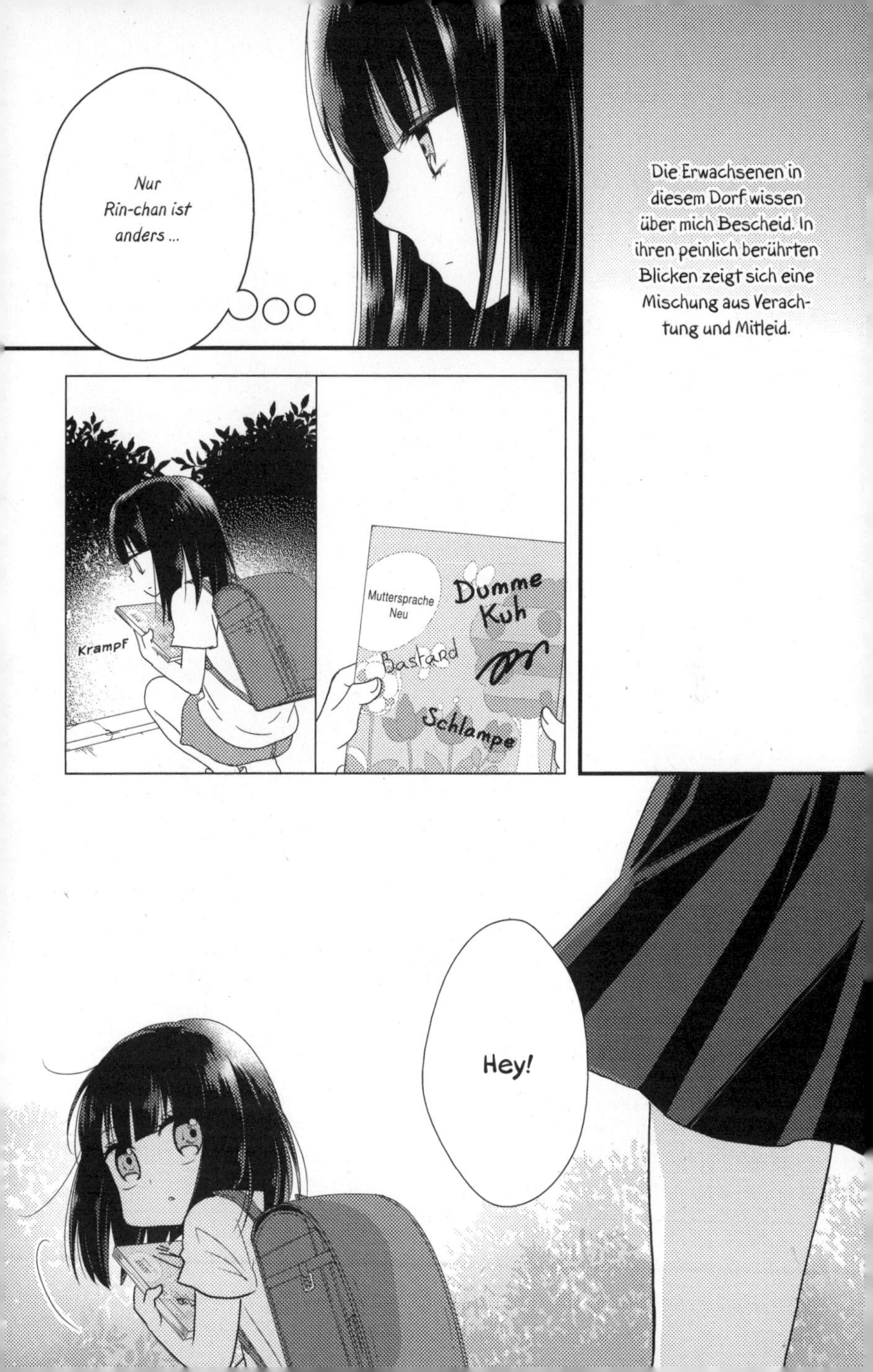

Die Erwachsenen in diesem Dorf wissen über mich Bescheid. In ihren peinlich berührten Blicken zeigt sich eine Mischung aus Verachtung und Mitleid.

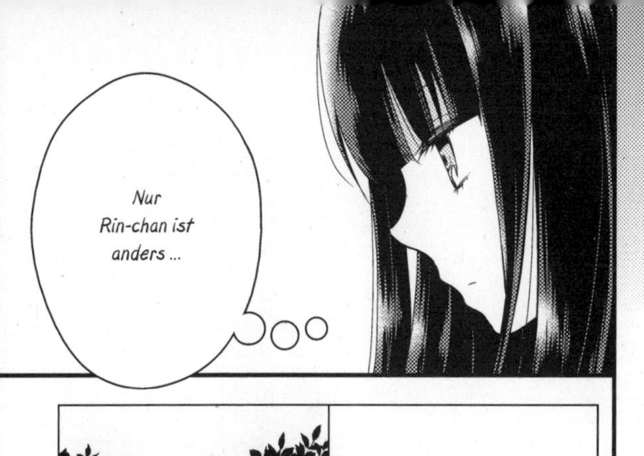

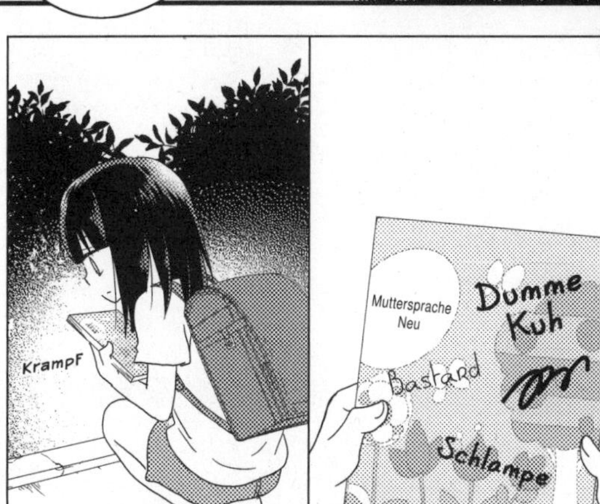

Hey!

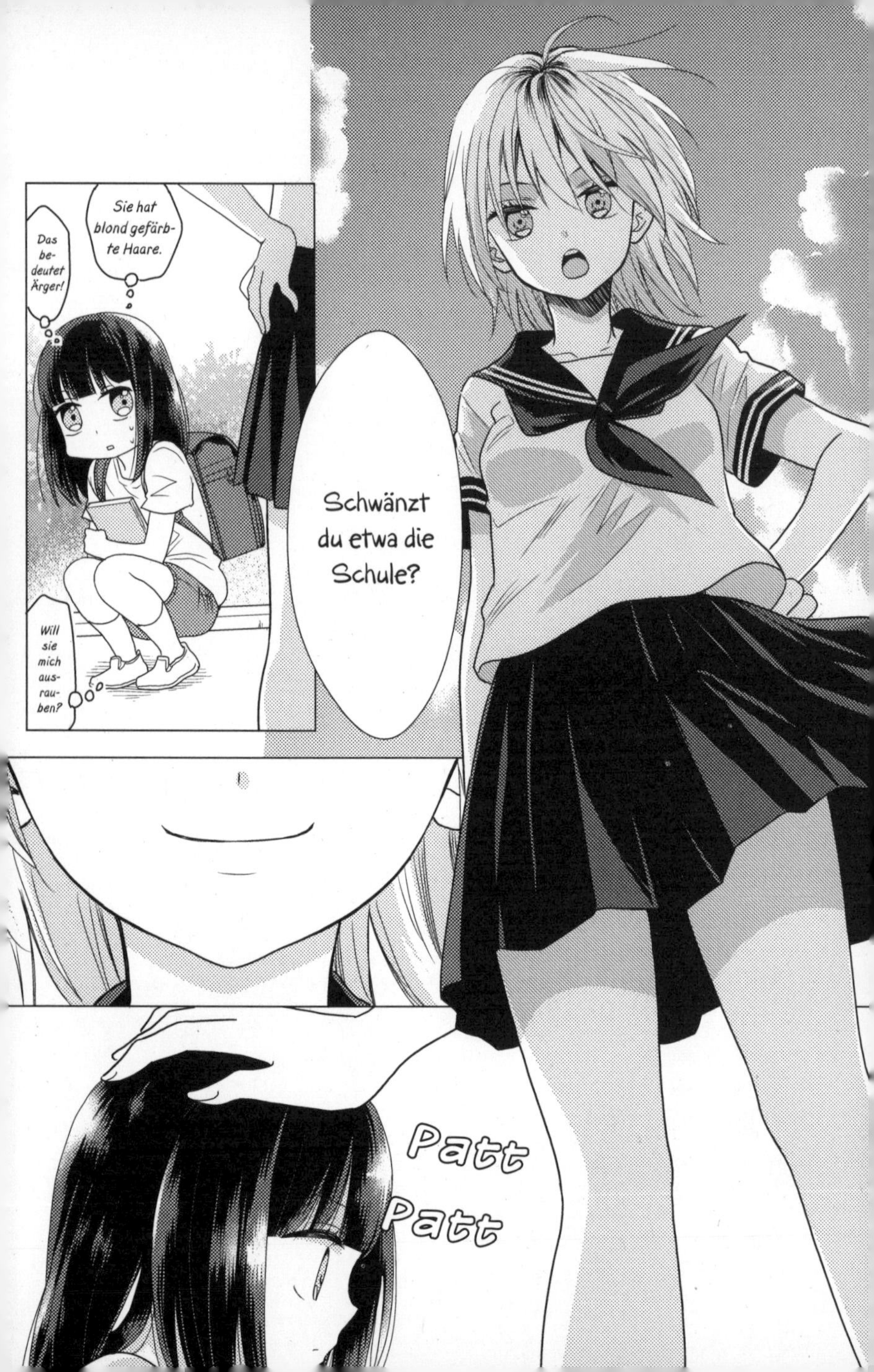
Schwänzt du etwa die Schule?
Sie hat blond gefärbte Haare.
Das bedeutet Ärger!
Will sie mich ausrauben?
Patt
Patt

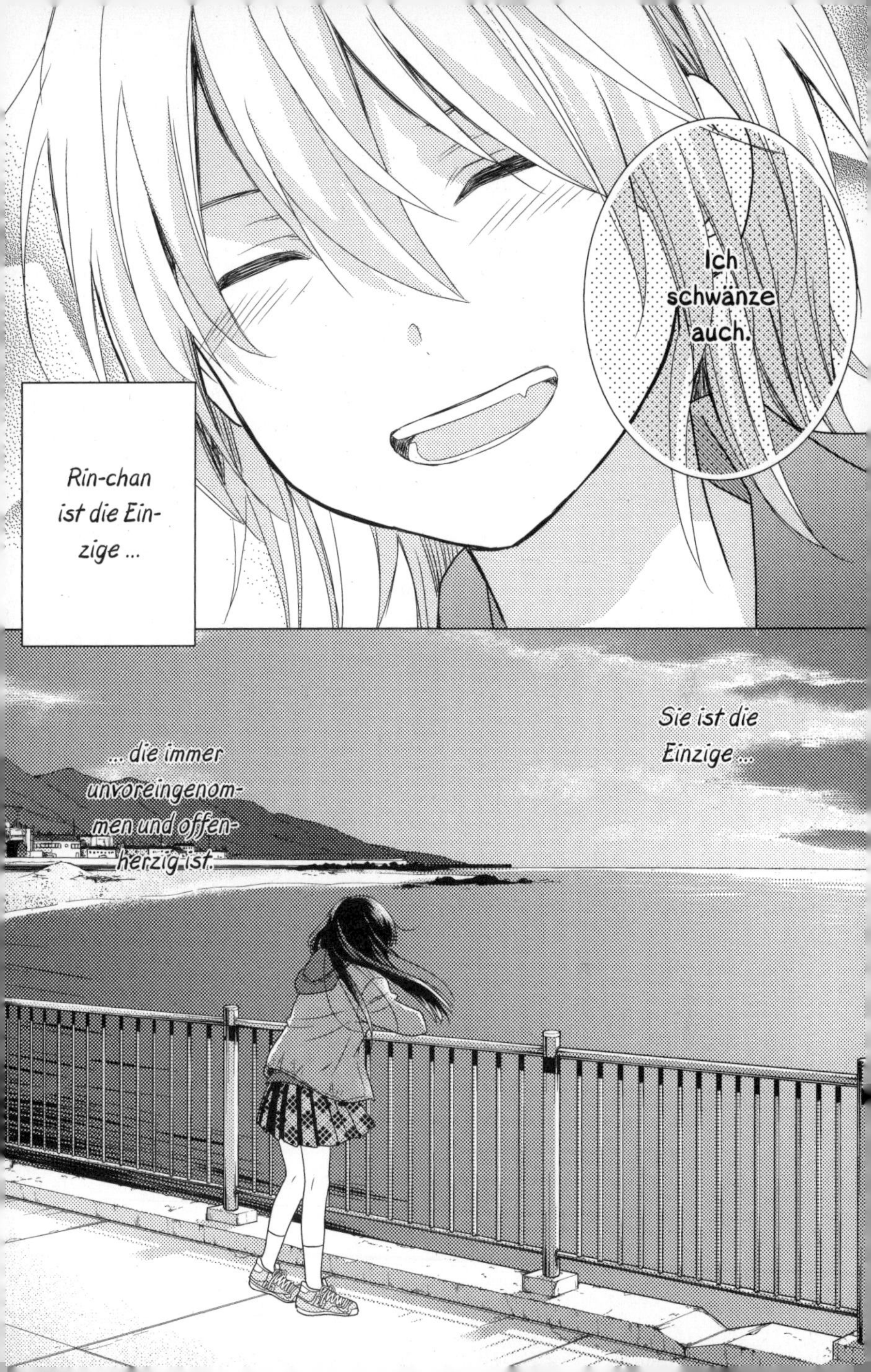
Ich schwänze auch.
Rin-chan ist die Ein- zige ...
Sie ist die Einzige ...
... die immer unvoreingenom- men und offen- herzig ist.

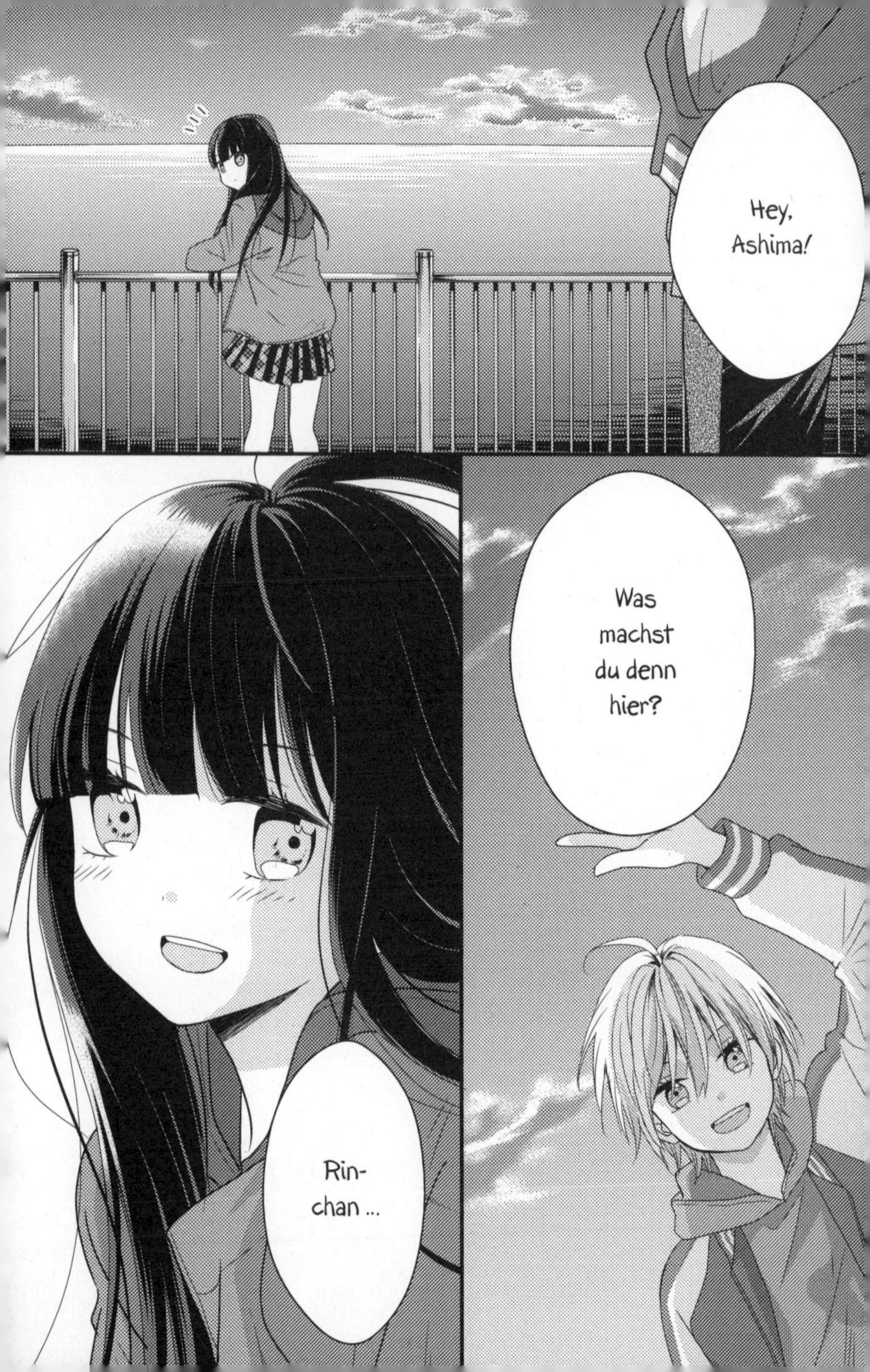
Hey, Ashima!
Was machst du denn hier?
Rin-chan ...

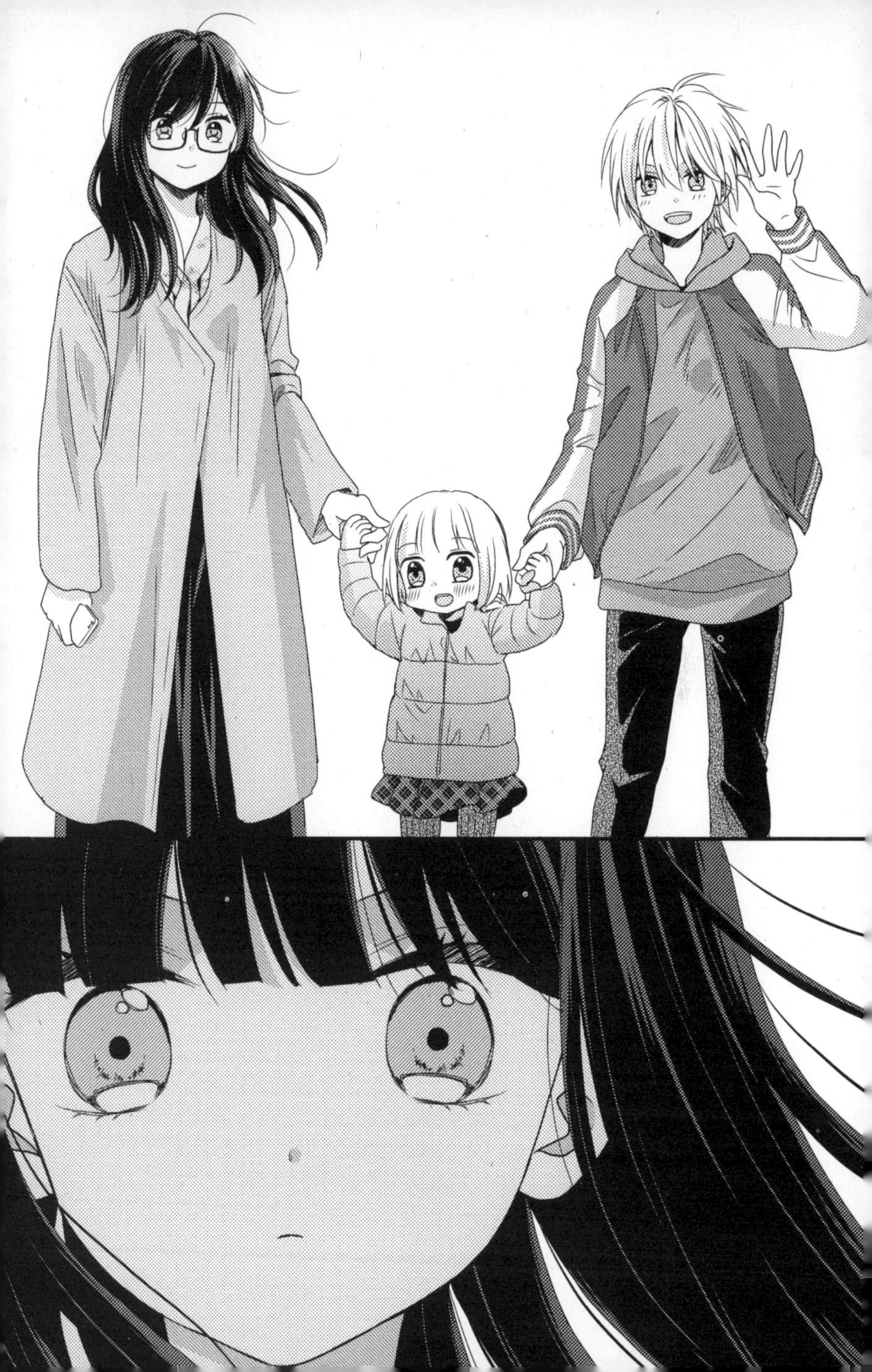

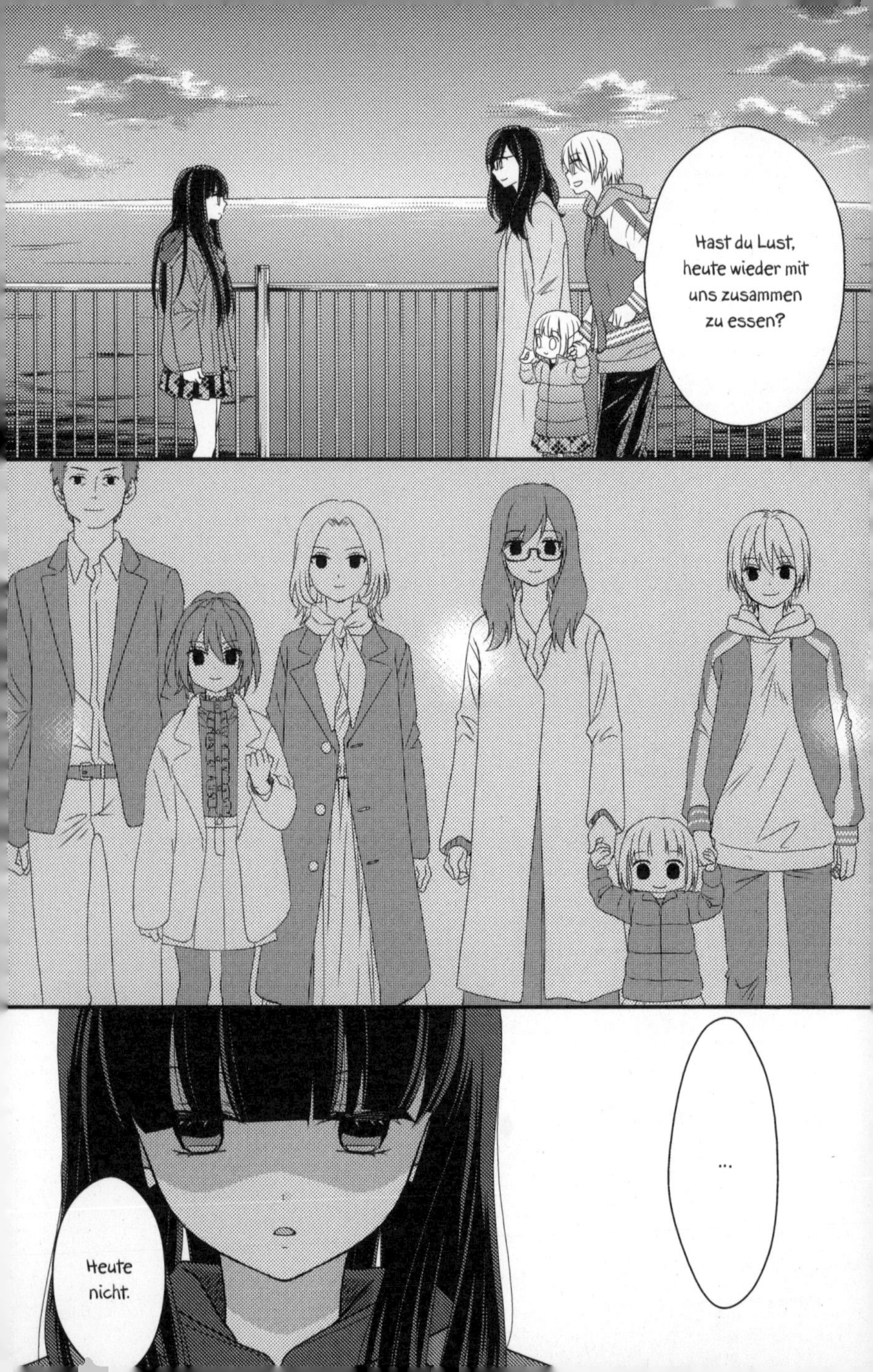
Hast du Lust, heute wieder mit uns zusammen zu essen?
...
Heute nicht.

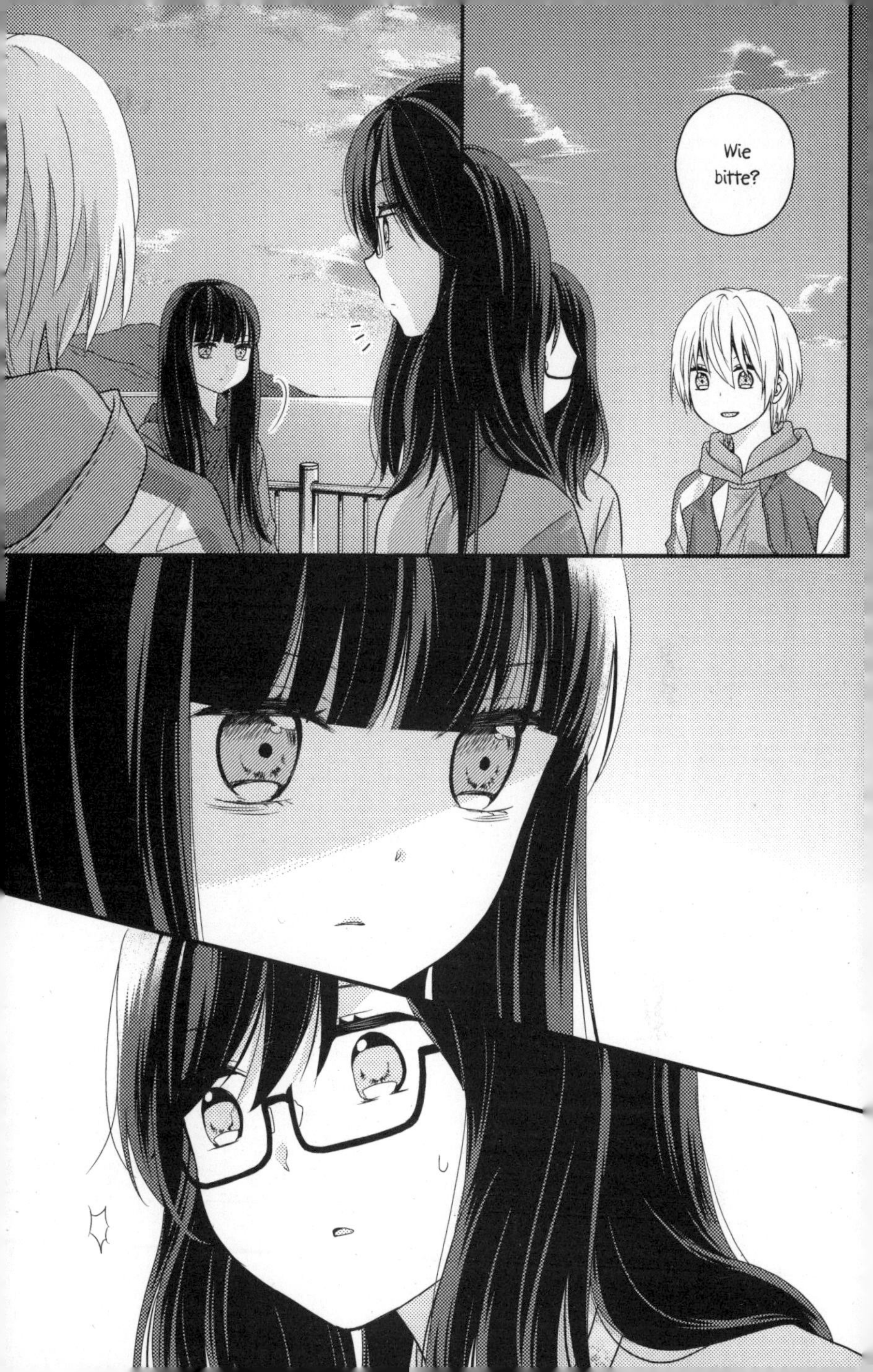
Wie bitte?

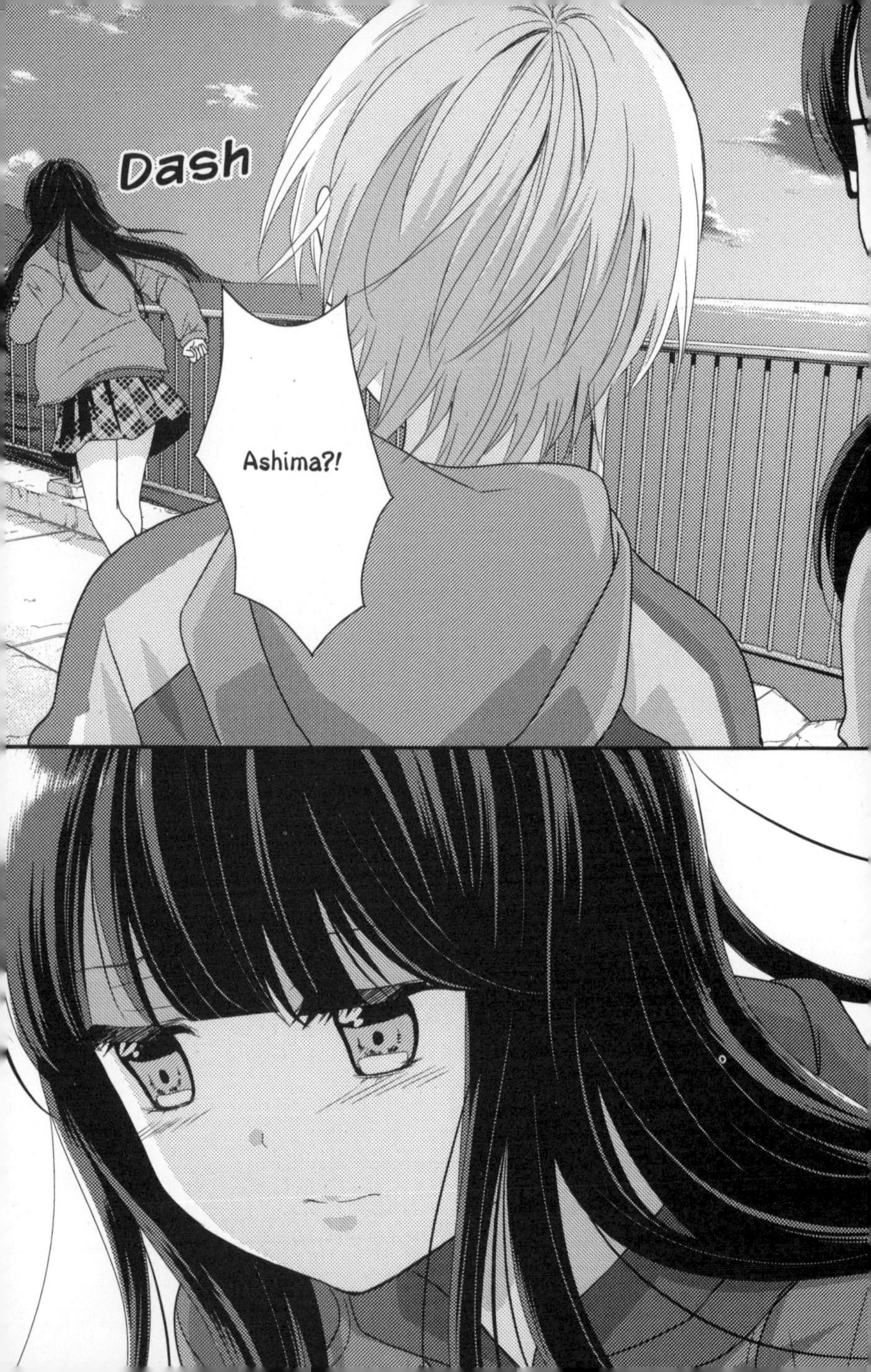
Dash
Ashima?!

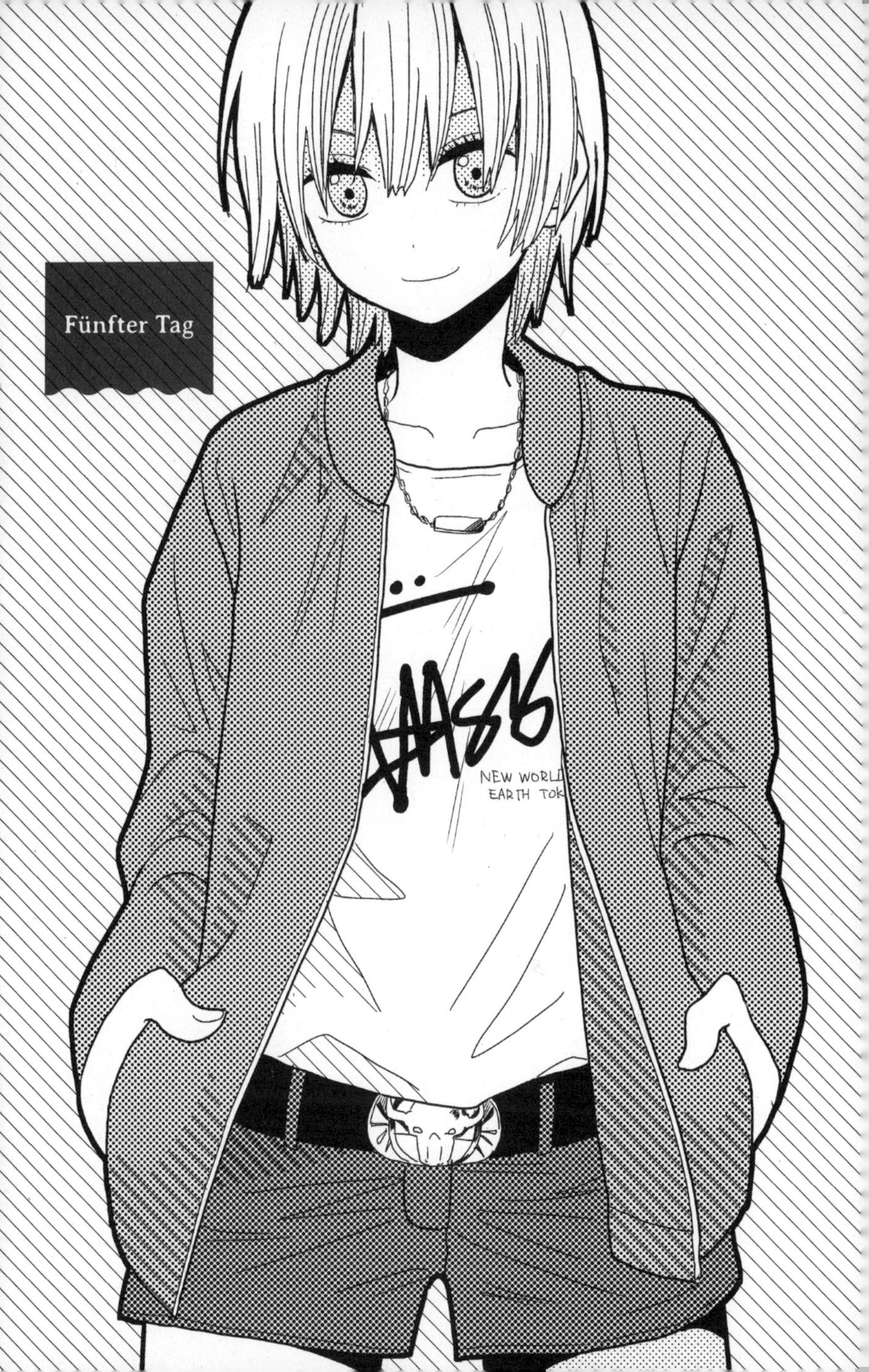
Fünfter Tag
NEW WORLD
EARTH TOK

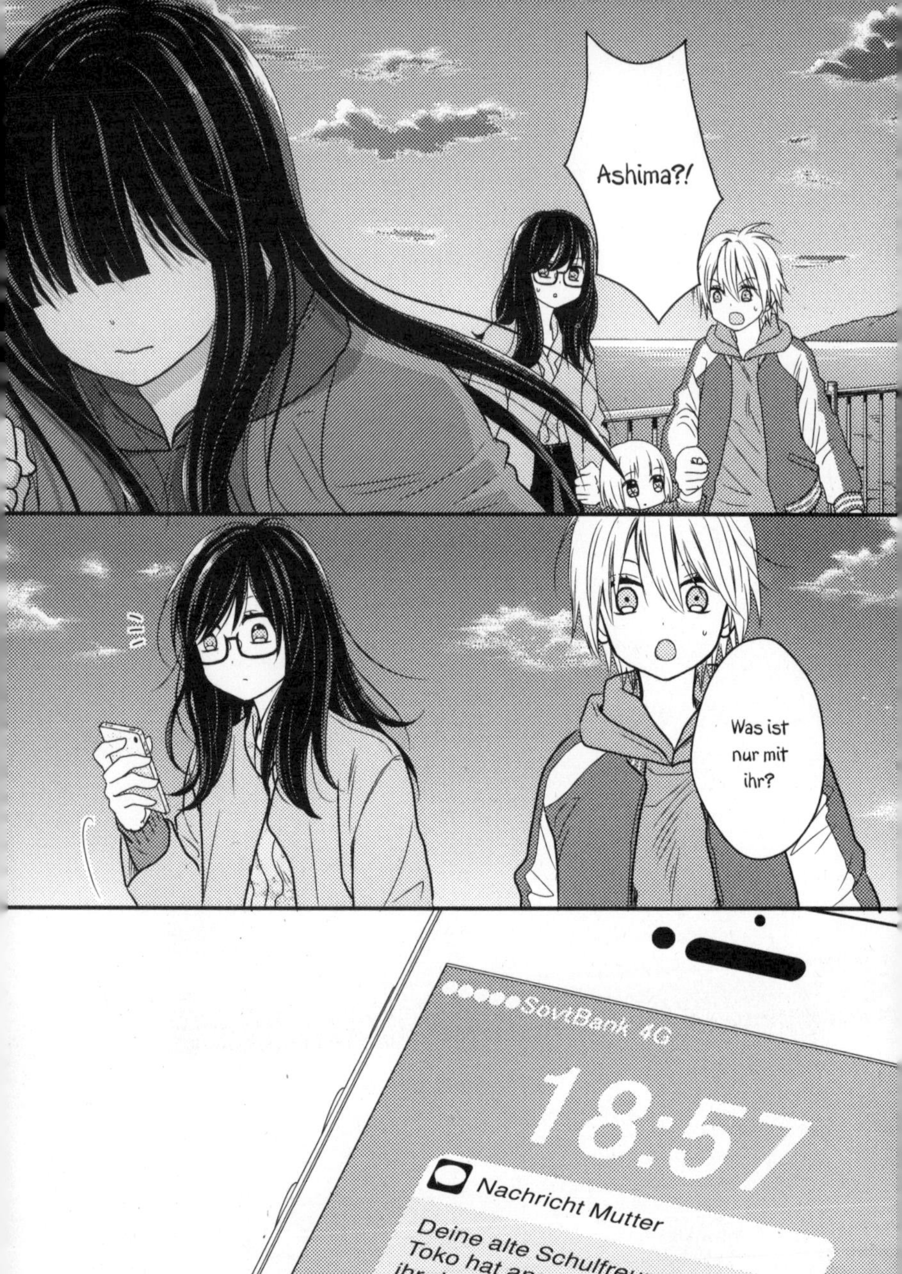
Ashima?!
Was ist nur mit ihr?
SovtBank 4G
18:57
Nachricht Mutter
Deine alte Schulfreundin Toko hat angerufen. Ich hab ihr deine Adresse gegeben.

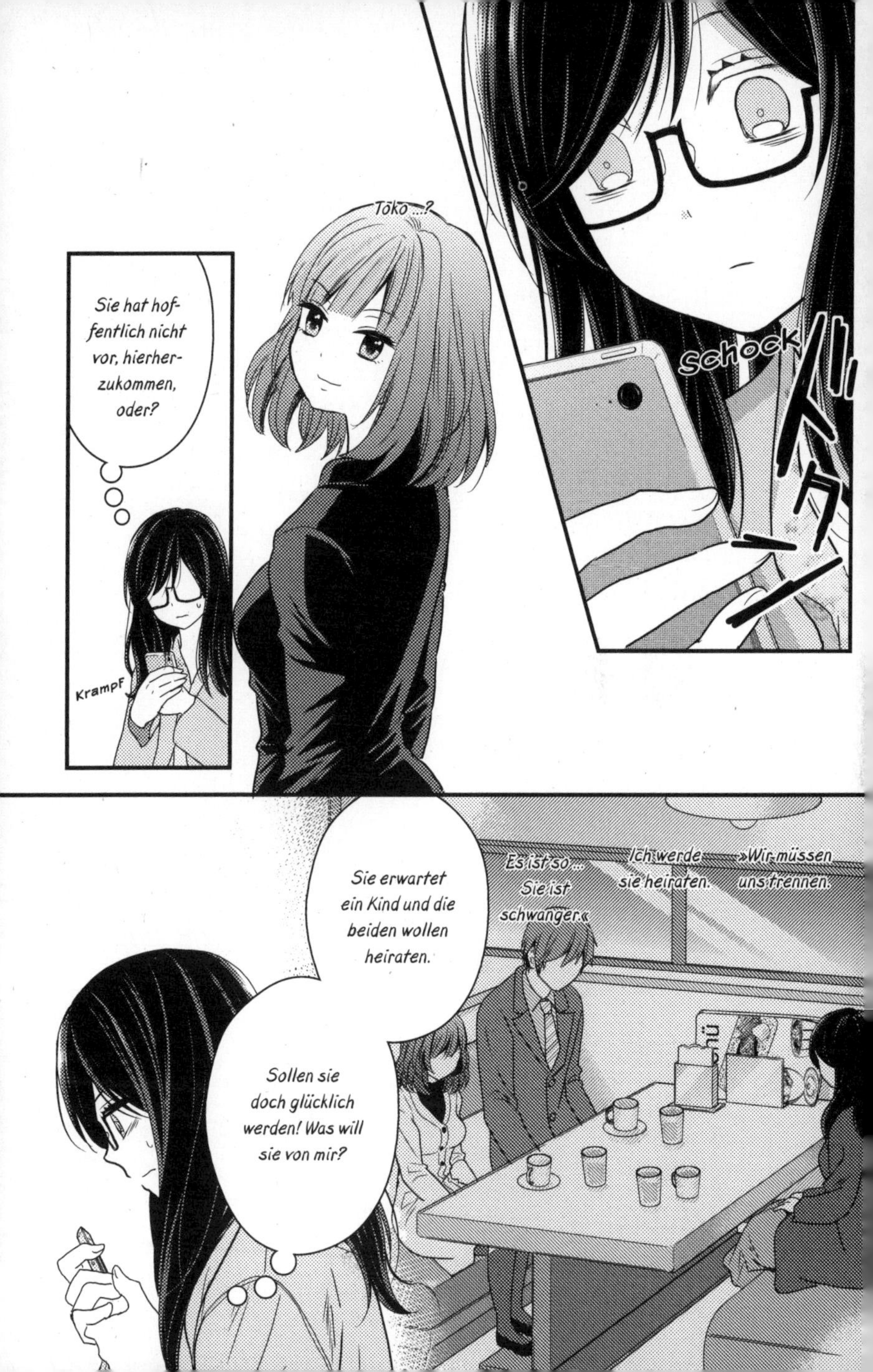
Schock
Tōko ...?
Sie hat hoffentlich nicht vor, hierherzukommen, oder?
Krampf
»Wir müssen uns trennen.
Ich werde sie heiraten.
Es ist so ... Sie ist schwanger.«
Sie erwartet ein Kind und die beiden wollen heiraten.
Sollen sie doch glücklich werden! Was will sie von mir?

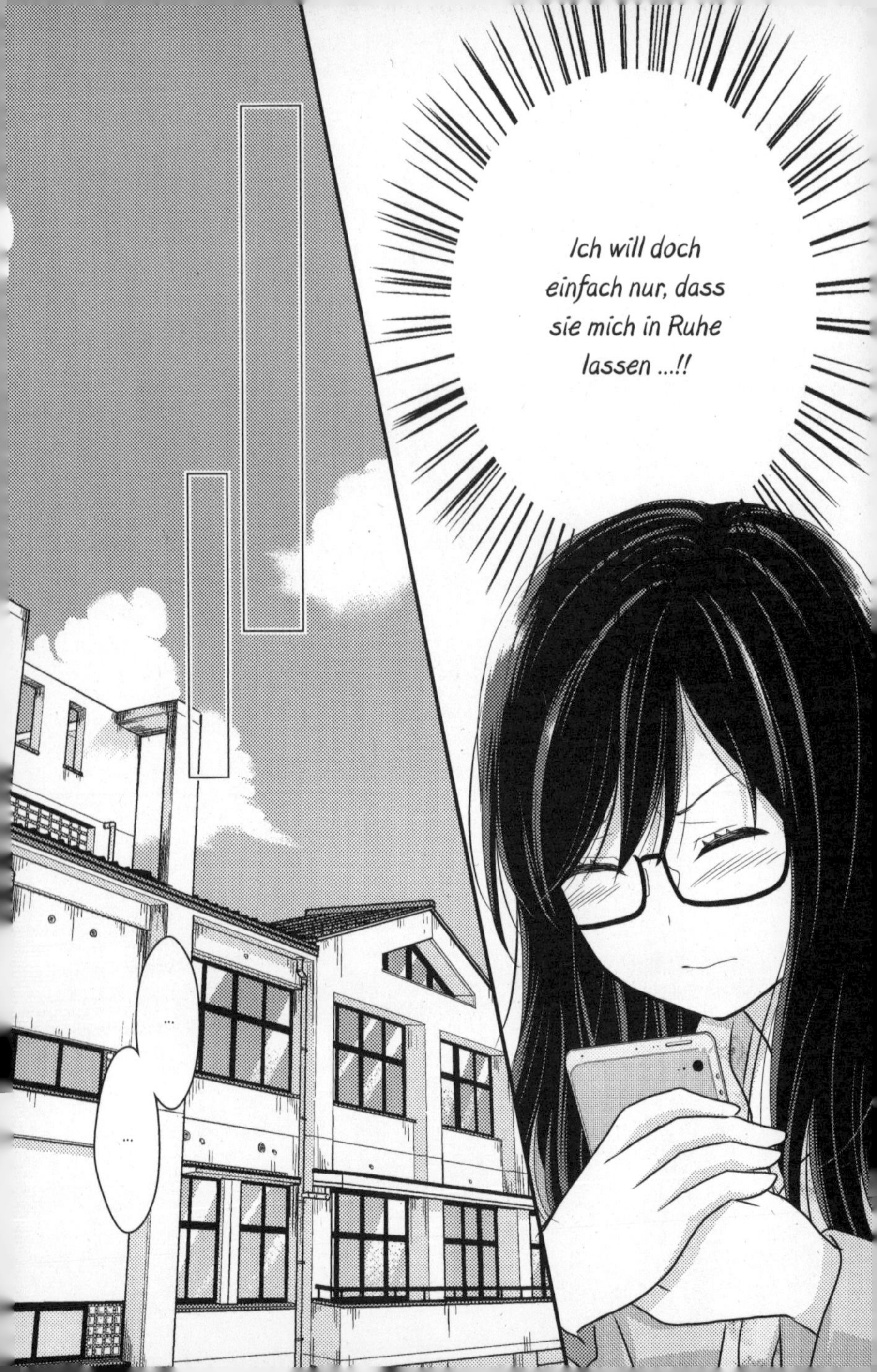
Ich will doch einfach nur, dass sie mich in Ruhe lassen ...!!
...
...

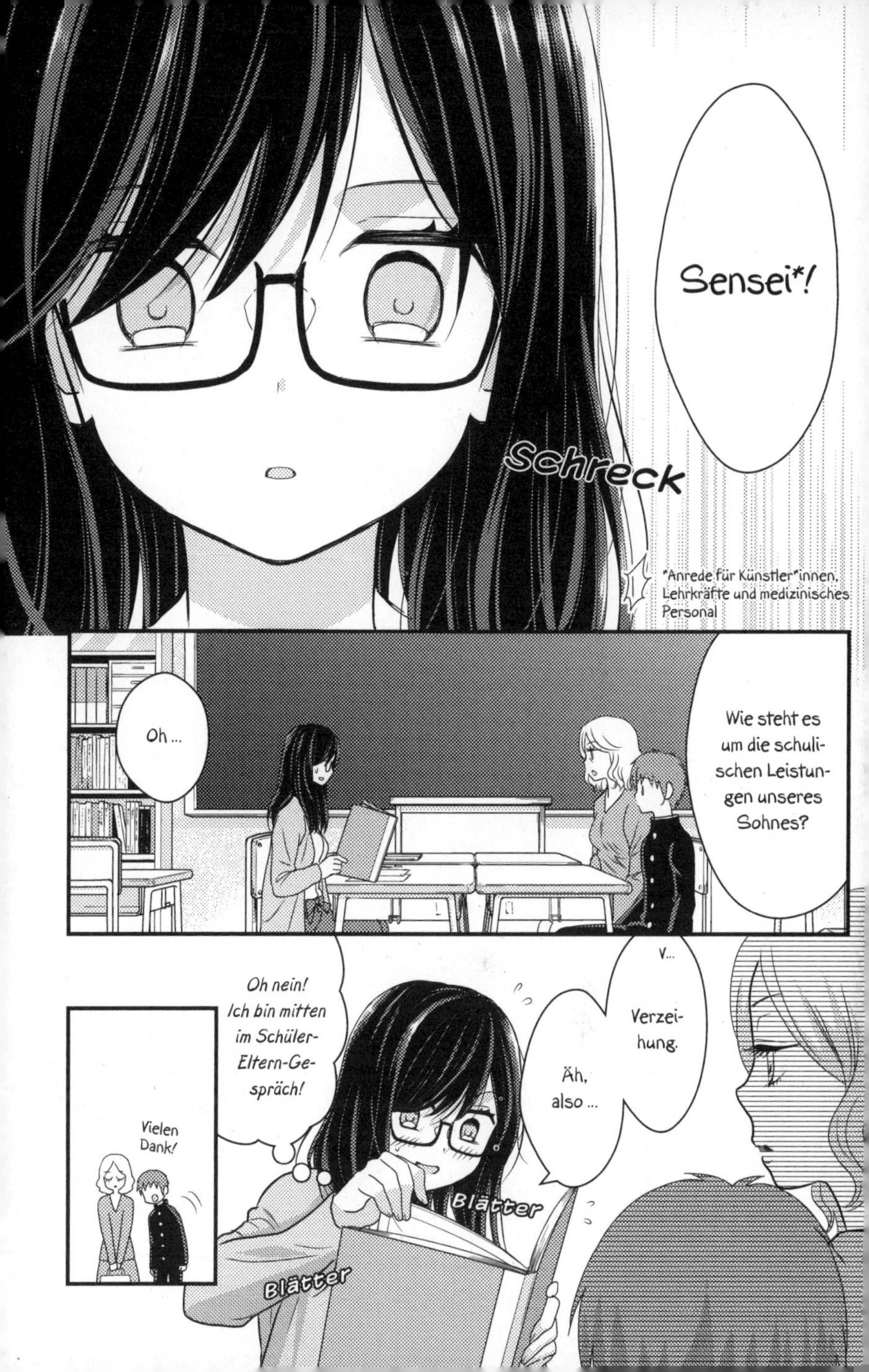
Sensei*!
Schreck
*Anrede für Künstler*innen, Lehrkräfte und medizinisches Personal
Wie steht es um die schulischen Leistungen unseres Sohnes?
Oh ...
V...
Verzeihung.
Äh, also ...
Oh nein! Ich bin mitten im Schüler-Eltern-Gespräch!
Blätter
Blätter
Vielen Dank!

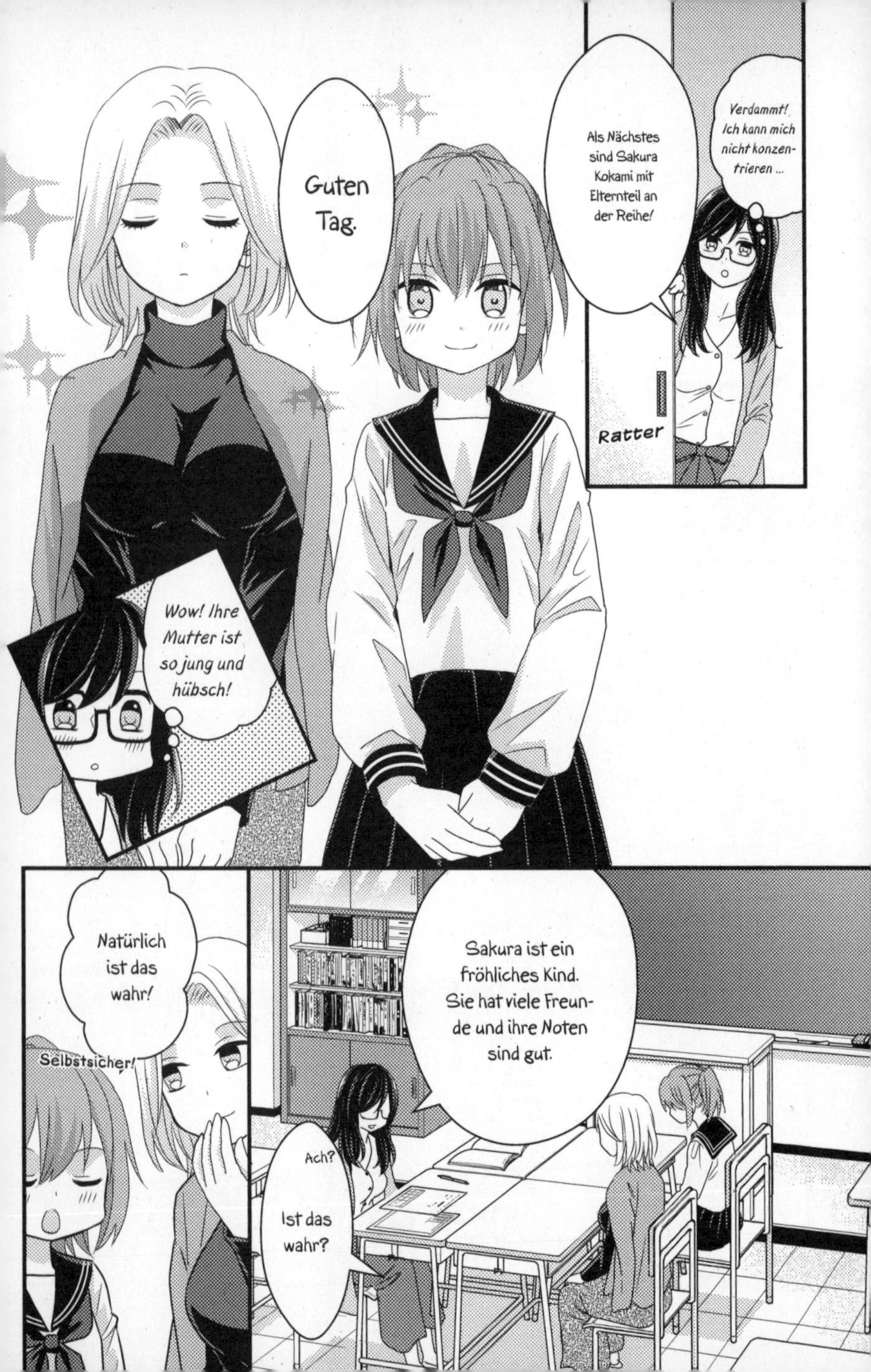
Verdammt! Ich kann mich nicht konzentrieren ...
Als Nächstes sind Sakura Kokami mit Elternteil an der Reihe!
Ratter
Guten Tag.
Wow! Ihre Mutter ist so jung und hübsch!
Sakura ist ein fröhliches Kind. Sie hat viele Freunde und ihre Noten sind gut.
Ach?
Ist das wahr?
Natürlich ist das wahr!
Selbstsicher!

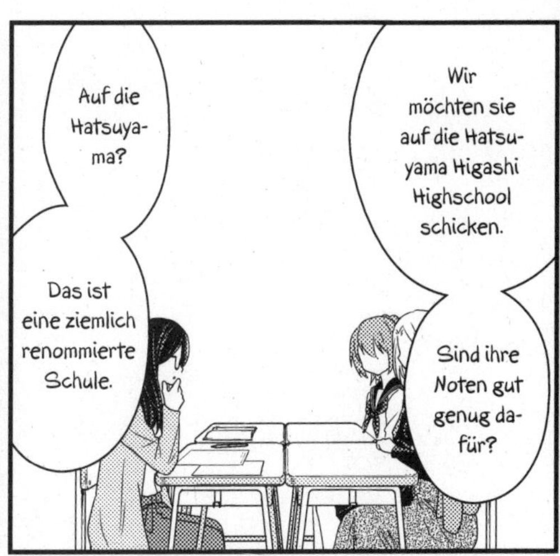
Wir möchten sie auf die Hatsuyama Higashi Highschool schicken.
Auf die Hatsuyama?
Das ist eine ziemlich renommierte Schule.
Sind ihre Noten gut genug dafür?

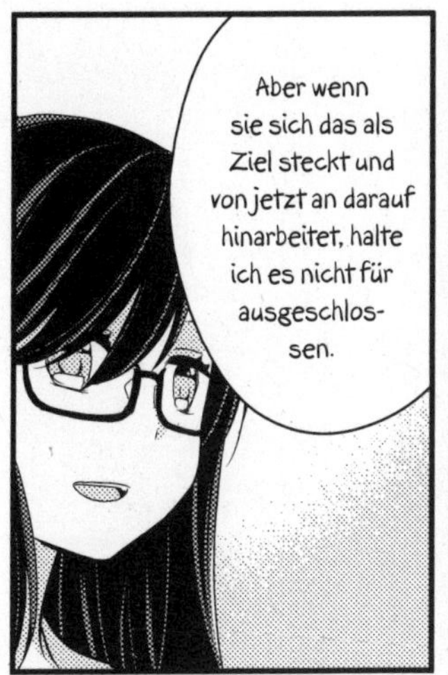
Aber wenn sie sich das als Ziel steckt und von jetzt an darauf hinarbeitet, halte ich es nicht für ausgeschlossen.

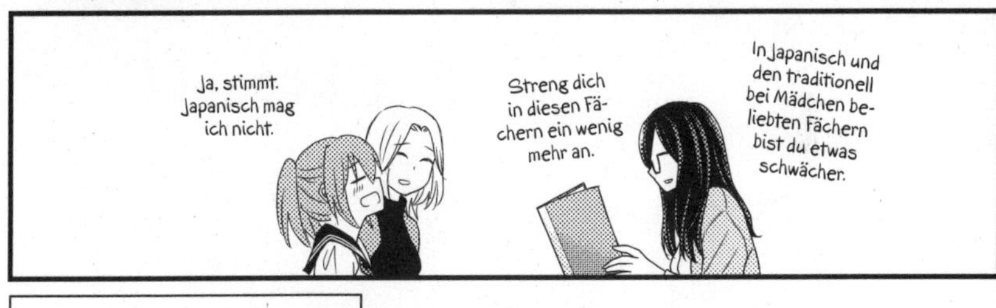
In Japanisch und den traditionell bei Mädchen beliebten Fächern bist du etwas schwächer.
Streng dich in diesen Fächern ein wenig mehr an.
Ja, stimmt. Japanisch mag ich nicht.

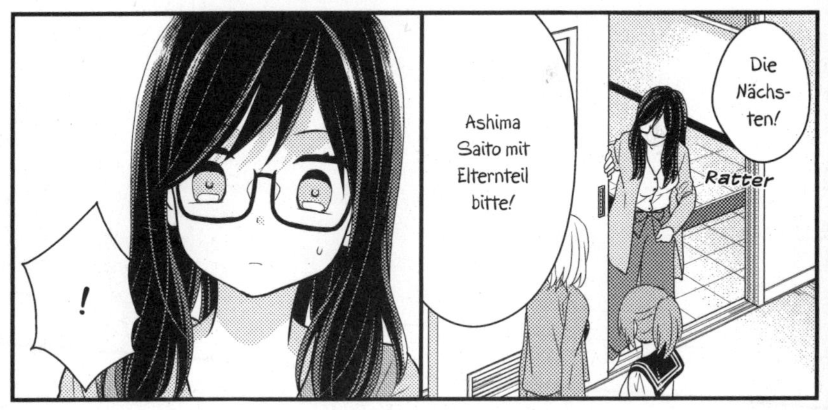
Die Nächsten!
Ratter
Ashima Saito mit Elternteil bitte!
!

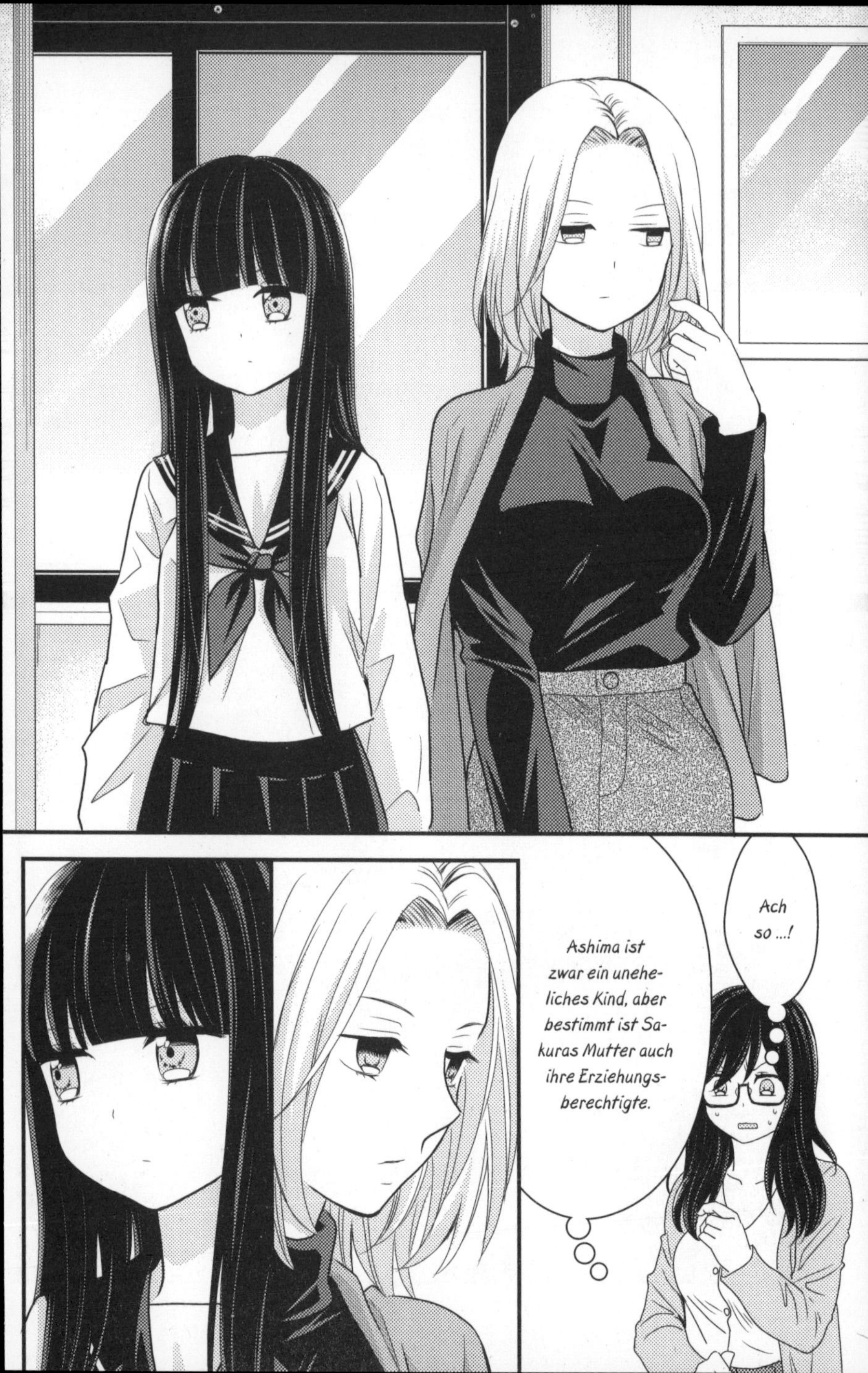

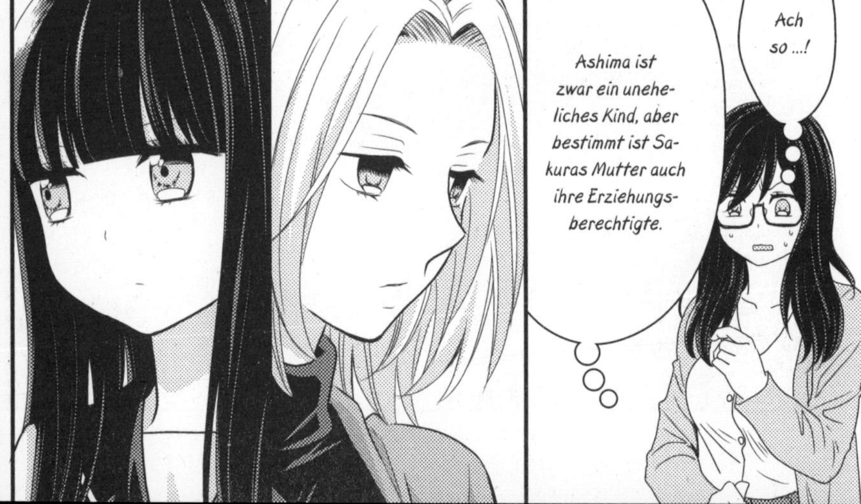
Ach so ...!
Ashima ist zwar ein unehe-liches Kind, aber bestimmt ist Sa-kuras Mutter auch ihre Erziehungs-berechtigte.

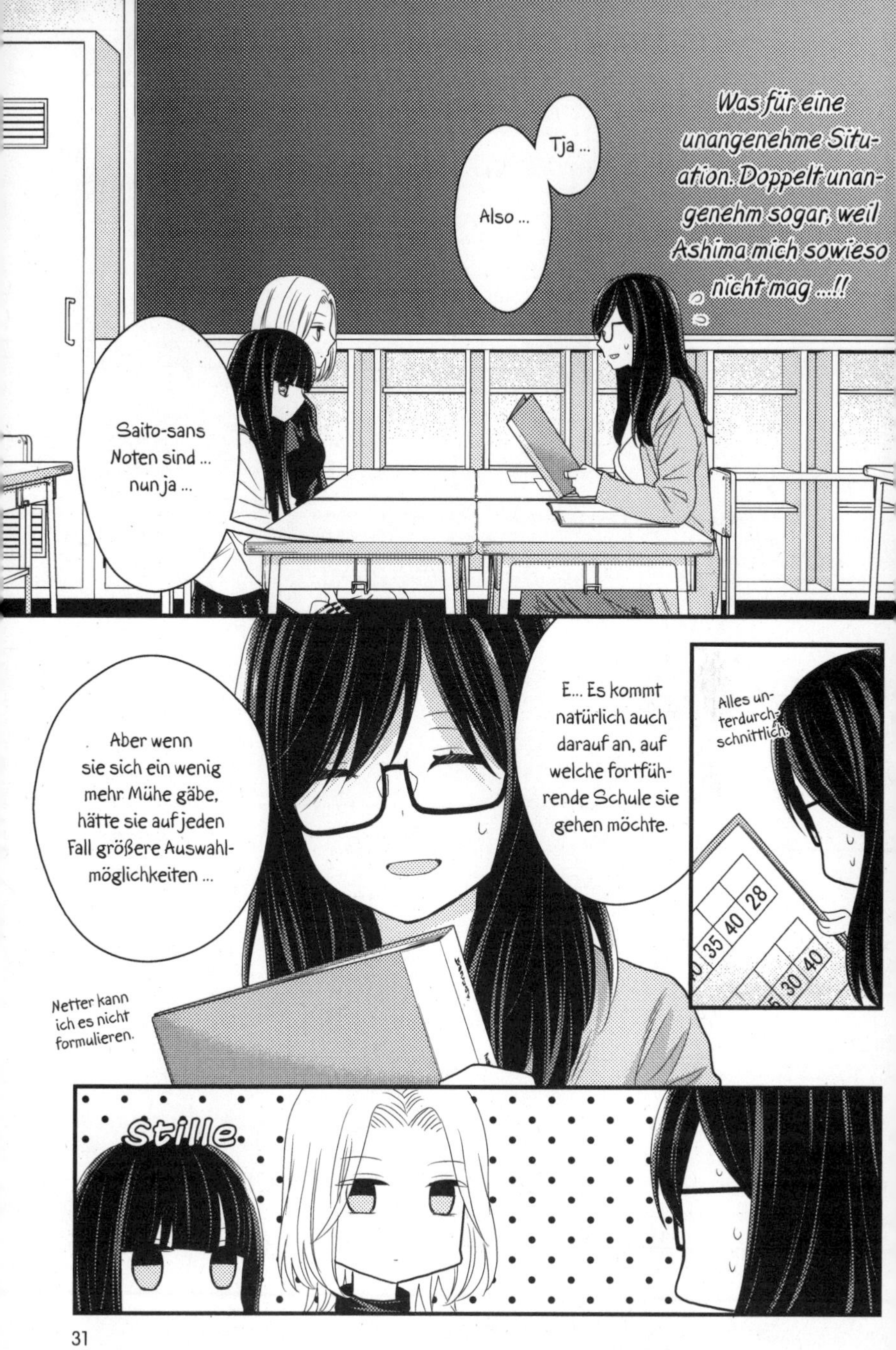
Was für eine unangenehme Situation. Doppelt unangenehm sogar, weil Ashima mich sowieso nicht mag ...!!
Tja ...
Also ...
Saito-sans Noten sind ... nun ja ...
Alles unterdurchschnittlich.
28
40
35
40
30
E... Es kommt natürlich auch darauf an, auf welche fortführende Schule sie gehen möchte.
Aber wenn sie sich ein wenig mehr Mühe gäbe, hätte sie auf jeden Fall größere Auswahlmöglichkeiten ...
Netter kann ich es nicht formulieren.
Stille

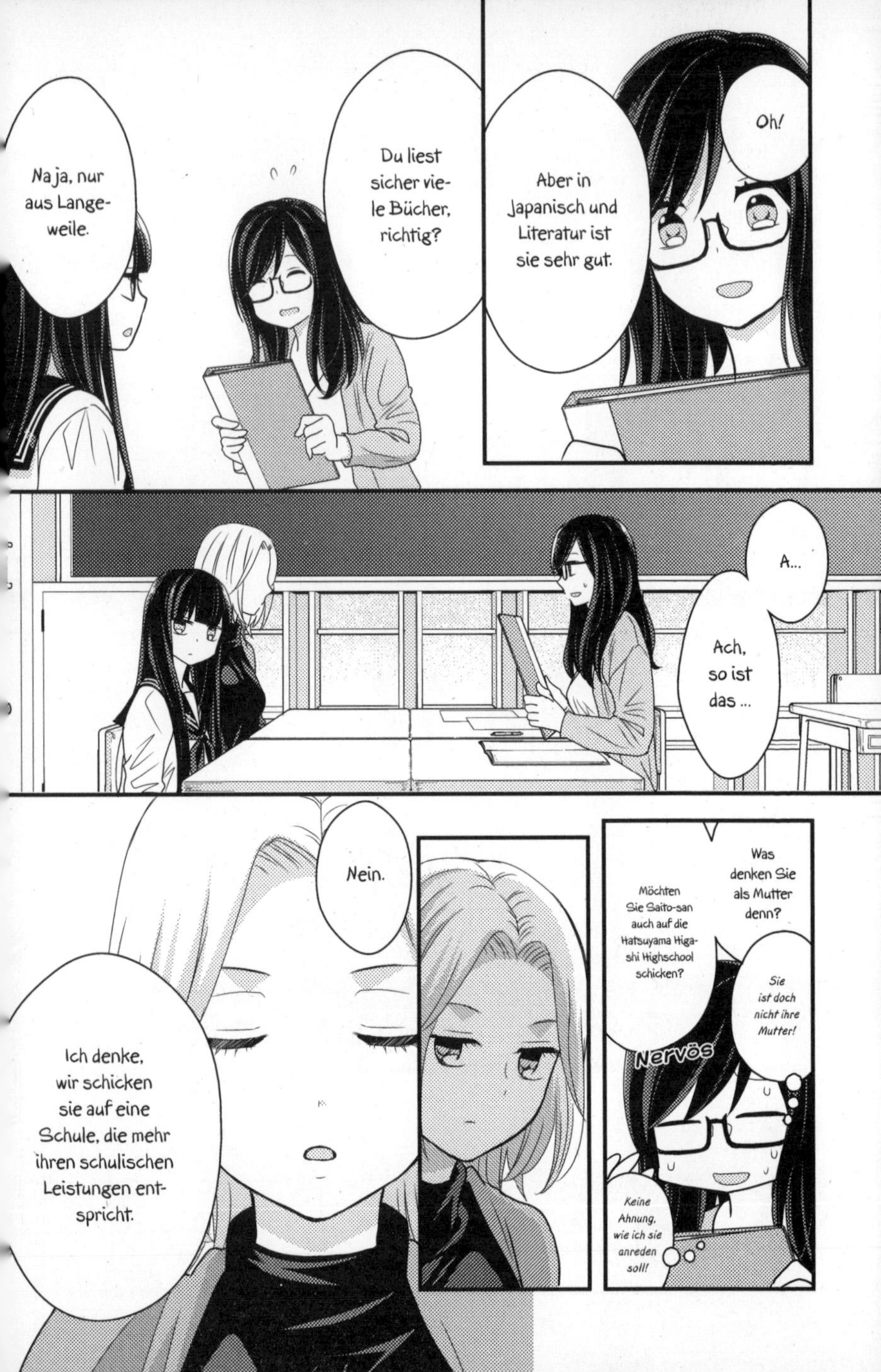
Oh!
Aber in Japanisch und Literatur ist sie sehr gut.
Du liest sicher viele Bücher, richtig?
Na ja, nur aus Langeweile.
A...
Ach, so ist das ...
Was denken Sie als Mutter denn?
Möchten Sie Saito-san auch auf die Hatsuyama Higashi Highschool schicken?
Sie ist doch nicht ihre Mutter!
Nervös
Keine Ahnung, wie ich sie anreden soll!
Nein.
Ich denke, wir schicken sie auf eine Schule, die mehr ihren schulischen Leistungen entspricht.

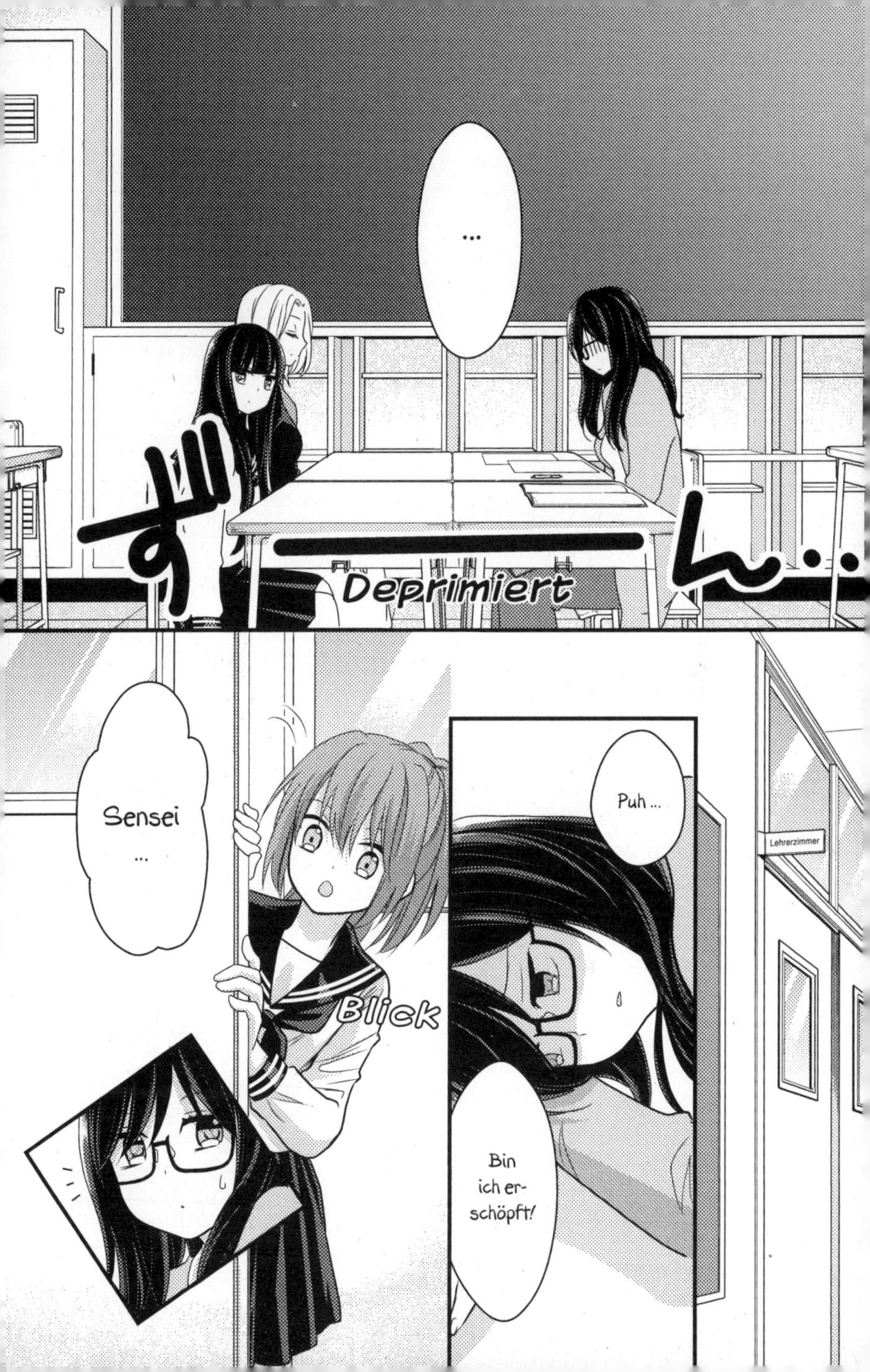
...
ず――ん..
Deprimiert
Lehrerzimmer
Puh ...
Bin ich erschöpft!
Sensei ...
Blick

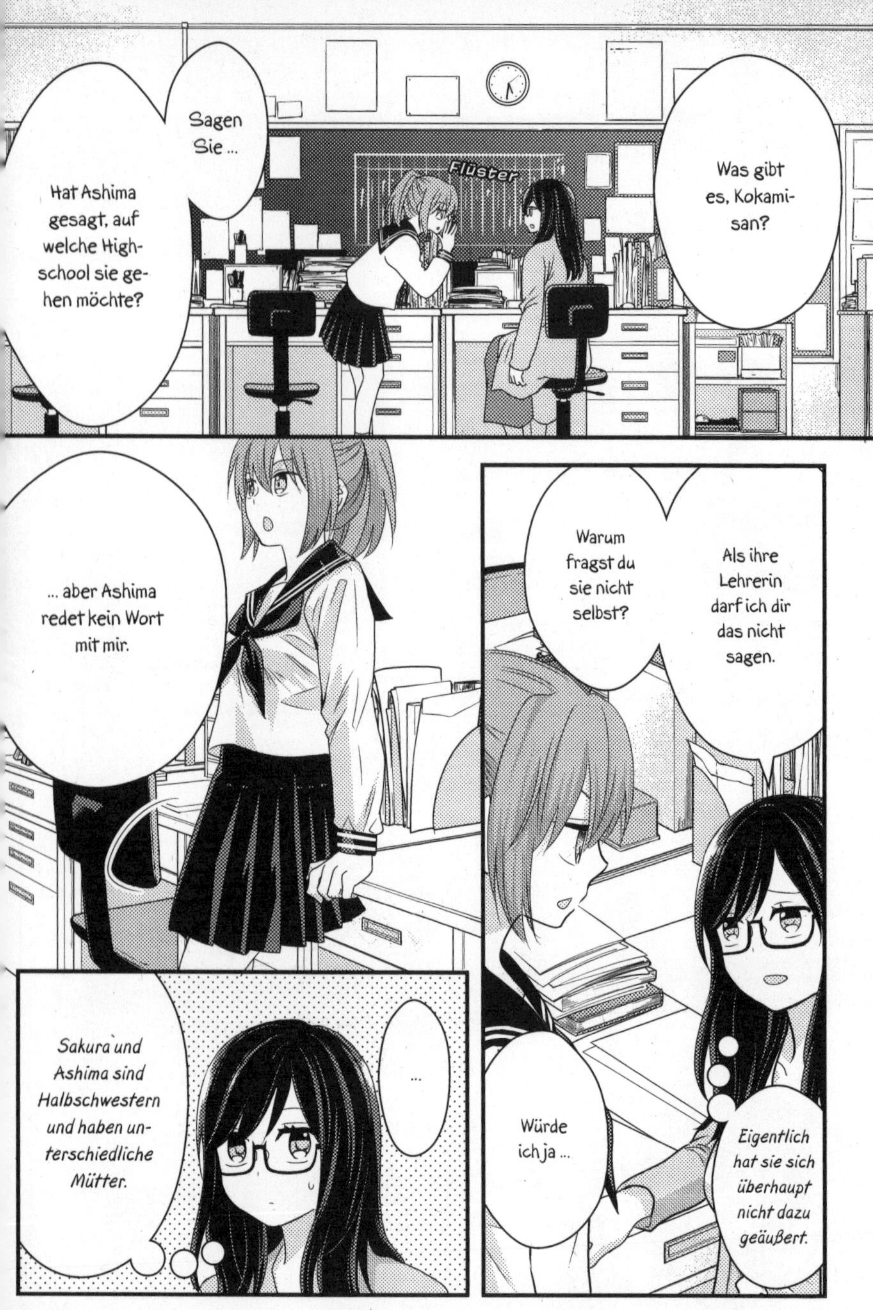
Sagen Sie ...
Hat Ashima gesagt, auf welche High-school sie ge-hen möchte?
Flüster
Was gibt es, Kokami-san?
... aber Ashima redet kein Wort mit mir.
Warum fragst du sie nicht selbst?
Als ihre Lehrerin darf ich dir das nicht sagen.
Würde ich ja ...
Eigentlich hat sie sich überhaupt nicht dazu geäußert.
...
Sakura und Ashima sind Halbschwestern und haben un-terschiedliche Mütter.

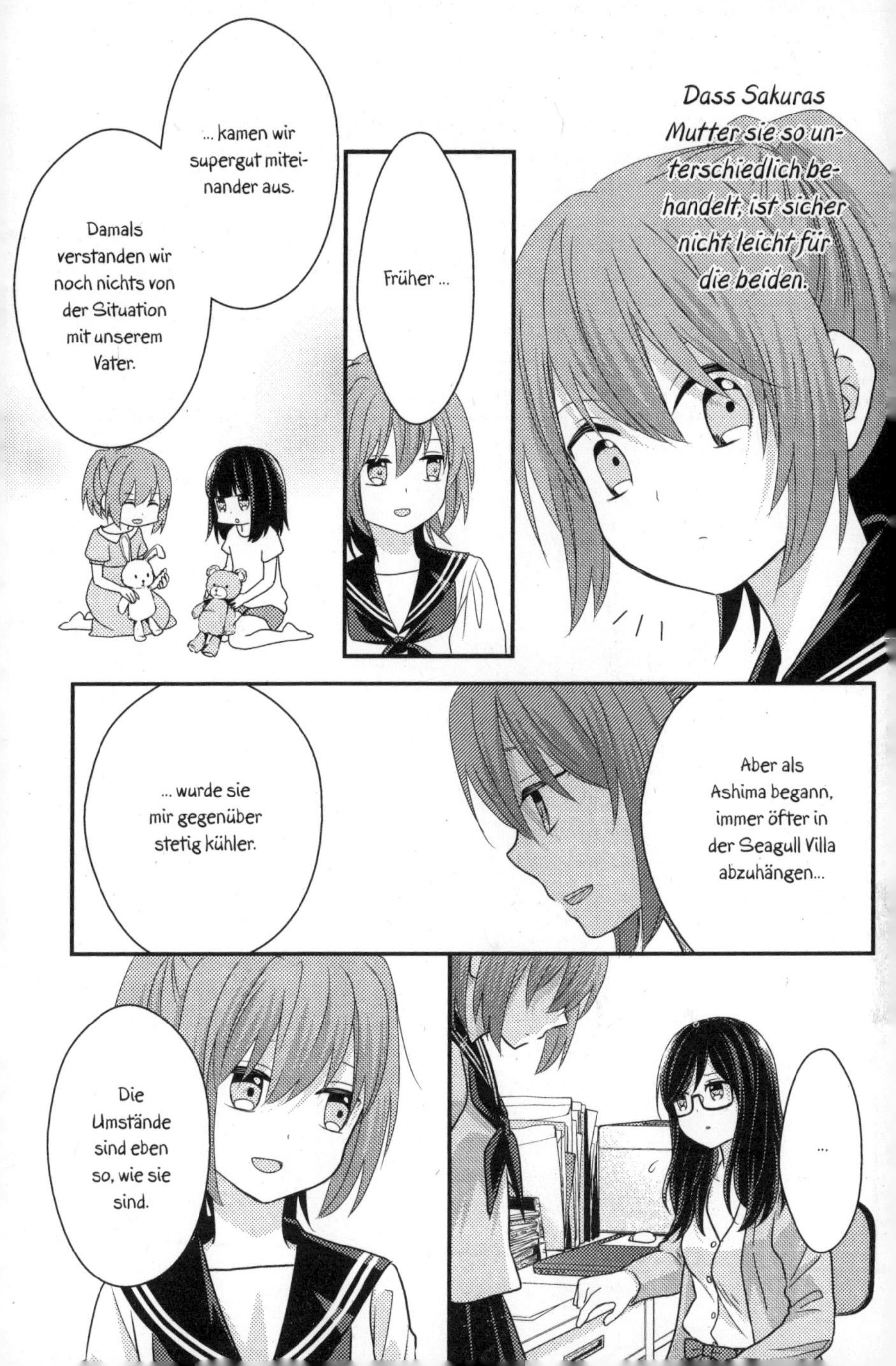

Dass Sakuras Mutter sie so unterschiedlich behandelt, ist sicher nicht leicht für die beiden.

Früher ...

... kamen wir supergut miteinander aus.

Damals verstanden wir noch nichts von der Situation mit unserem Vater.

Aber als Ashima begann, immer öfter in der Seagull Villa abzuhängen...

... wurde sie mir gegenüber stetig kühler.

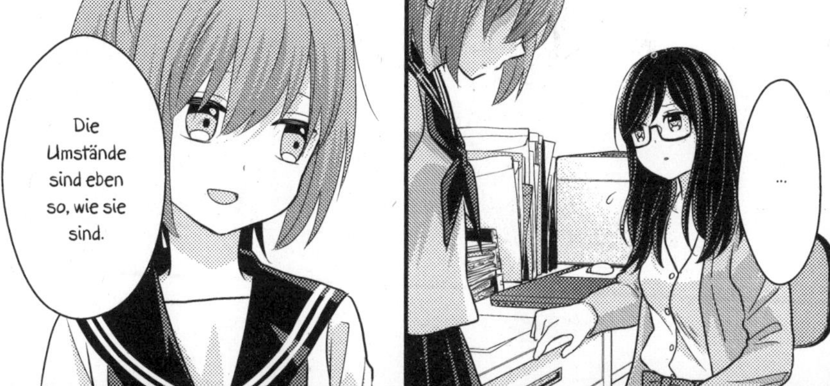

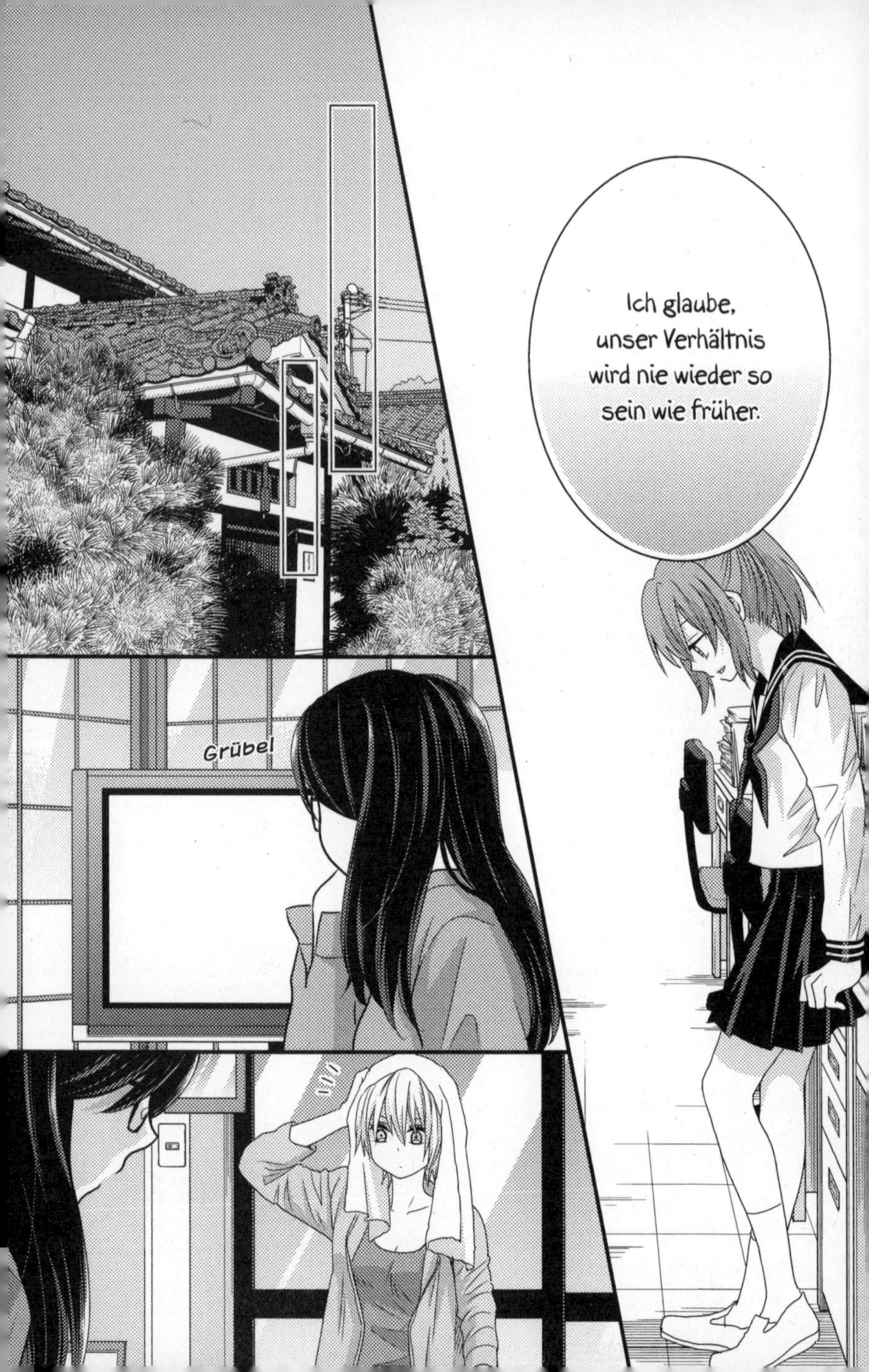
Ich glaube, unser Verhältnis wird nie wieder so sein wie früher.
Grübel

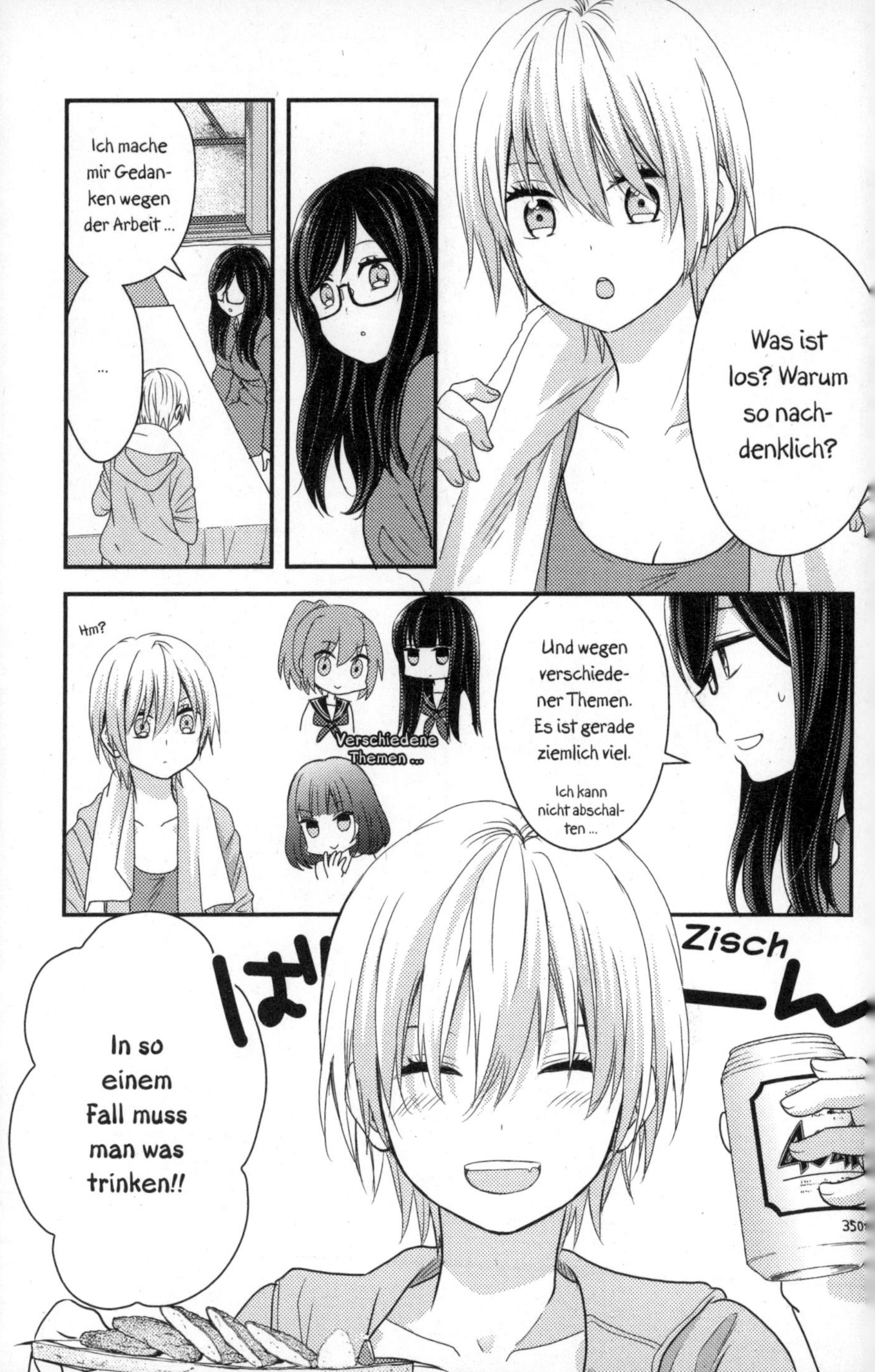
Was ist los? Warum so nachdenklich?
Ich mache mir Gedanken wegen der Arbeit ...
...
Und wegen verschiedener Themen. Es ist gerade ziemlich viel.
Ich kann nicht abschalten ...
Verschiedene Themen ...
Hm?
Zisch
In so einem Fall muss man was trinken!!

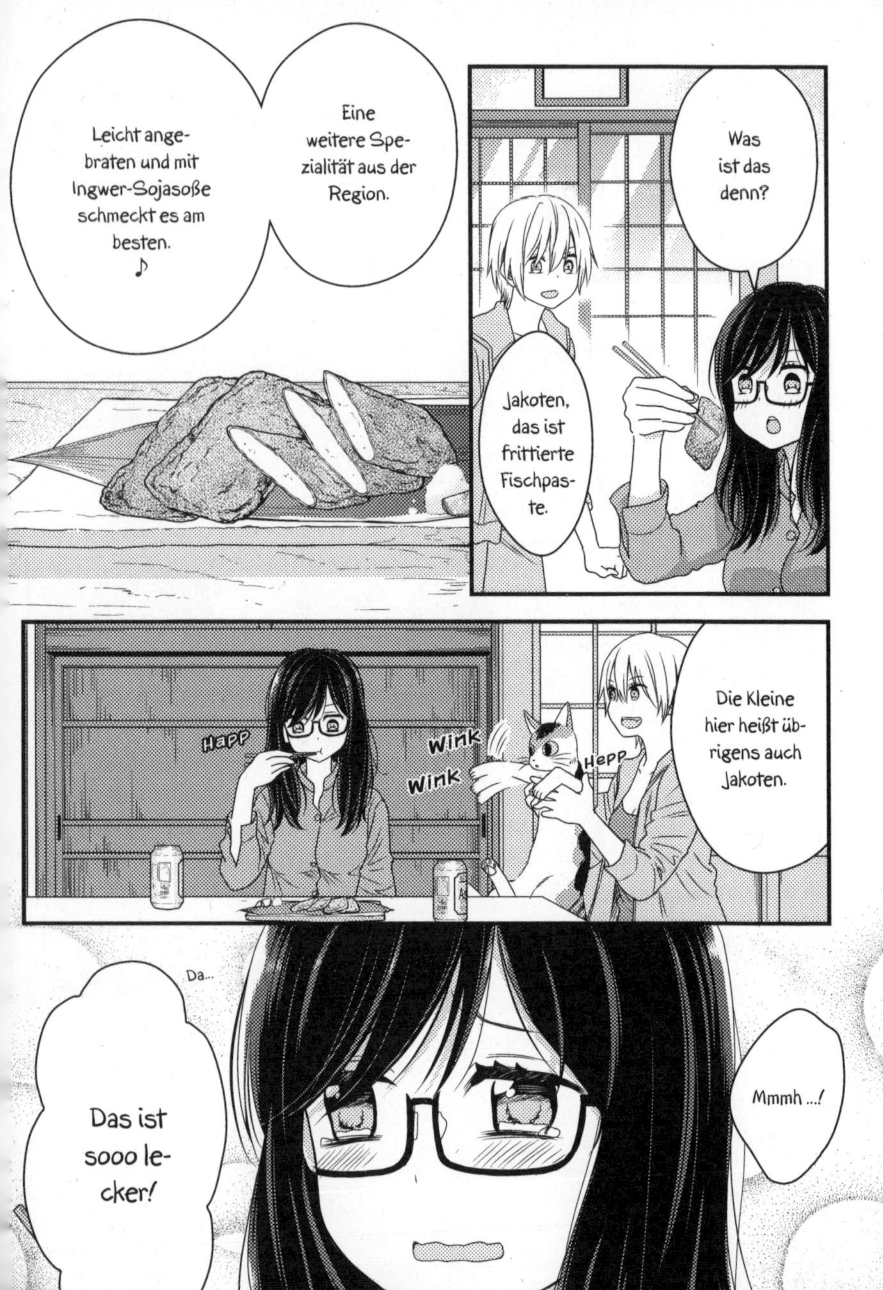
Was ist das denn?
Jakoten, das ist frittierte Fischpaste.
Eine weitere Spezialität aus der Region.
Leicht angebraten und mit Ingwer-Sojasoße schmeckt es am besten. ♪
Die Kleine hier heißt übrigens auch Jakoten.
Hepp
Wink
Wink
Happ
Mmmh ...!
Da...
Das ist sooo lecker!

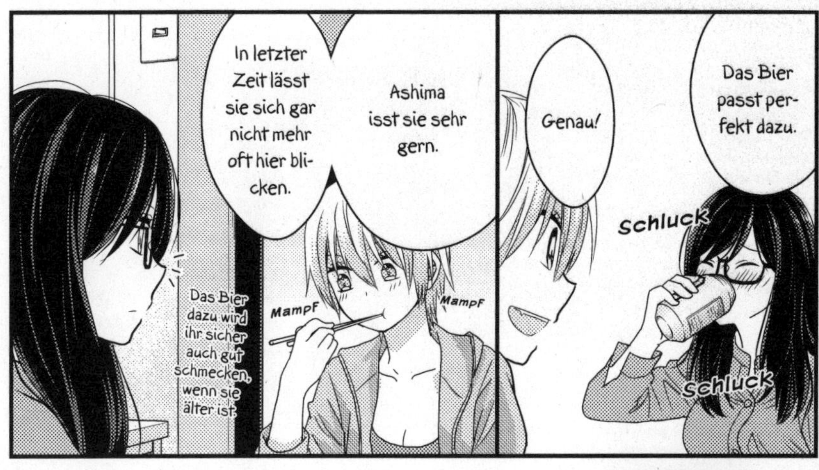

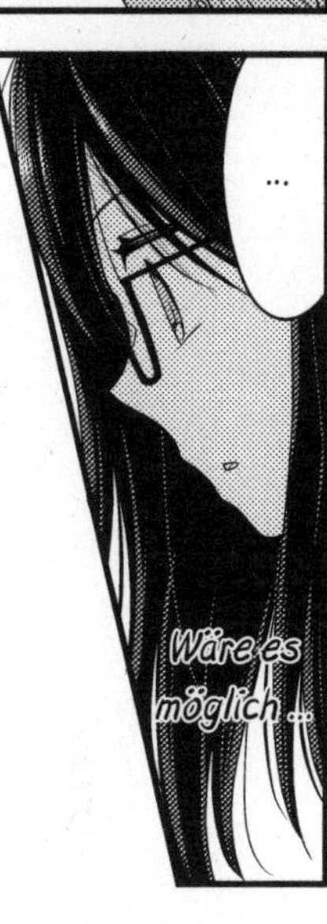

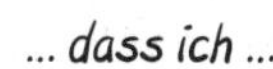

... ihr durch meine Anwesenheit ihren einzigen Rückzugsort wegnehme?

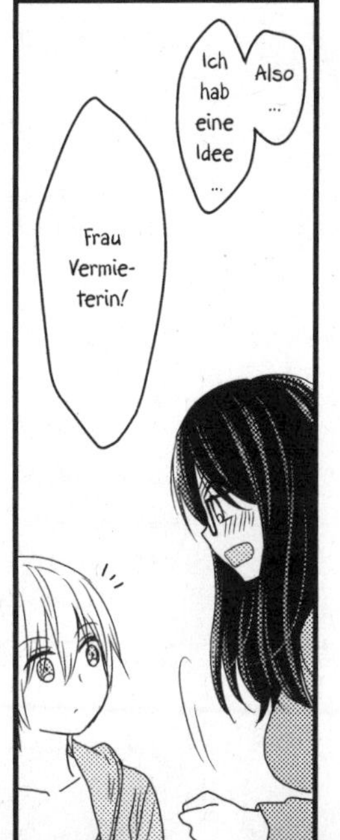

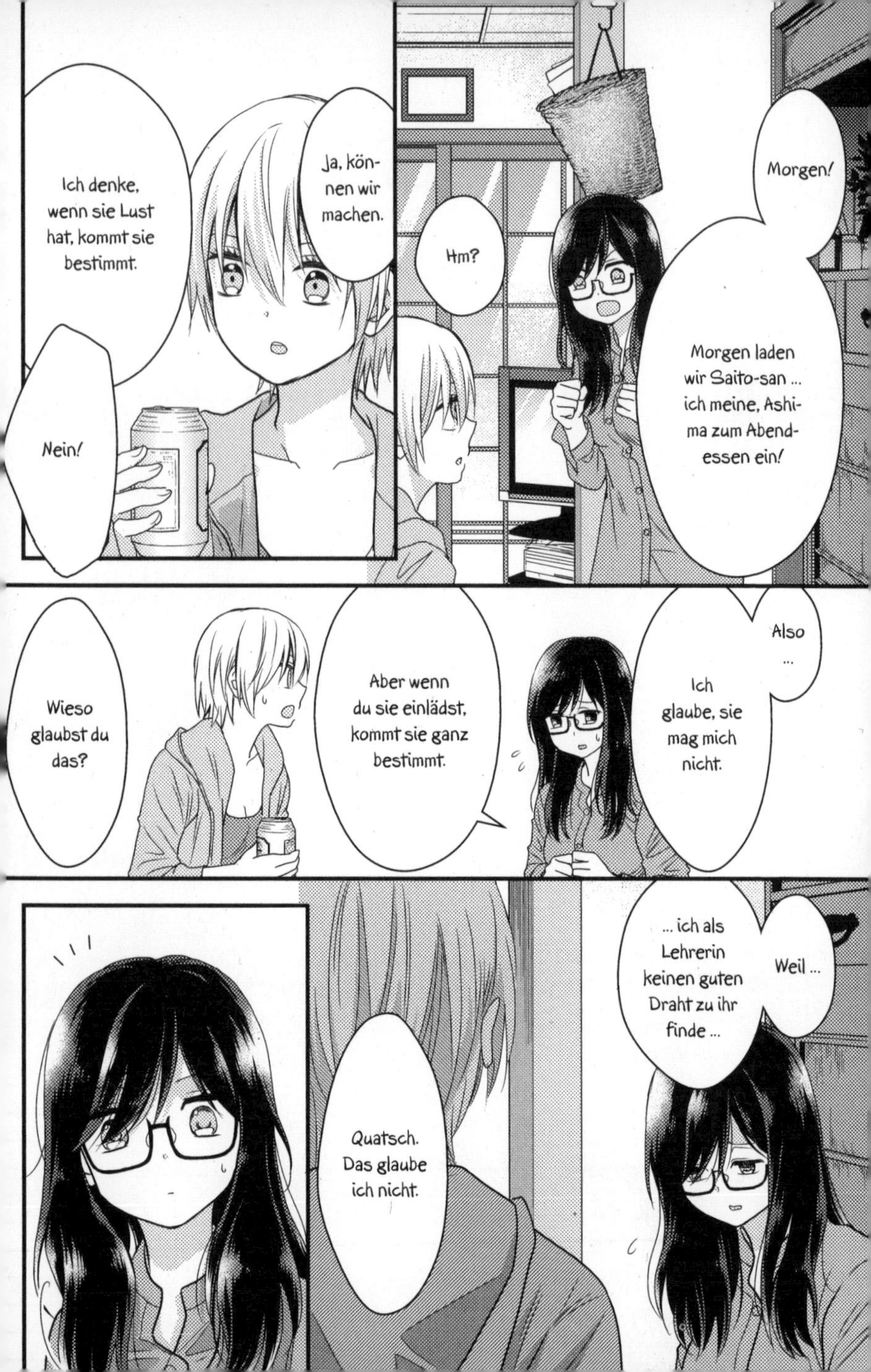
Morgen!
Morgen laden wir Saito-san ... ich meine, Ashima zum Abendessen ein!
Hm?
Ja, können wir machen.
Ich denke, wenn sie Lust hat, kommt sie bestimmt.
Nein!
Also ...
Ich glaube, sie mag mich nicht.
Aber wenn du sie einlädst, kommt sie ganz bestimmt.
Wieso glaubst du das?
Weil ...
... ich als Lehrerin keinen guten Draht zu ihr finde ...
Quatsch. Das glaube ich nicht.

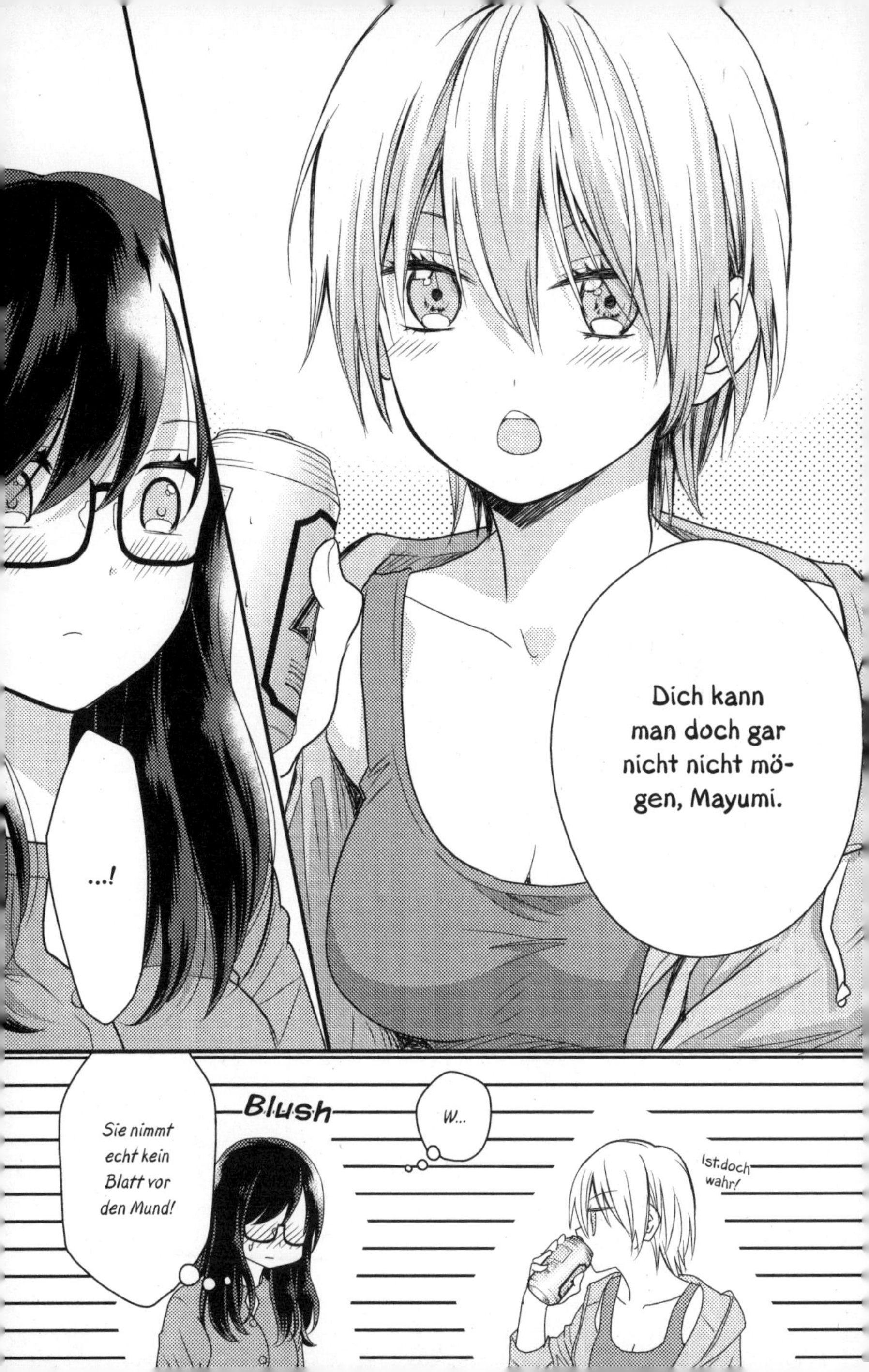
Dich kann man doch gar nicht nicht mögen, Mayumi.
...!
Ist doch wahr!
W...
Blush
Sie nimmt echt kein Blatt vor den Mund!

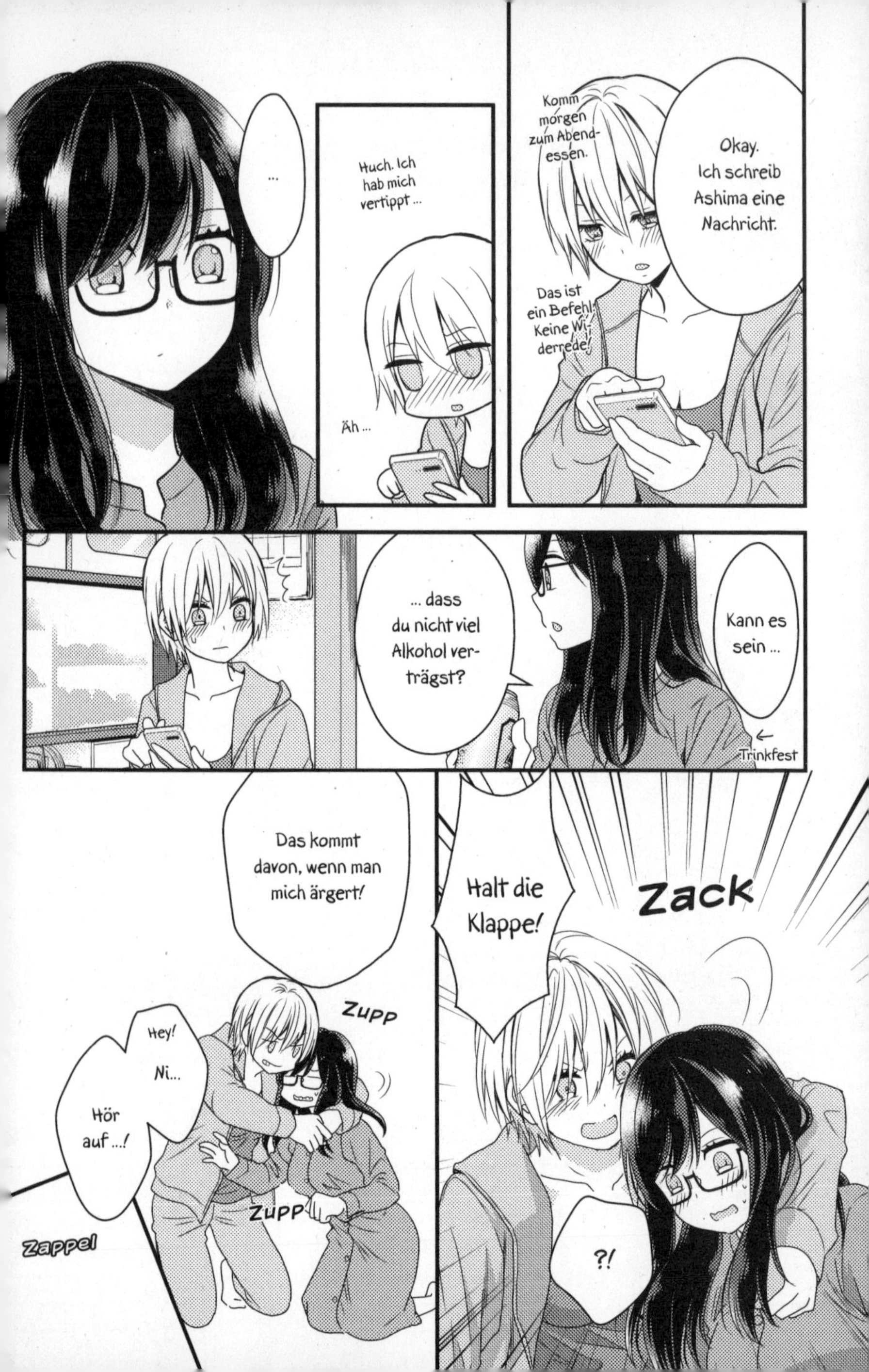
Okay. Ich schreib Ashima eine Nachricht.
Komm morgen zum Abendessen.
Das ist ein Befehl! Keine Widerrede!
Huch. Ich hab mich vertippt ...
Äh ...
...
Kann es sein ...
Trinkfest
... dass du nicht viel Alkohol verträgst?
Halt die Klappe!
Zack
?!
Das kommt davon, wenn man mich ärgert!
Zupp
Hey!
Ni...
Hör auf ...!
Zupp
Zappel

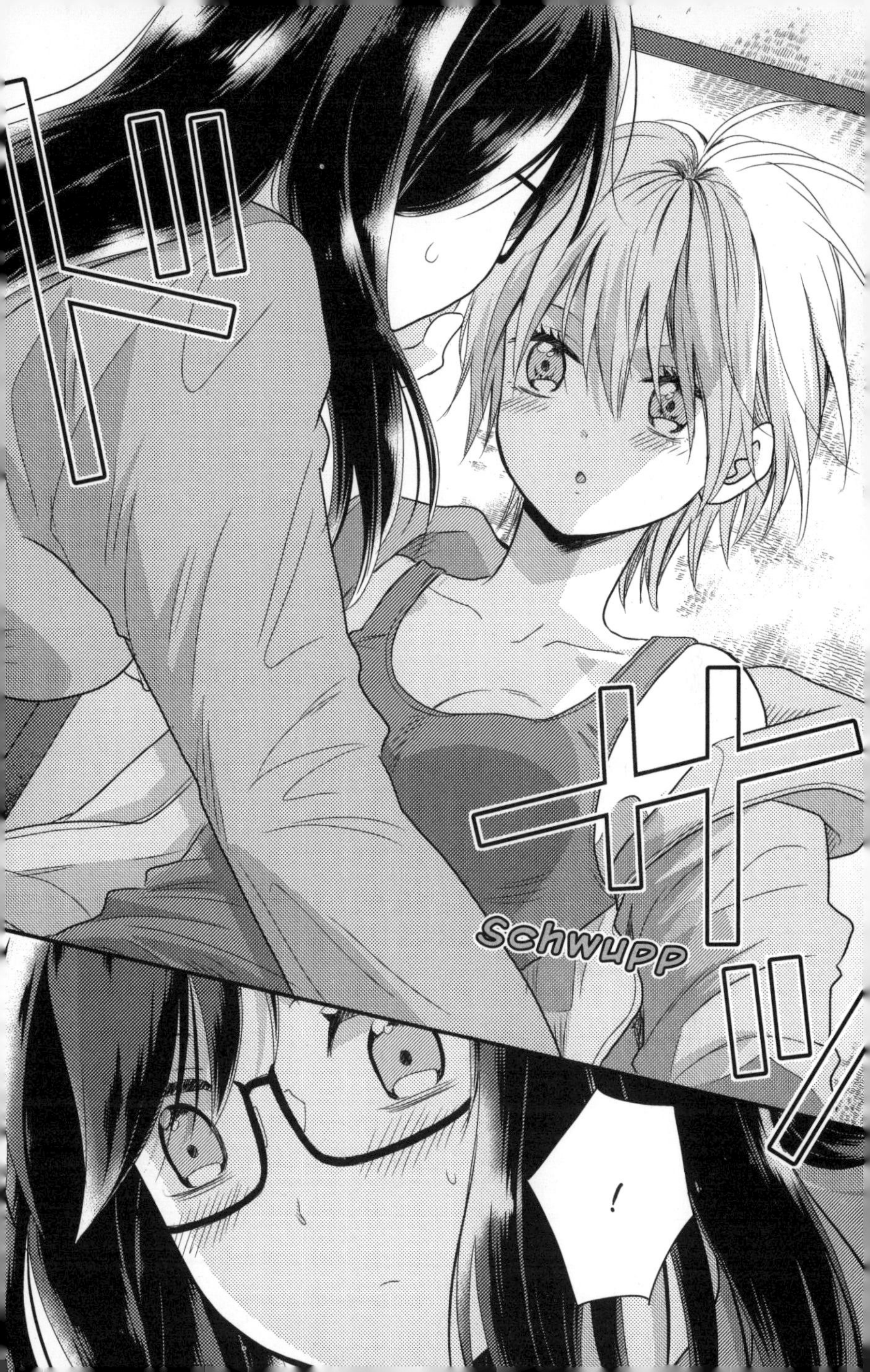
Schwupp
!

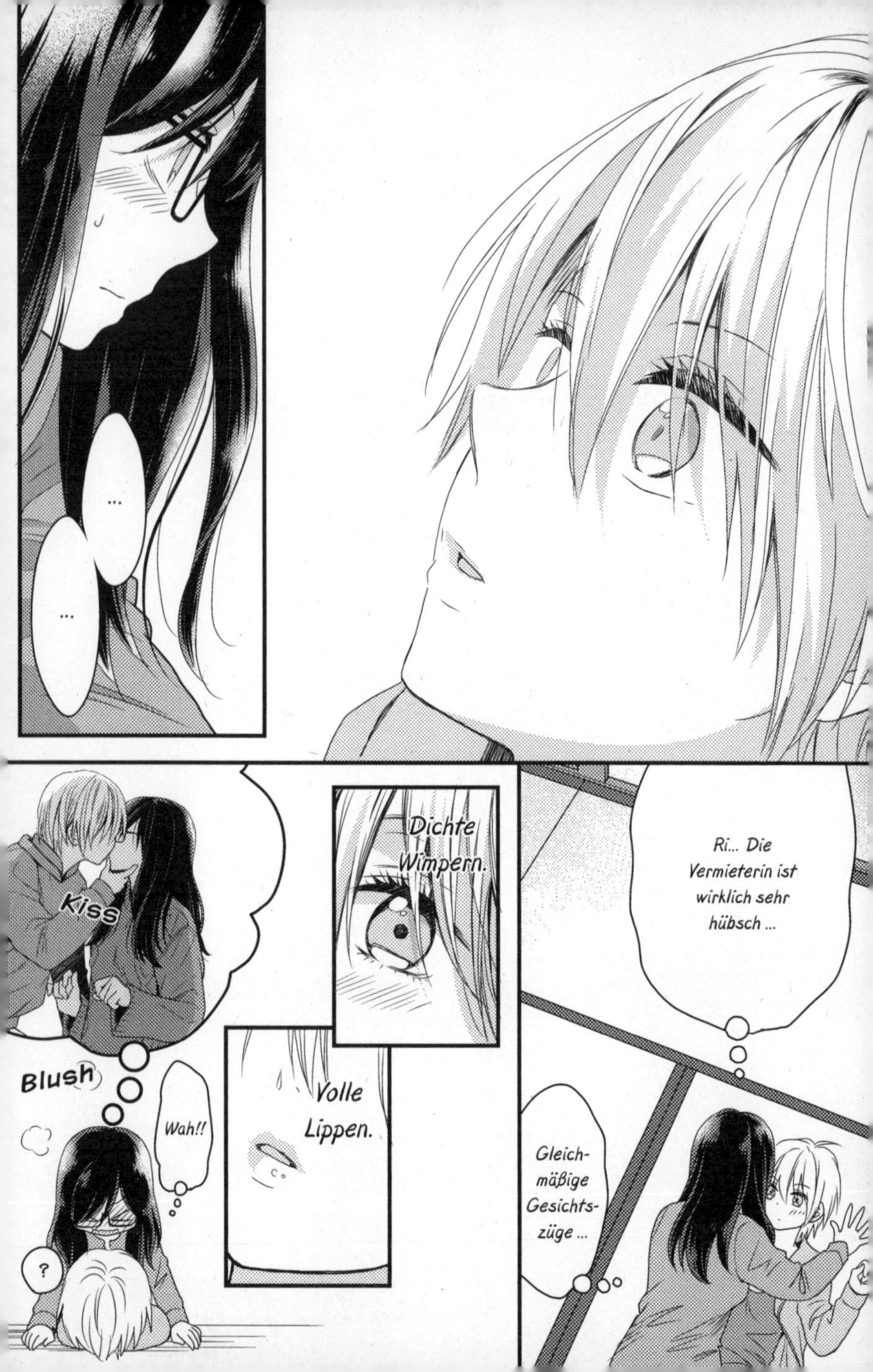
...
...
Ri... Die Vermieterin ist wirklich sehr hübsch ...
Dichte Wimpern.
Gleich-mäßige Gesichts-züge ...
Volle Lippen.
Kiss
Blush
Wah!!
?

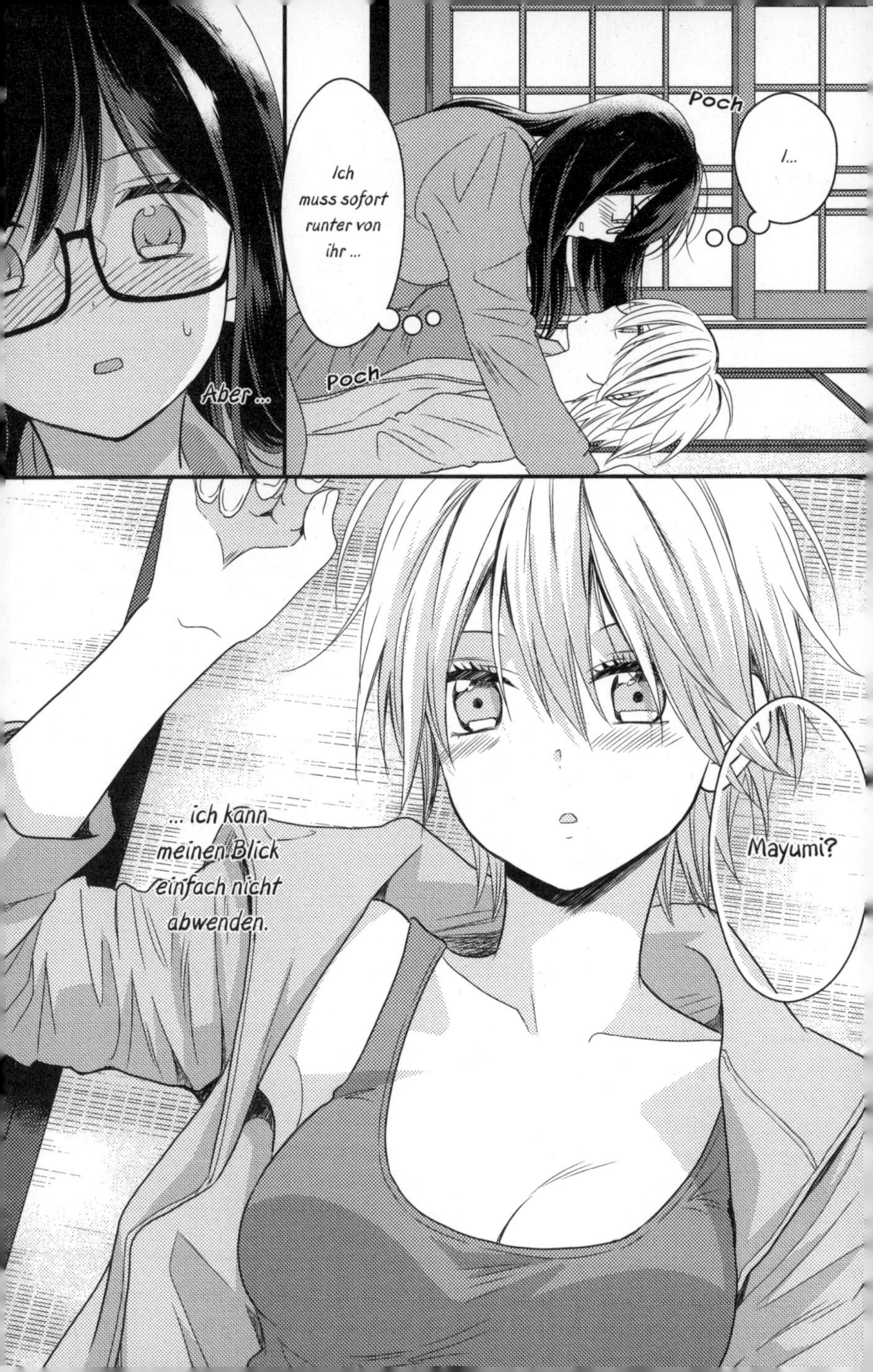
I…
Poch
Ich muss sofort runter von ihr …
Poch
Aber …
Mayumi?
… ich kann meinen Blick einfach nicht abwenden.

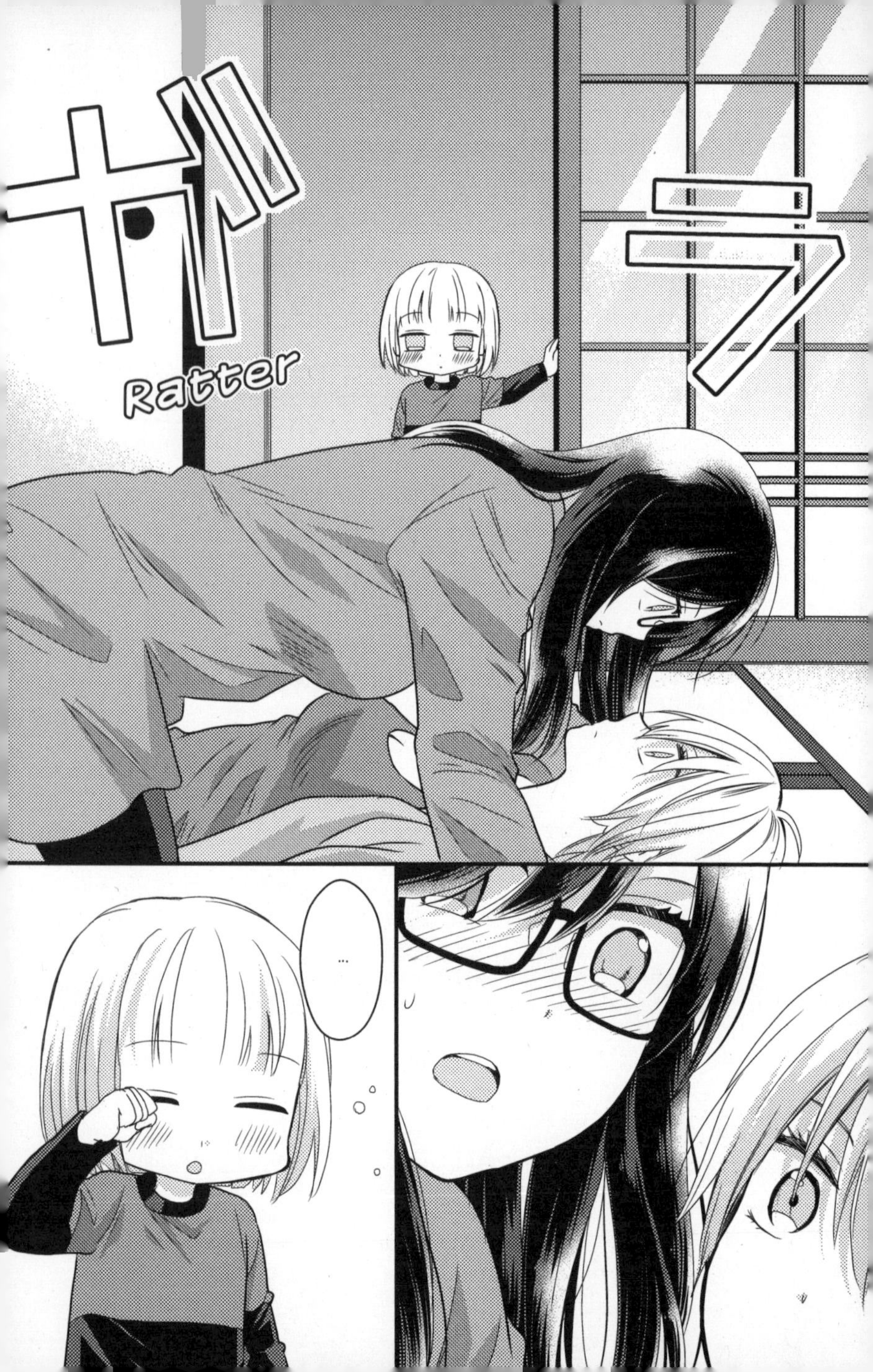
ガラ
Ratter
...

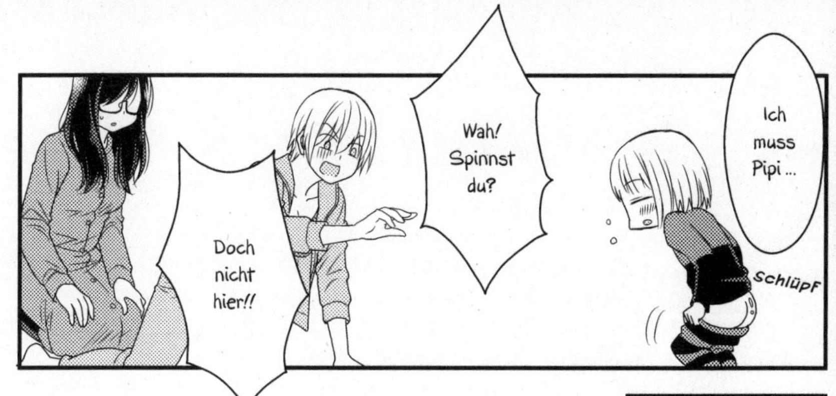

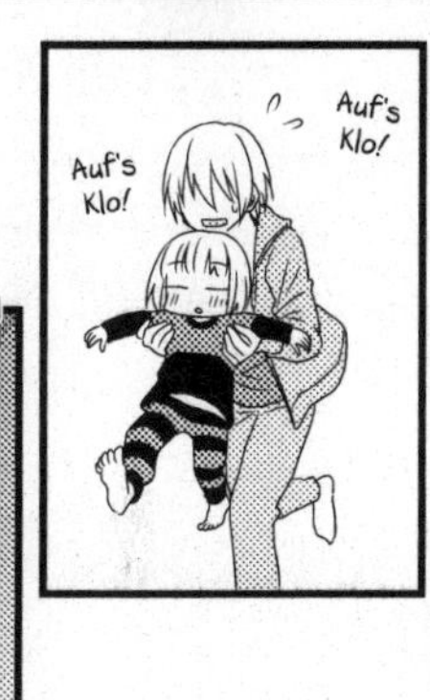

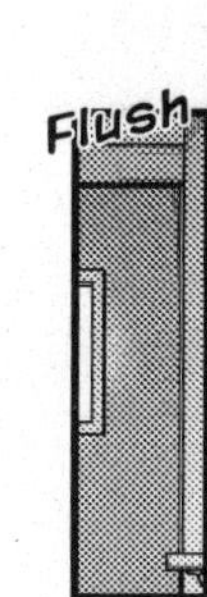

Ich will nicht ...

... dass Toko hier-herkommt.

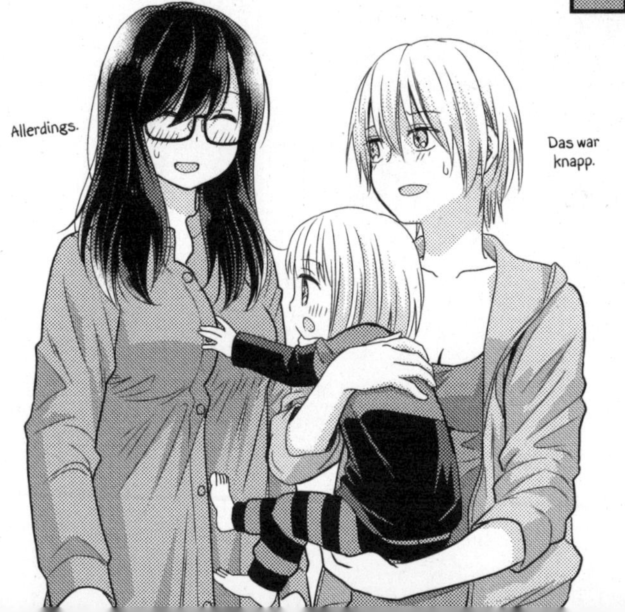

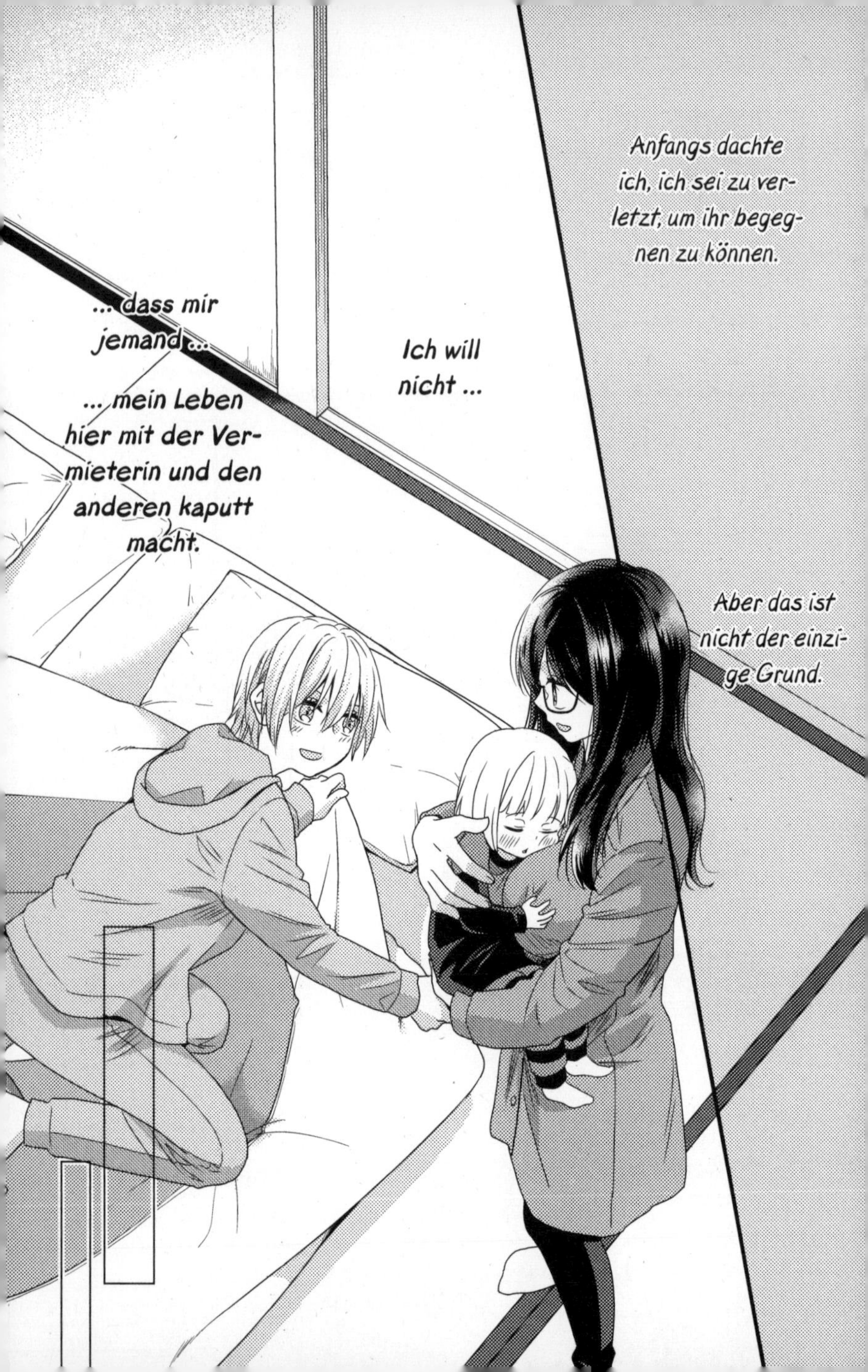
Anfangs dachte ich, ich sei zu verletzt, um ihr begegnen zu können.
Aber das ist nicht der einzige Grund.
Ich will nicht ...
... dass mir jemand ...
... mein Leben hier mit der Vermieterin und den anderen kaputt macht.

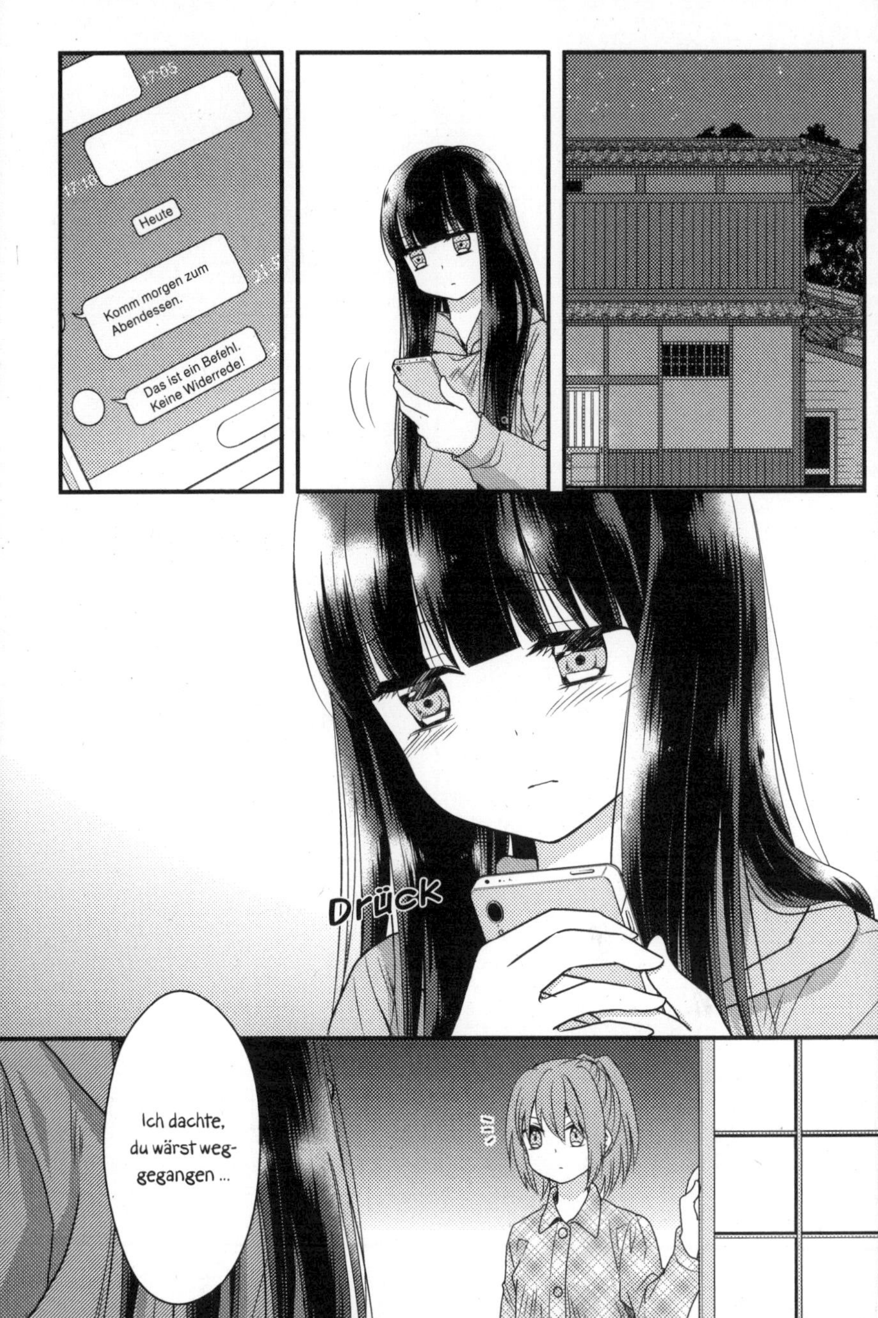
Heute
Komm morgen zum Abendessen.
Das ist ein Befehl. Keine Widerrede!
Drück
Ich dachte, du wärst weggegangen ...

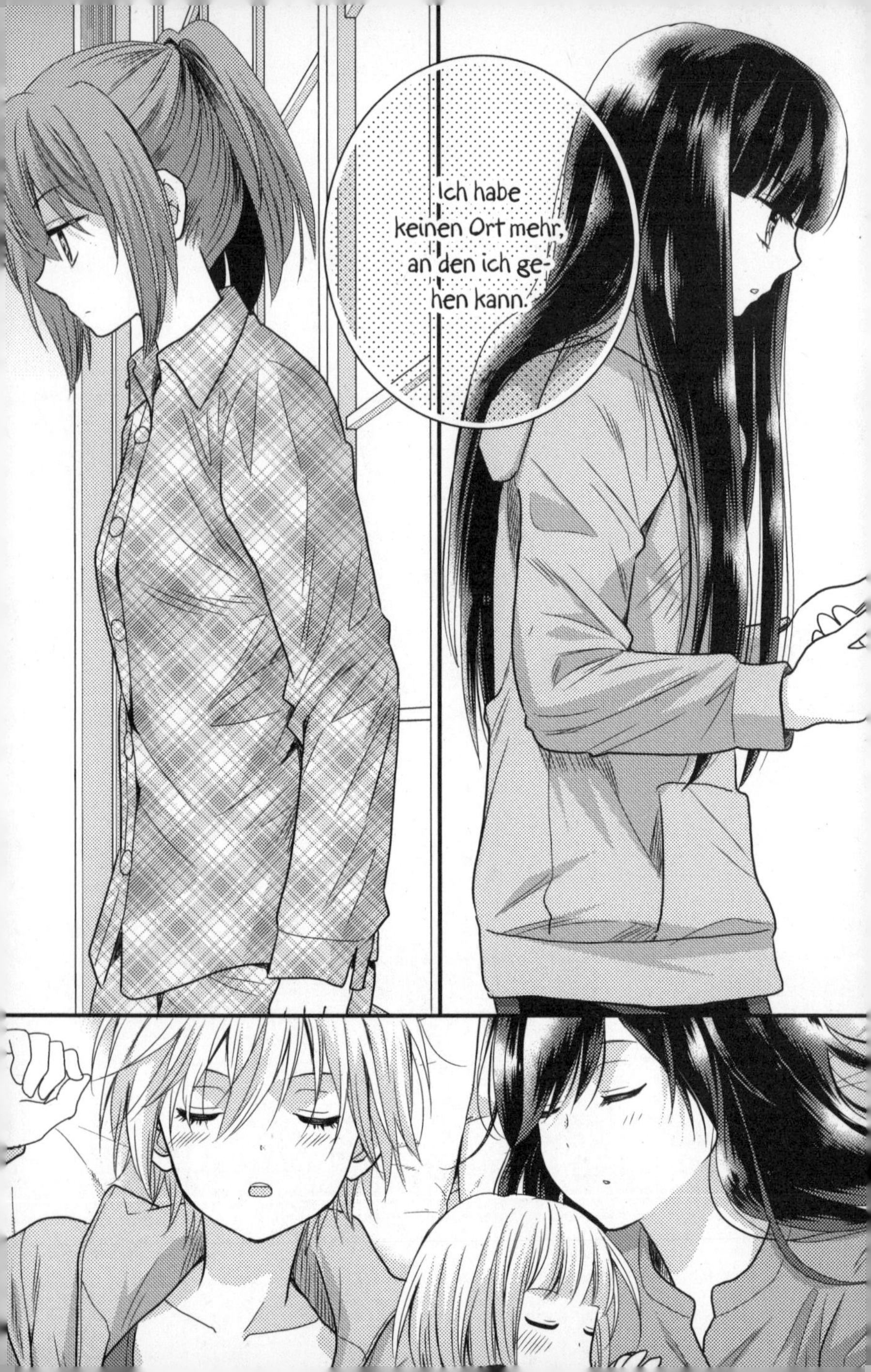
Ich habe
keinen Ort mehr,
an den ich ge-
hen kann.

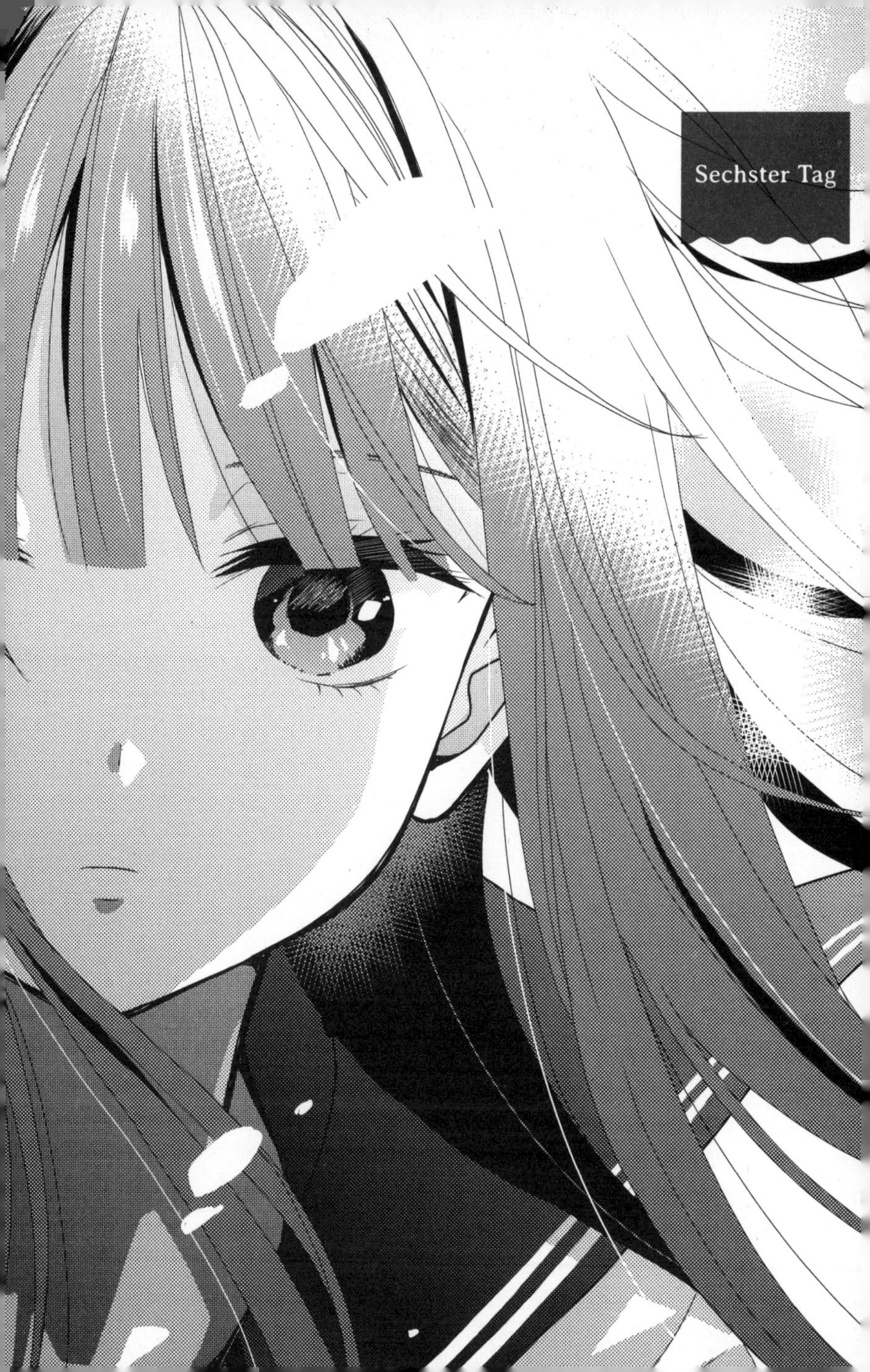
Sechster Tag

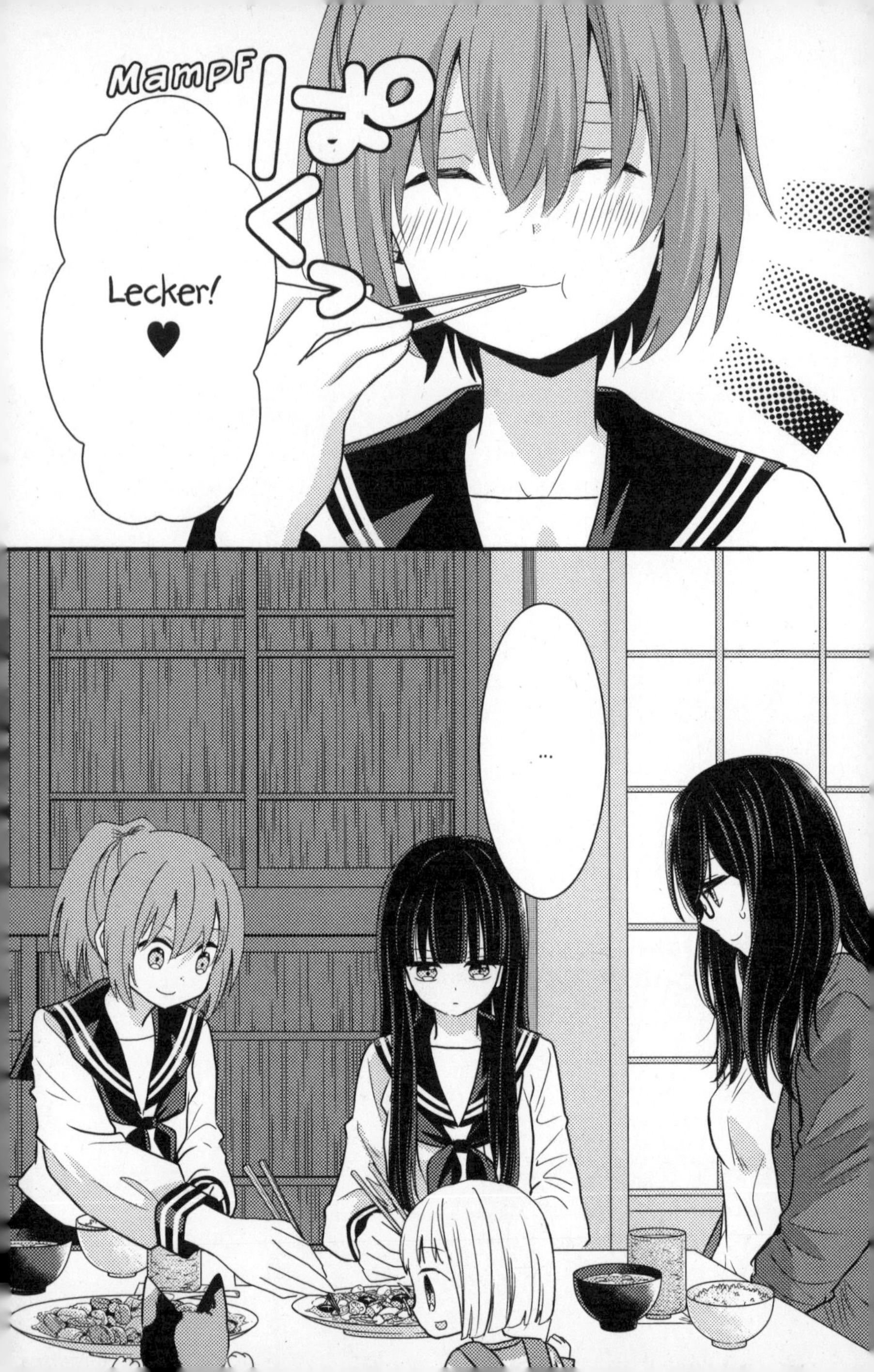

Mampf
Lecker! ♥
...

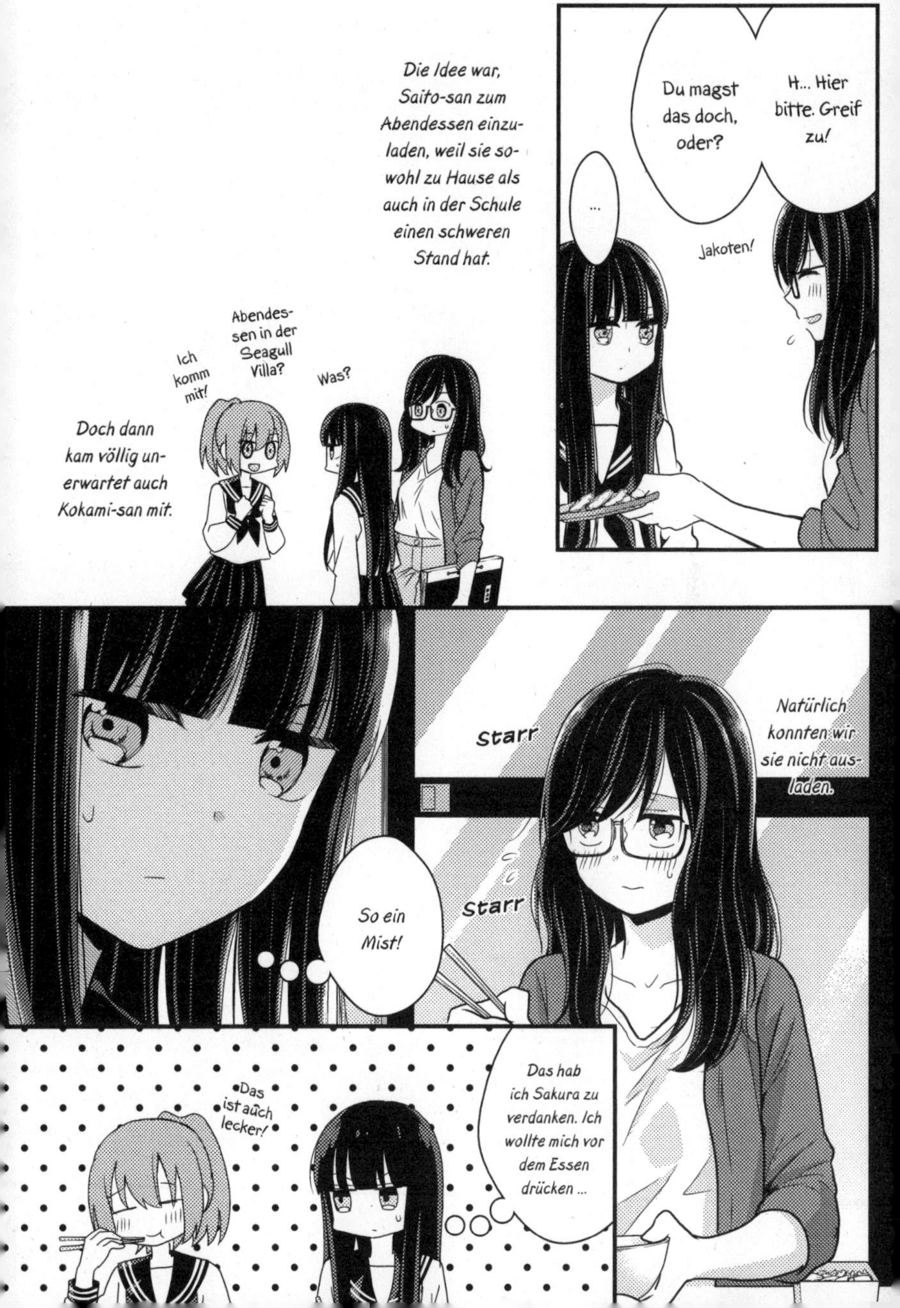

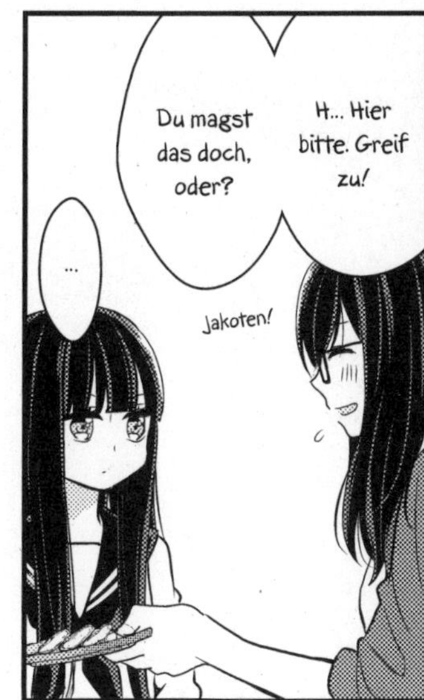

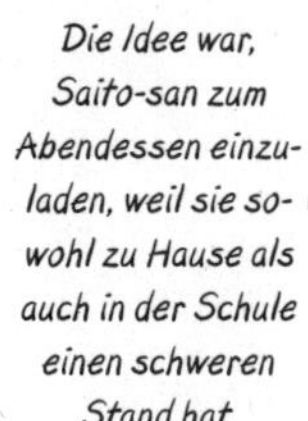

Was?

Abendessen in der Seagull Villa?

Ich komm mit!

Doch dann kam völlig unerwartet auch Kokami-san mit.

Natürlich konnten wir sie nicht ausladen.

Starr

Starr

So ein Mist!

Das hab ich Sakura zu verdanken. Ich wollte mich vor dem Essen drücken ...

Das ist auch lecker!

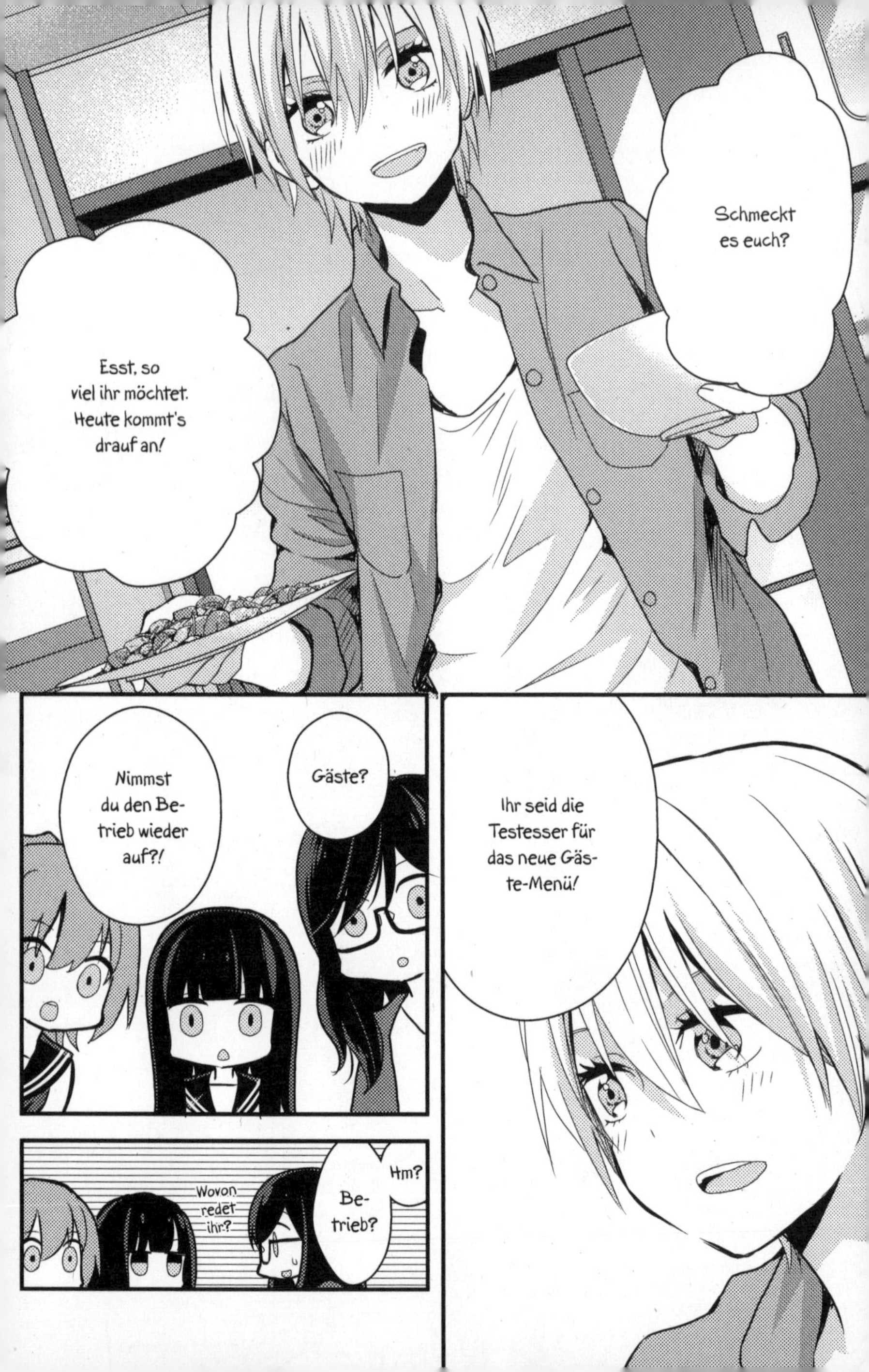
Schmeckt es euch?
Esst, so viel ihr möchtet. Heute kommt's drauf an!
Ihr seid die Testesser für das neue Gäste-Menü!
Gäste?
Nimmst du den Betrieb wieder auf?!
Hm?
Betrieb?
Wovon redet ihr?

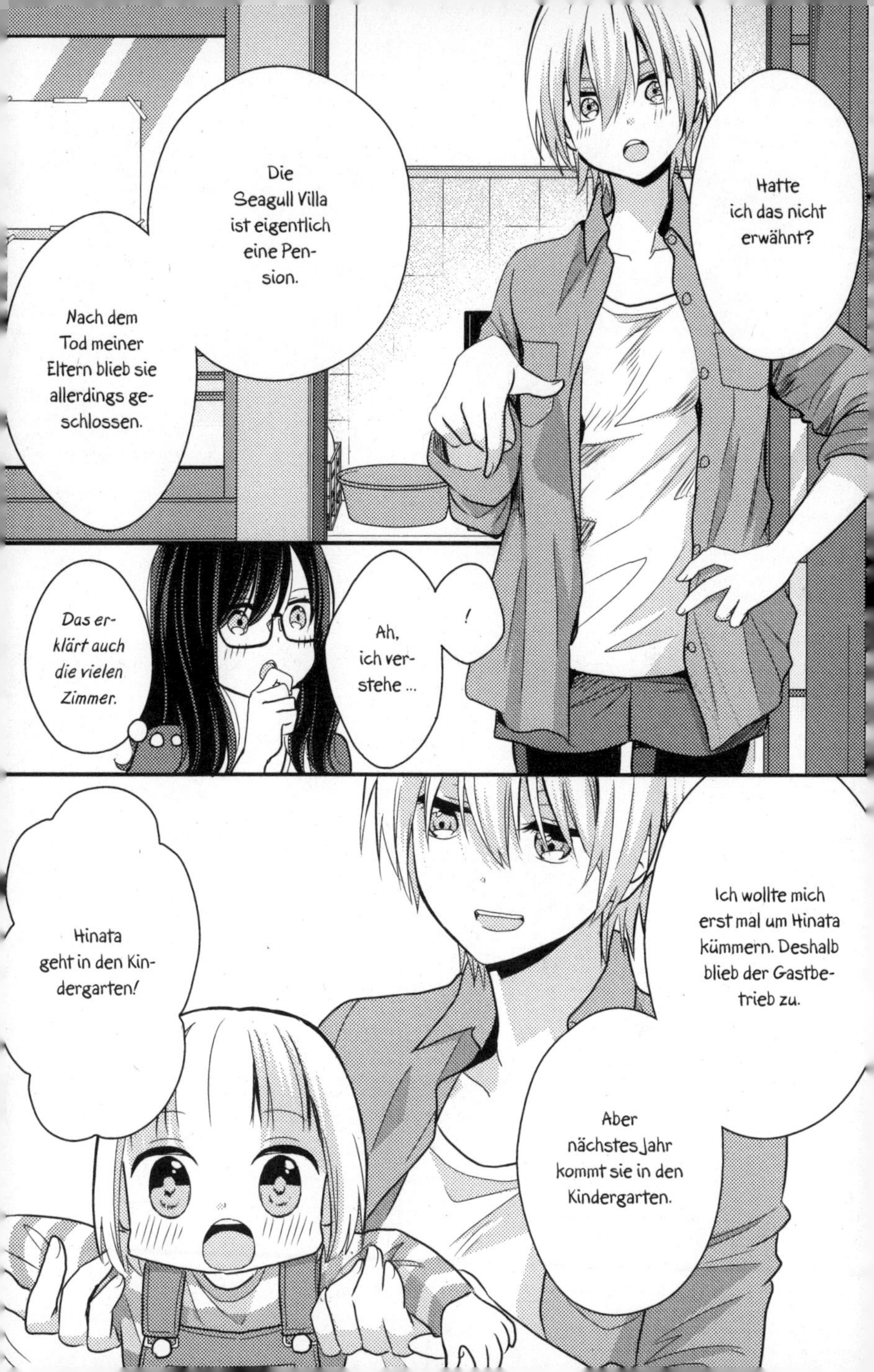
Hatte ich das nicht erwähnt?
Die Seagull Villa ist eigentlich eine Pension.
Nach dem Tod meiner Eltern blieb sie allerdings geschlossen.
!
Ah, ich verstehe ...
Das erklärt auch die vielen Zimmer.
Ich wollte mich erst mal um Hinata kümmern. Deshalb blieb der Gastbetrieb zu.
Aber nächstes Jahr kommt sie in den Kindergarten.
Hinata geht in den Kindergarten!

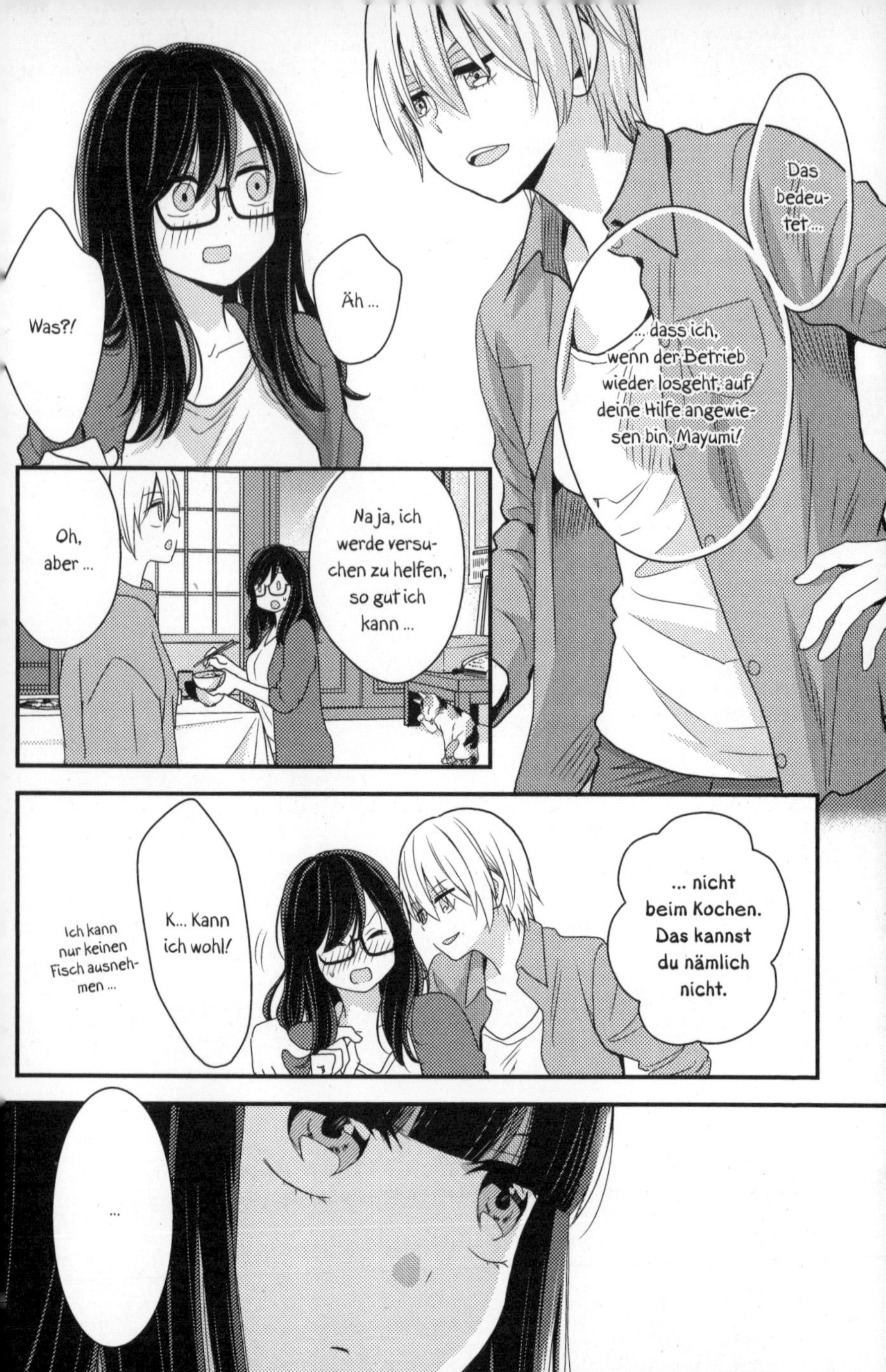
Das bedeu- tet ...
... dass ich, wenn der Betrieb wieder losgeht, auf deine Hilfe angewie- sen bin, Mayumi!
Äh ...
Was?!
Na ja, ich werde versu- chen zu helfen, so gut ich kann ...
Oh, aber ...
... nicht beim Kochen. Das kannst du nämlich nicht.
K... Kann ich wohl!
Ich kann nur keinen Fisch ausneh- men ...
...

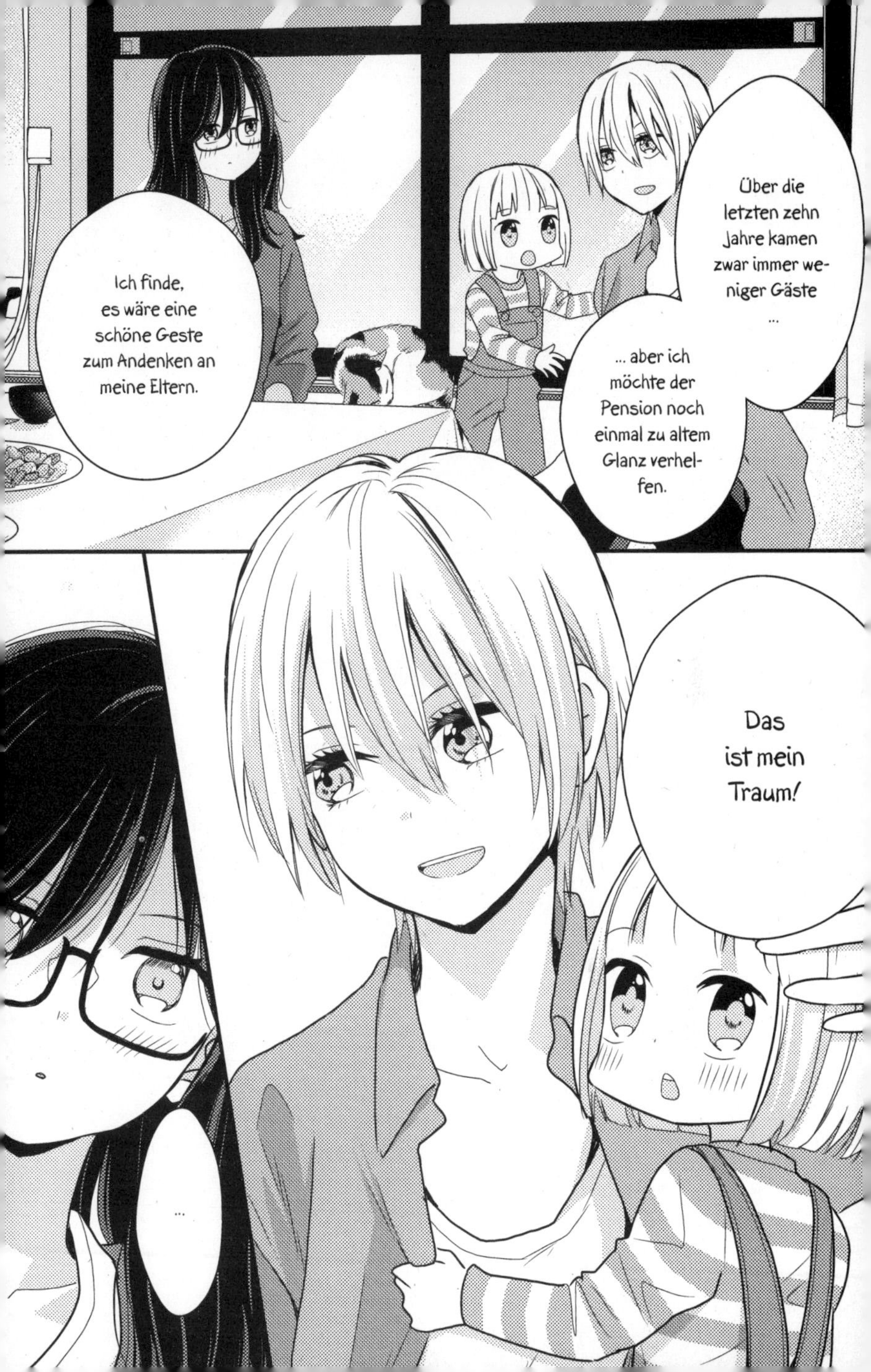
Über die letzten zehn Jahre kamen zwar immer weniger Gäste ...
Ich finde, es wäre eine schöne Geste zum Andenken an meine Eltern.
... aber ich möchte der Pension noch einmal zu altem Glanz verhelfen.
Das ist mein Traum!
...

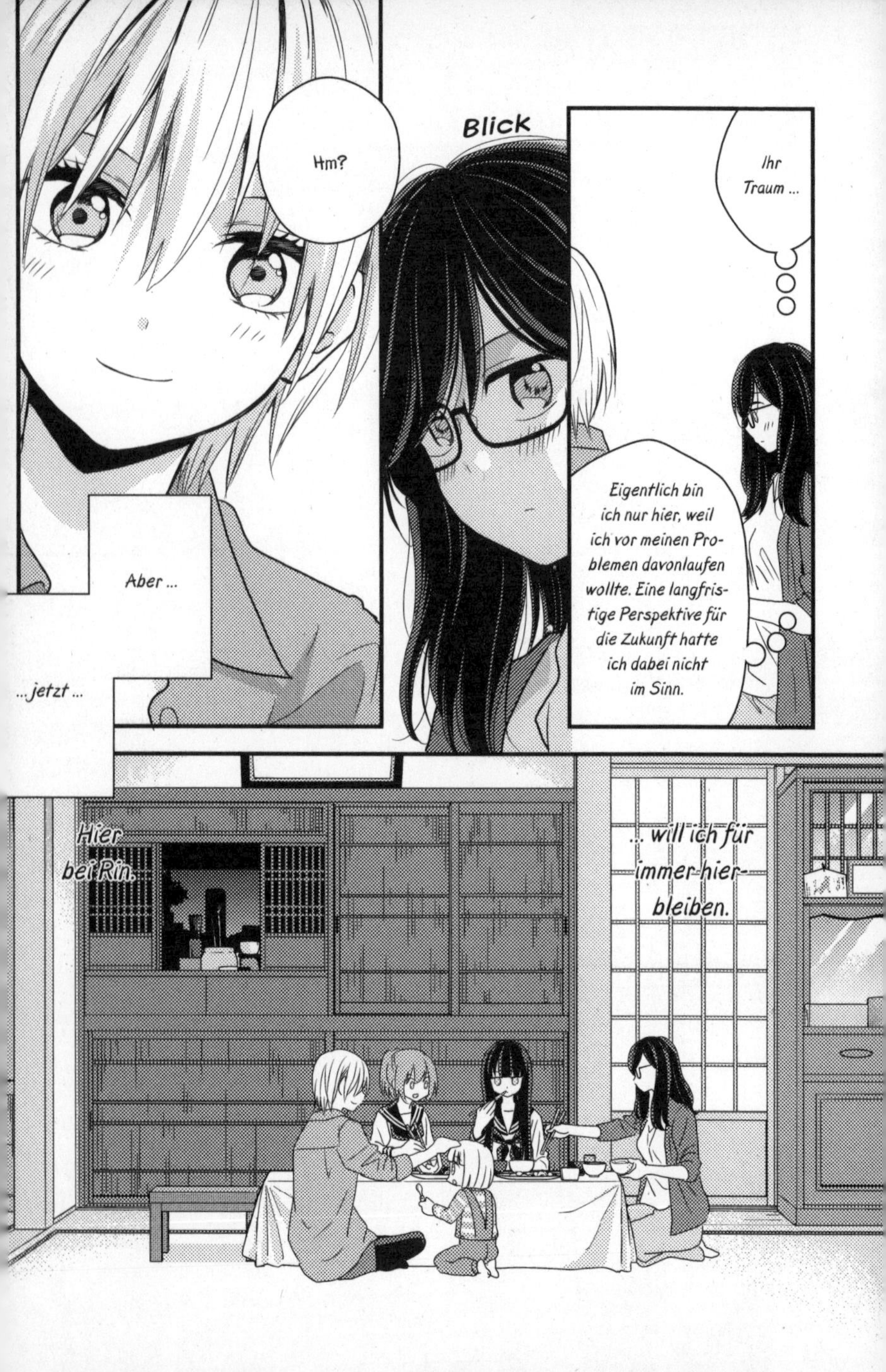

Ihr Traum ...
Eigentlich bin ich nur hier, weil ich vor meinen Problemen davonlaufen wollte. Eine langfristige Perspektive für die Zukunft hatte ich dabei nicht im Sinn.
Blick
Hm?
Aber ...
... jetzt ...
Hier bei Rin.
... will ich für immer hier bleiben.

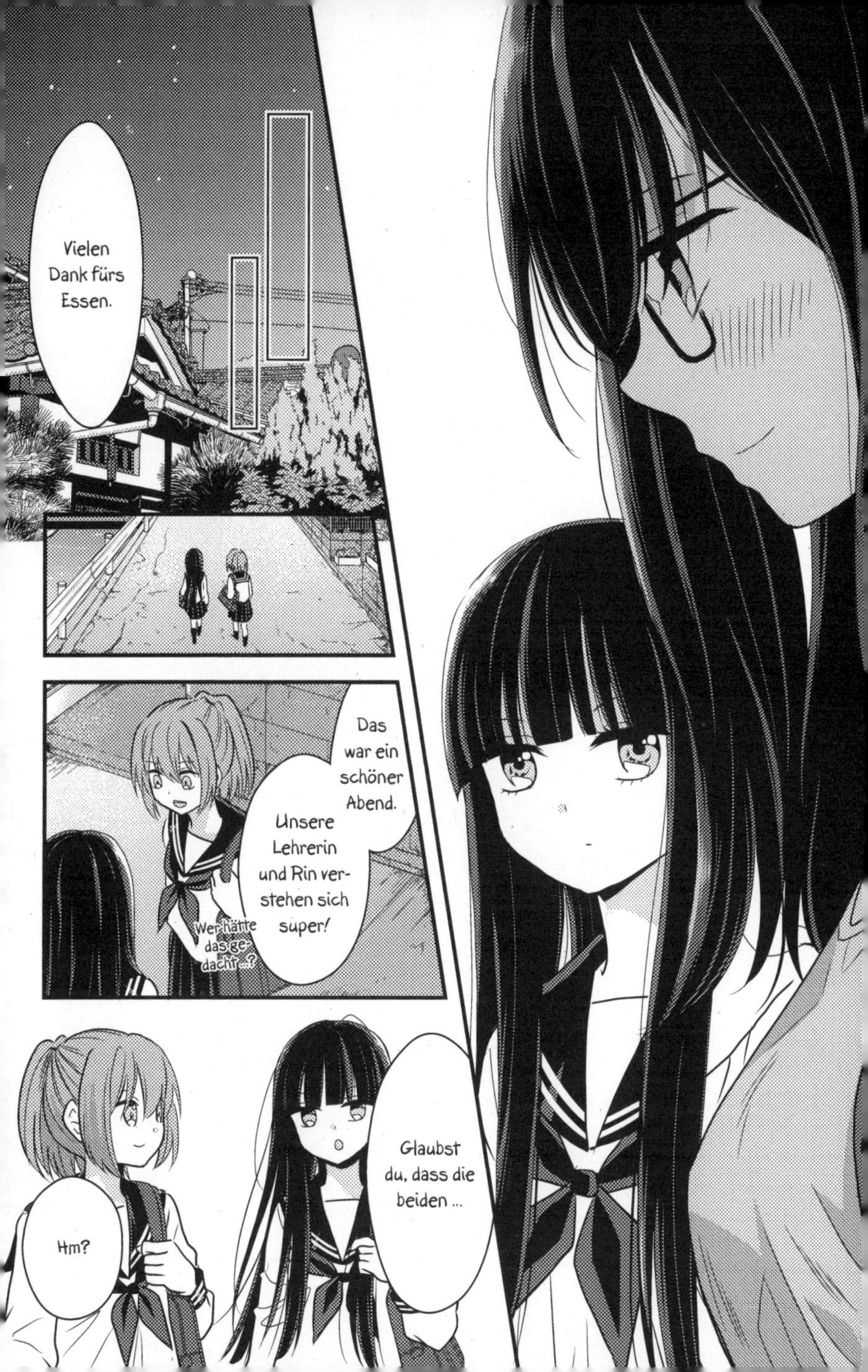
Vielen Dank fürs Essen.
Das war ein schöner Abend.
Unsere Lehrerin und Rin verstehen sich super!
Wer hätte das gedacht ...?
Glaubst du, dass die beiden ...
Hm?

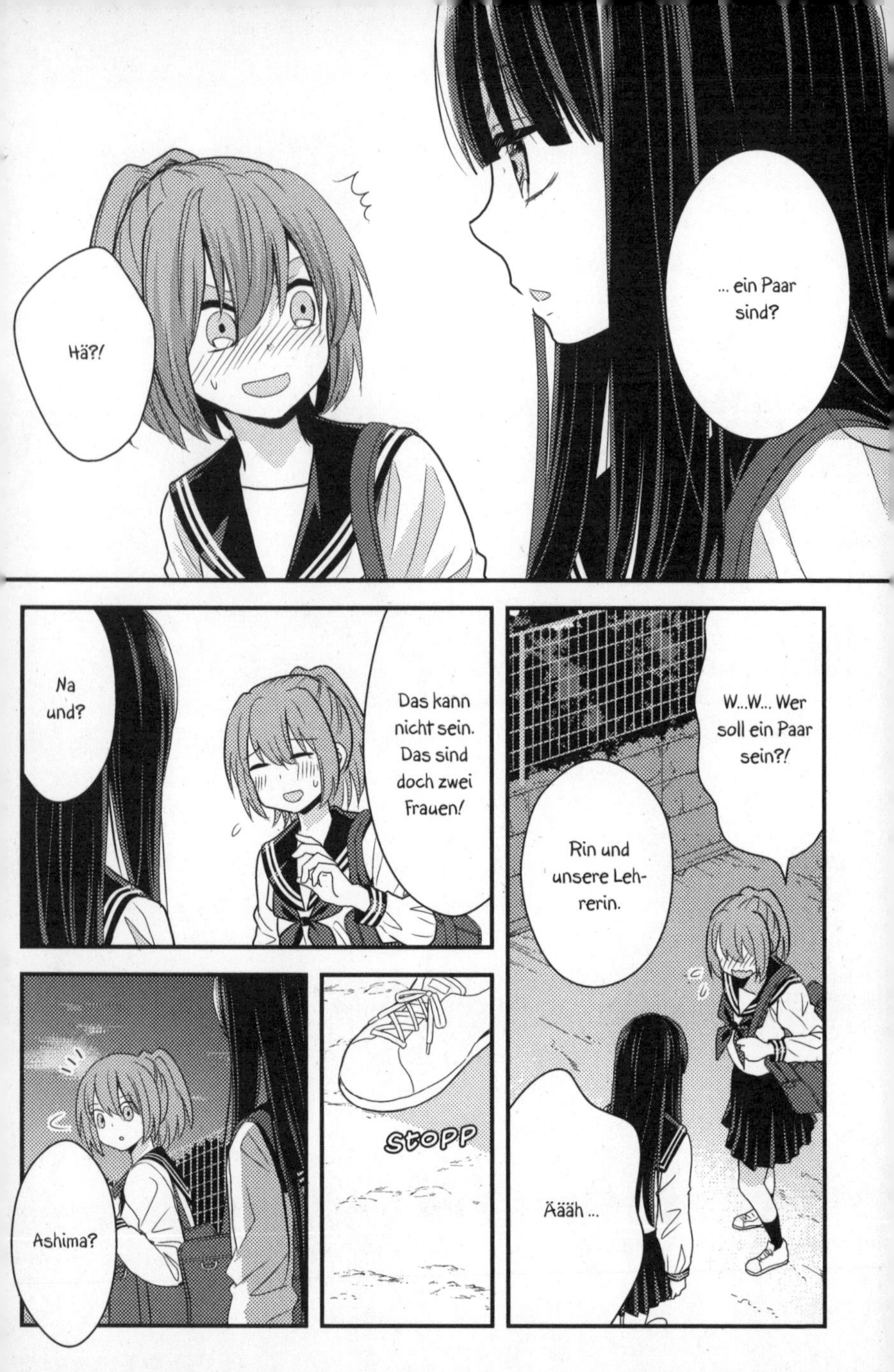

... ein Paar sind?

Hä?!

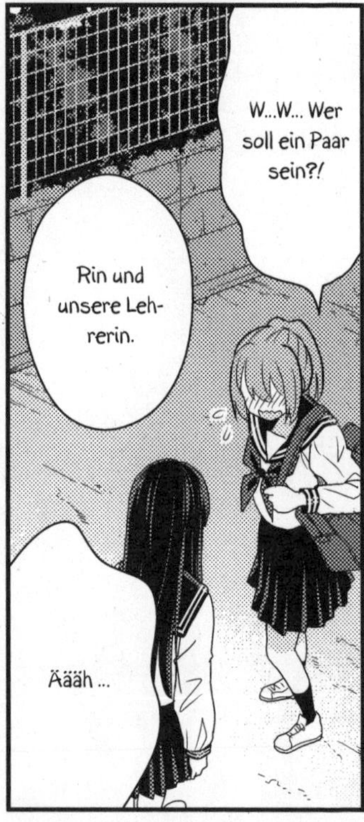

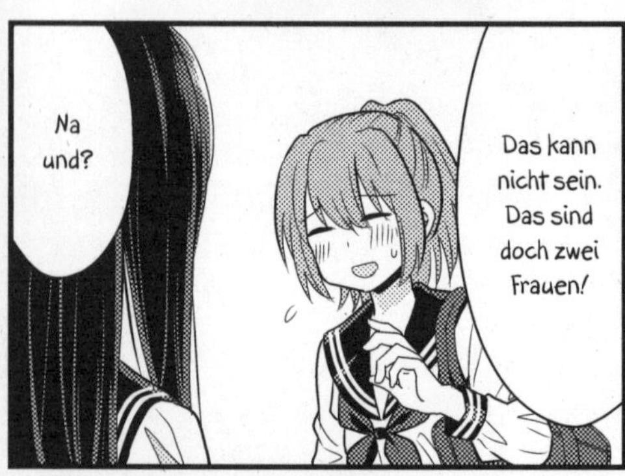

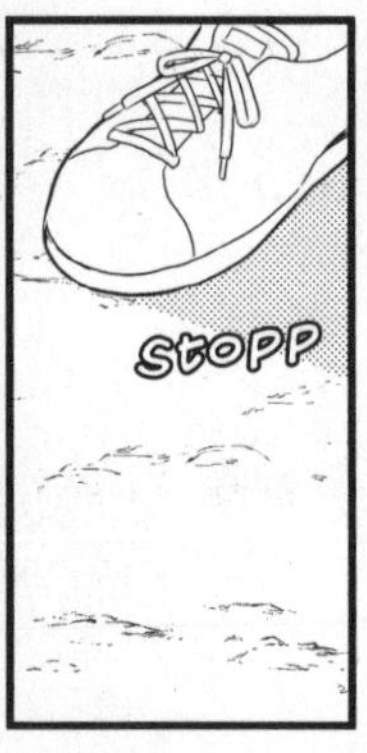

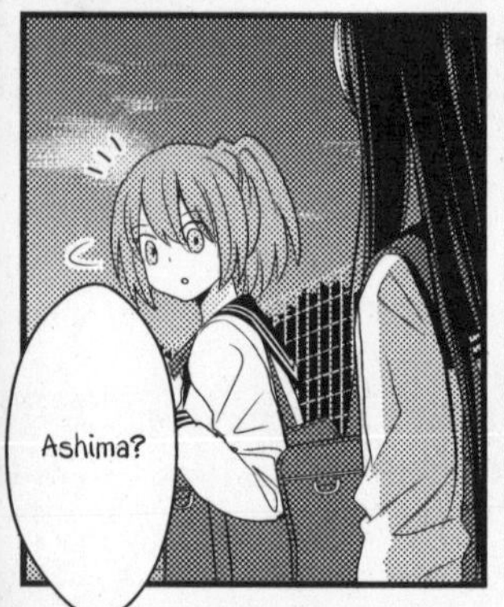

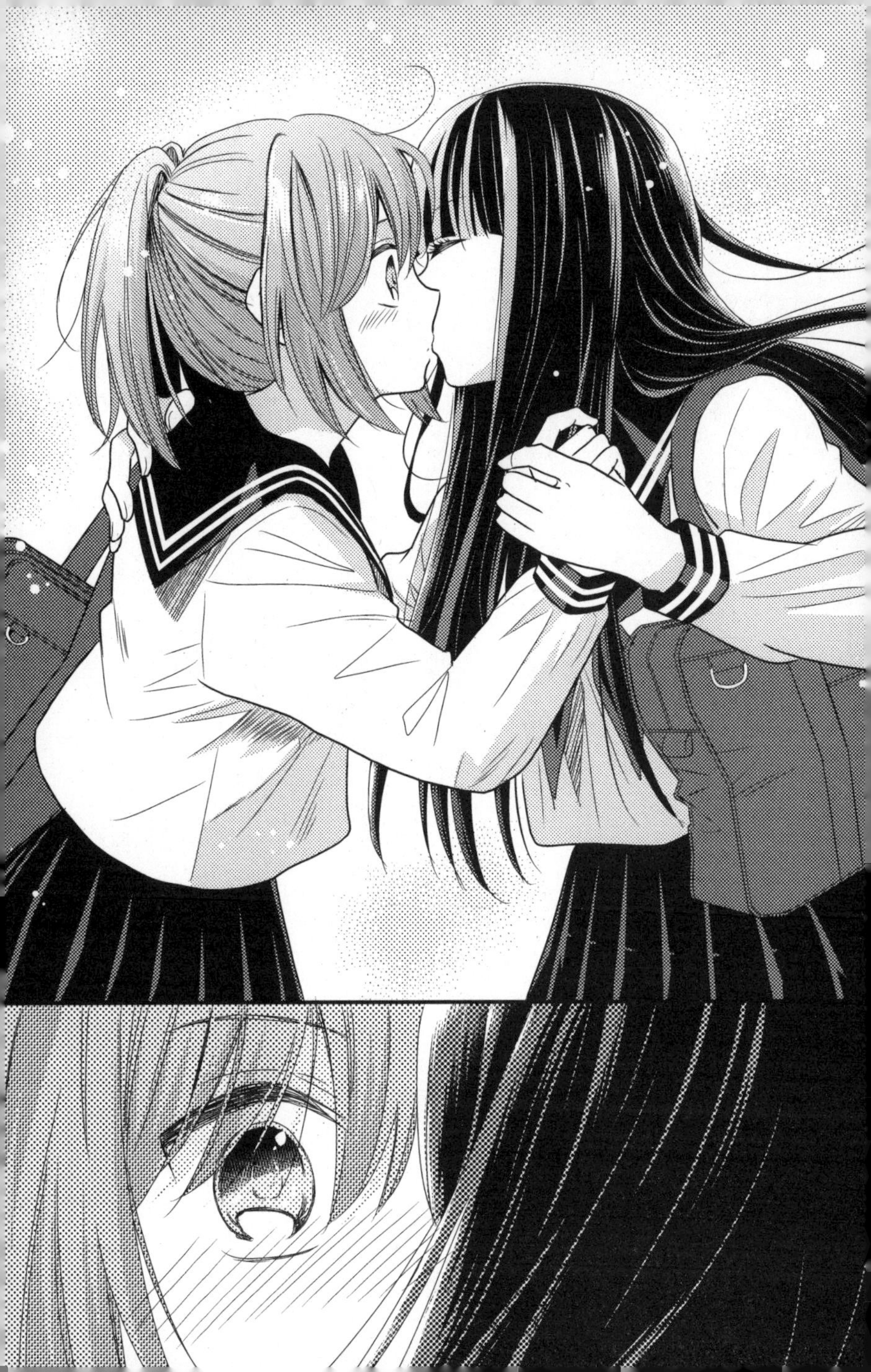

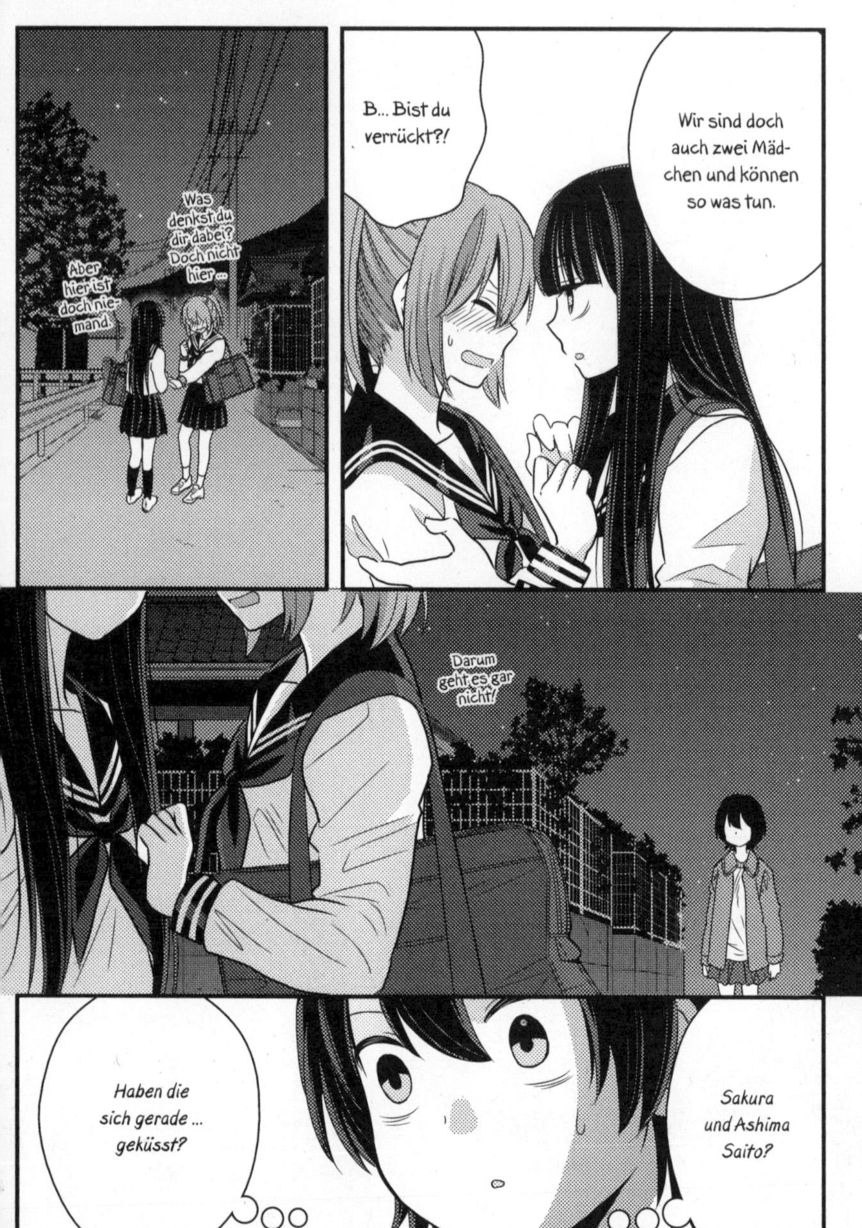

Wir sind doch auch zwei Mädchen und können so was tun.
B... Bist du verrückt?!
Was denkst du dir dabei? Doch nicht hier ...
Aber hier ist doch niemand.
Darum geht es gar nicht!
Sakura und Ashima Saito?
Haben die sich gerade ... geküsst?

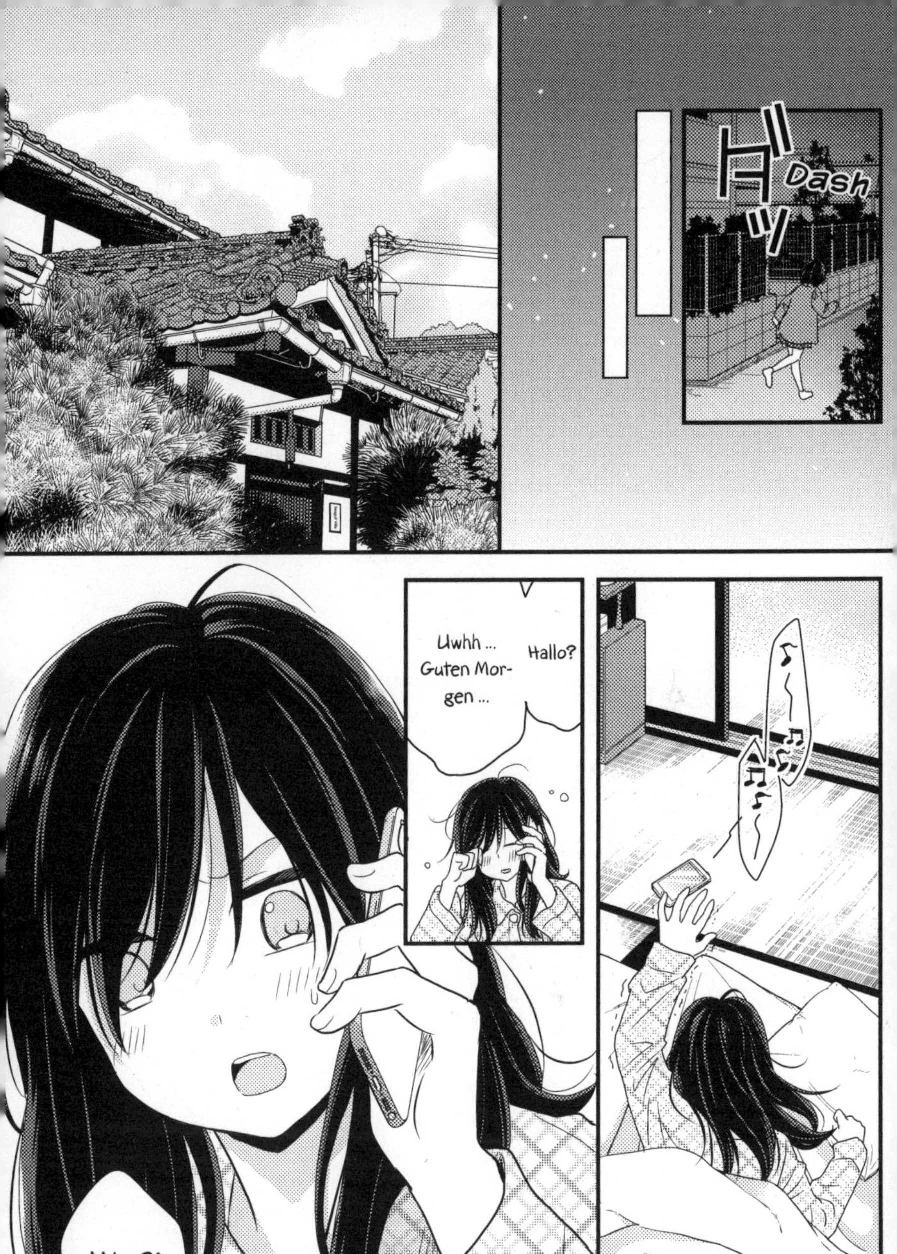
Dash
Hallo?
Uwhh ... Guten Mor-gen ...
Was?!

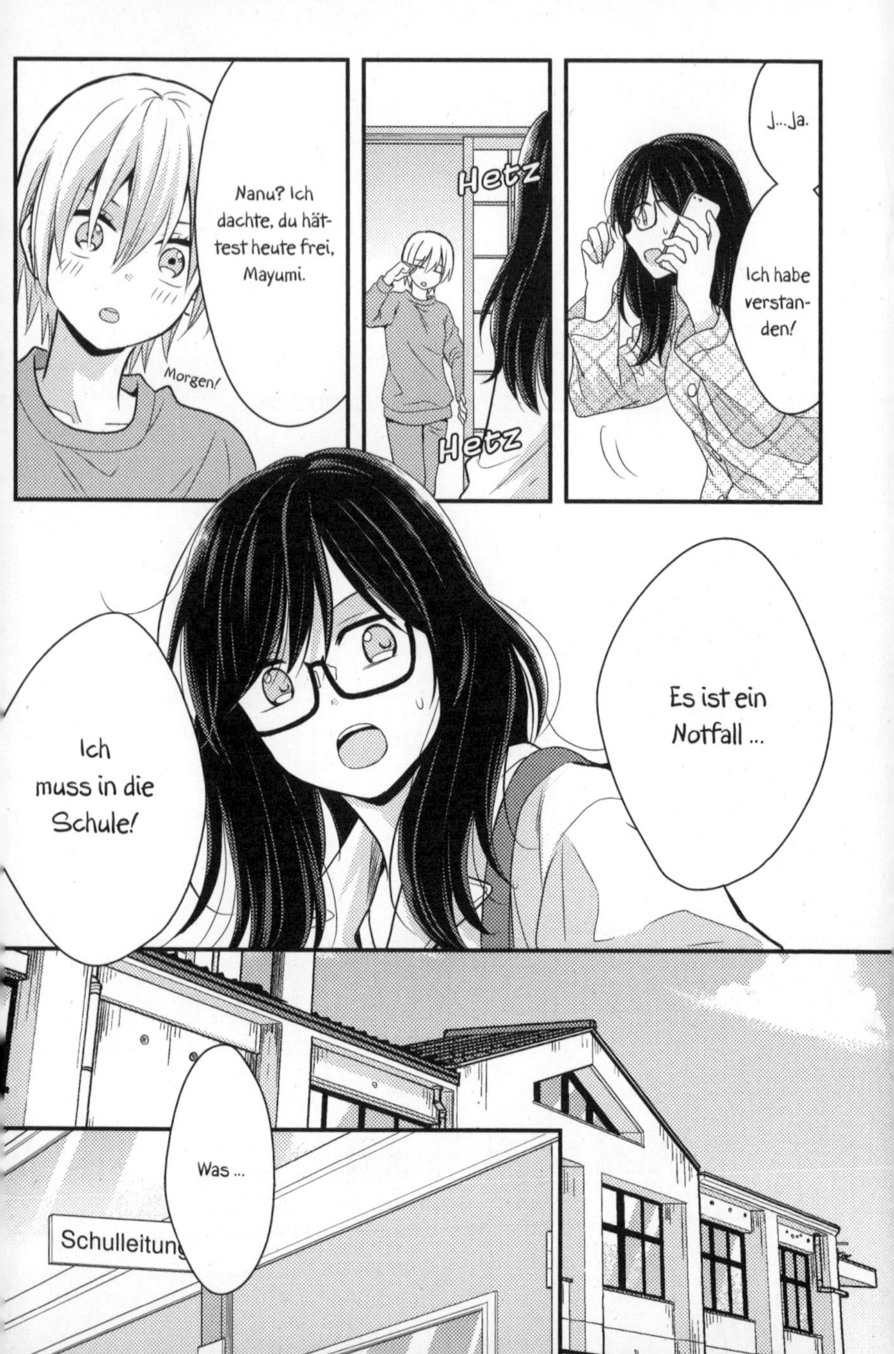
J...Ja.
Ich habe verstanden!
Hetz
Hetz
Nanu? Ich dachte, du hättest heute frei, Mayumi.
Morgen!
Es ist ein Notfall ...
Ich muss in die Schule!
Was ...
Schulleitung

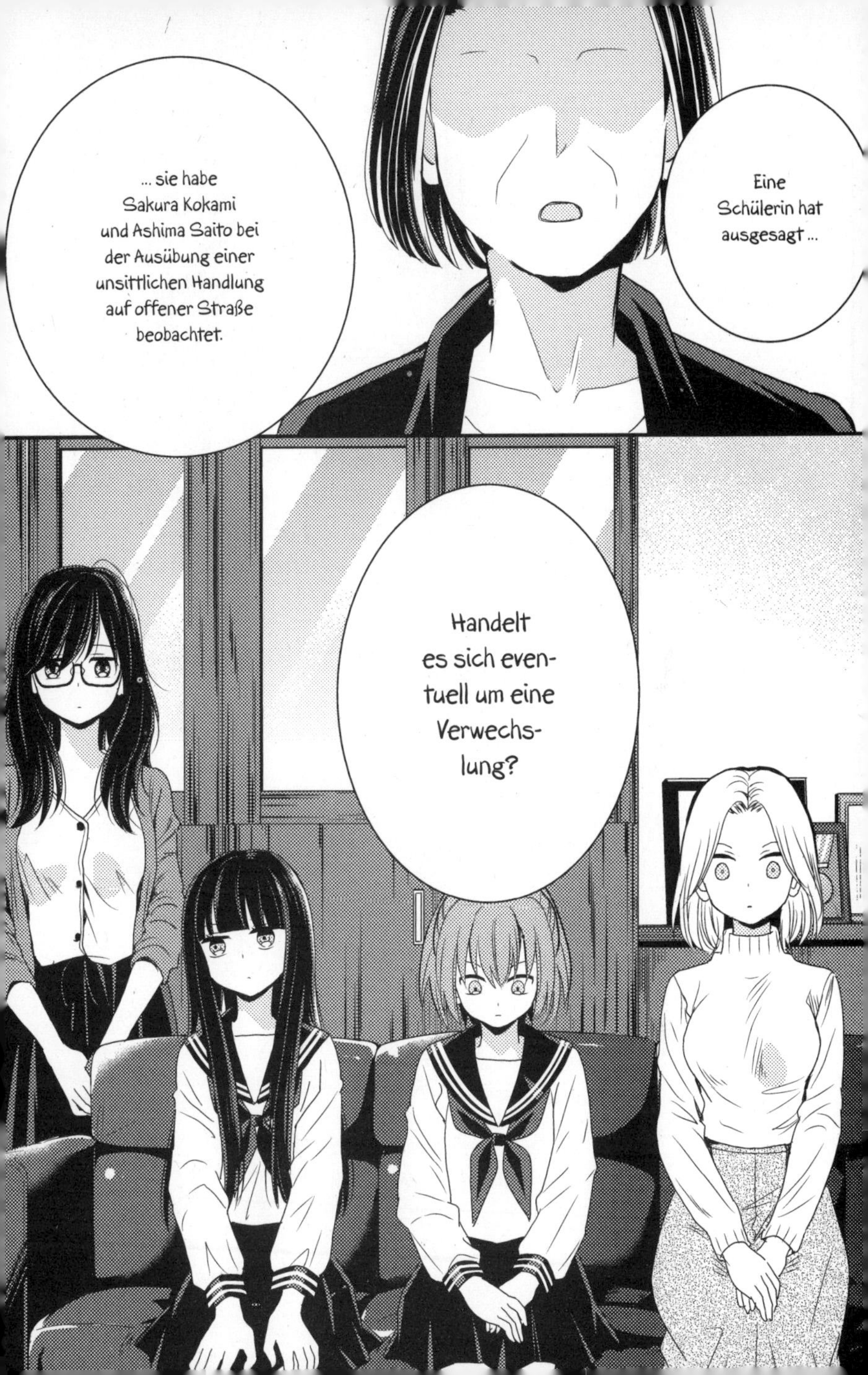
Eine Schülerin hat ausgesagt ...
... sie habe Sakura Kokami und Ashima Saito bei der Ausübung einer unsittlichen Handlung auf offener Straße beobachtet.
Handelt es sich eventuell um eine Verwechslung?

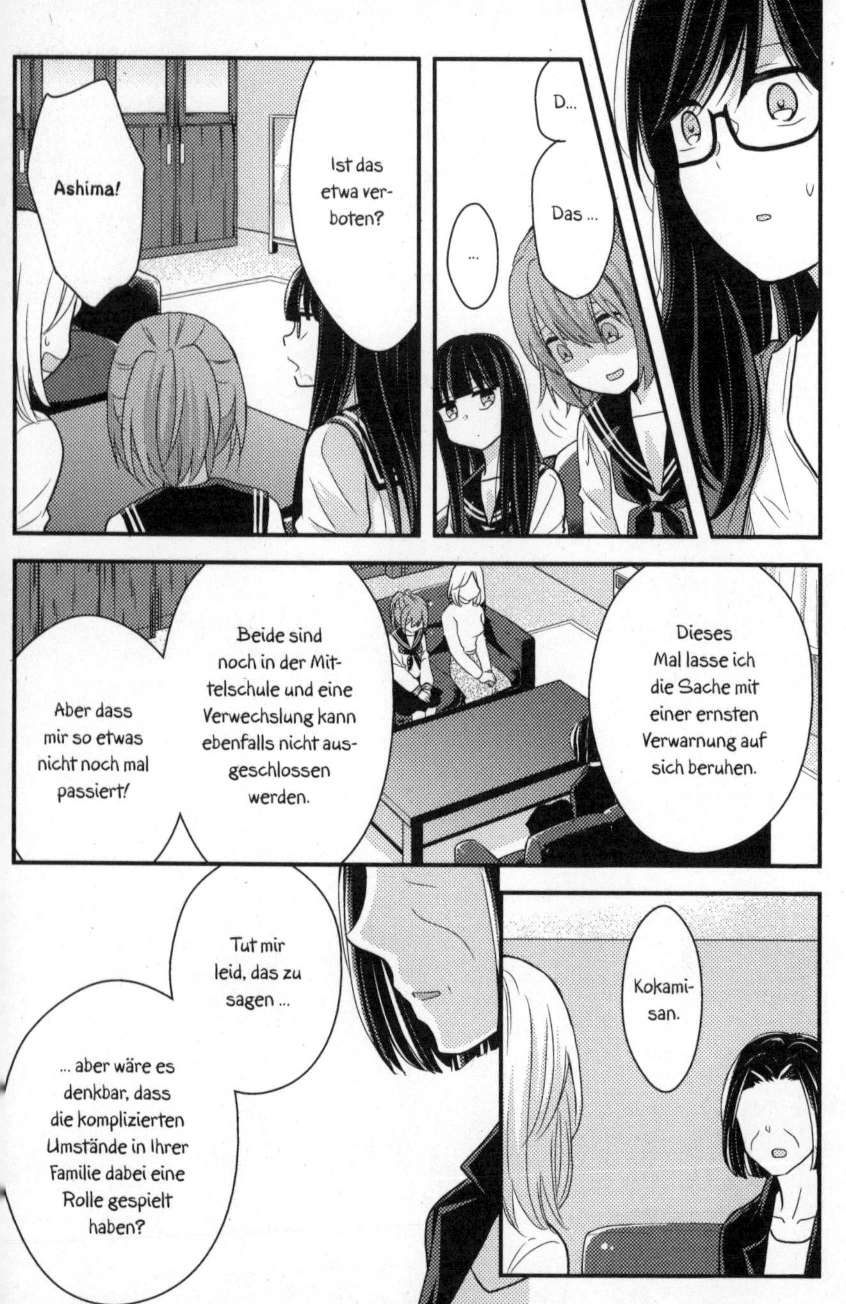
D...
Das ...
...
Ist das etwa verboten?
Ashima!
Dieses Mal lasse ich die Sache mit einer ernsten Verwarnung auf sich beruhen.
Beide sind noch in der Mittelschule und eine Verwechslung kann ebenfalls nicht ausgeschlossen werden.
Aber dass mir so etwas nicht noch mal passiert!
Kokami-san.
Tut mir leid, das zu sagen ...
... aber wäre es denkbar, dass die komplizierten Umstände in Ihrer Familie dabei eine Rolle gespielt haben?

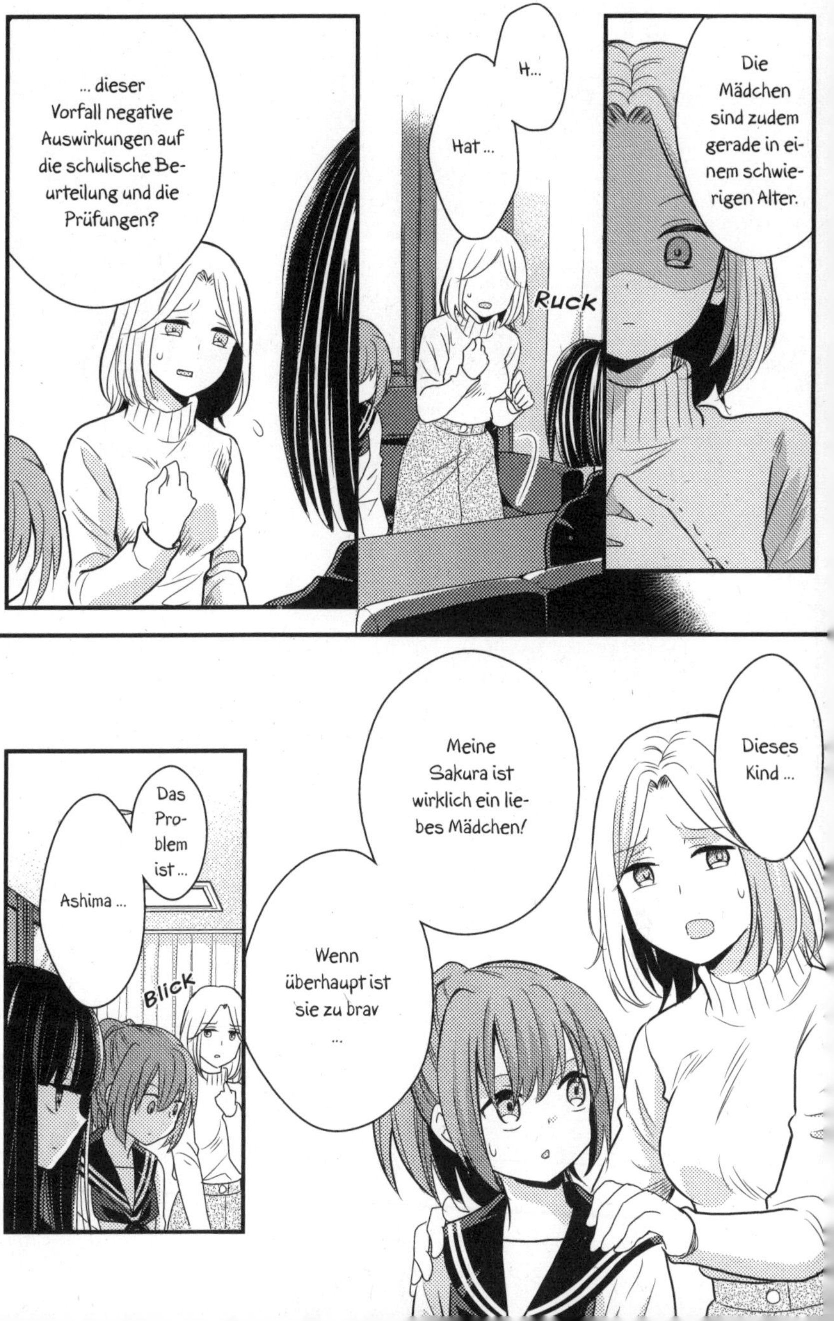

Die Mädchen sind zudem gerade in einem schwierigen Alter.
H...
Hat ...
Ruck
... dieser Vorfall negative Auswirkungen auf die schulische Beurteilung und die Prüfungen?
Dieses Kind ...
Meine Sakura ist wirklich ein liebes Mädchen!
Wenn überhaupt ist sie zu brav ...
Das Problem ist ...
Ashima ...
Blick

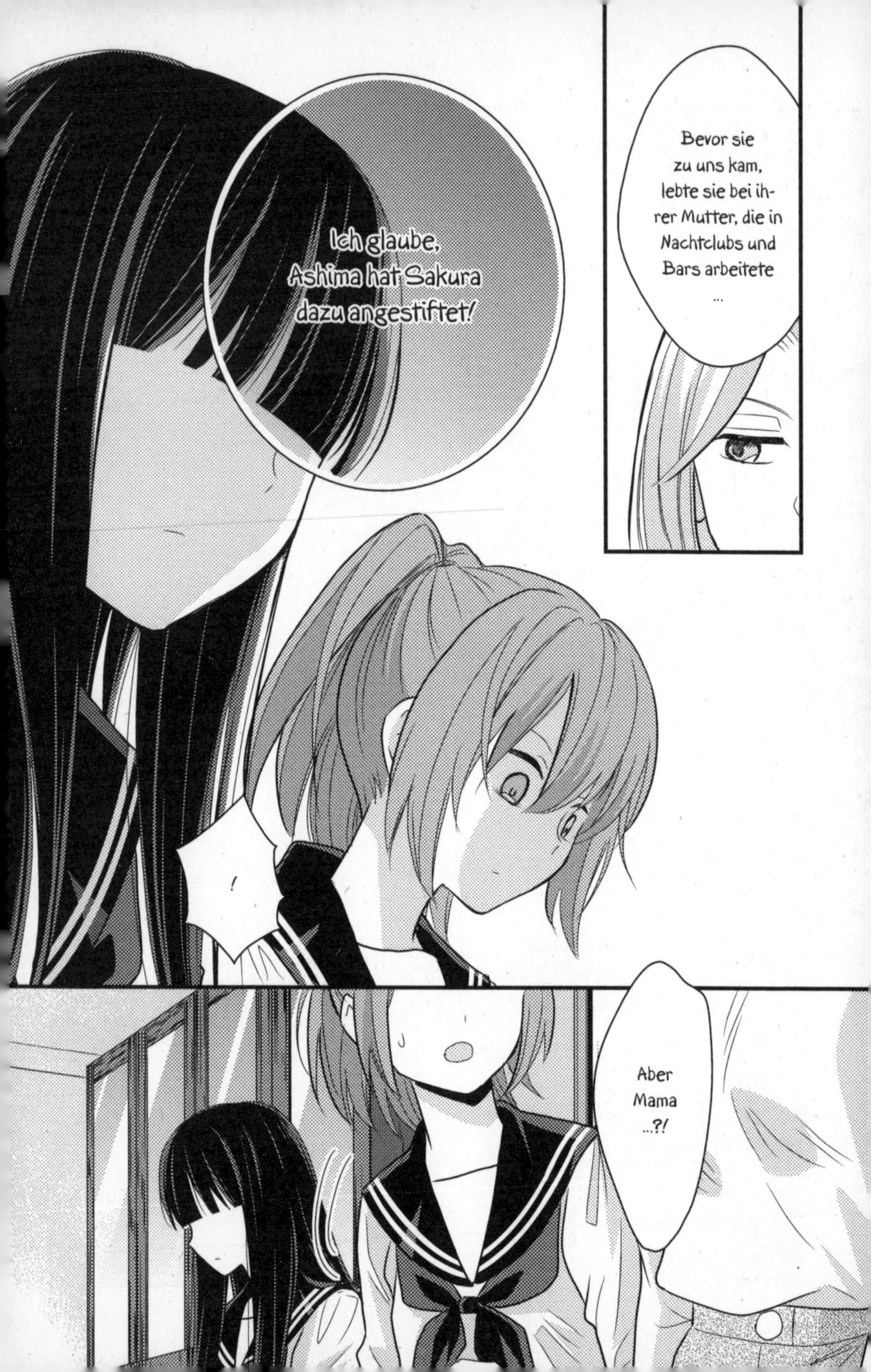
Bevor sie zu uns kam, lebte sie bei ihrer Mutter, die in Nachtclubs und Bars arbeitete ...
Ich glaube, Ashima hat Sakura dazu angestiftet!
!
Aber Mama ...?!

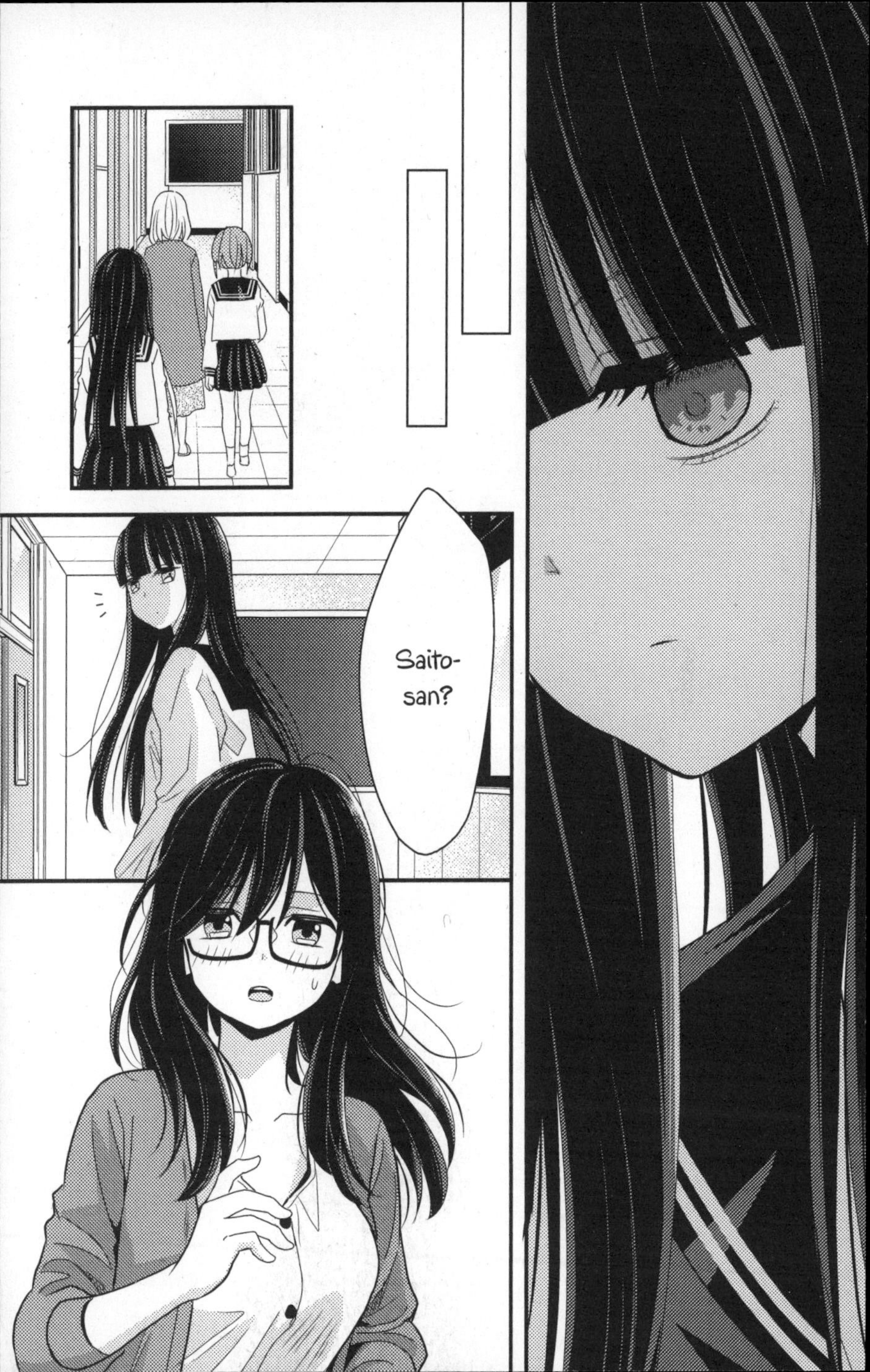
Saito-
san?

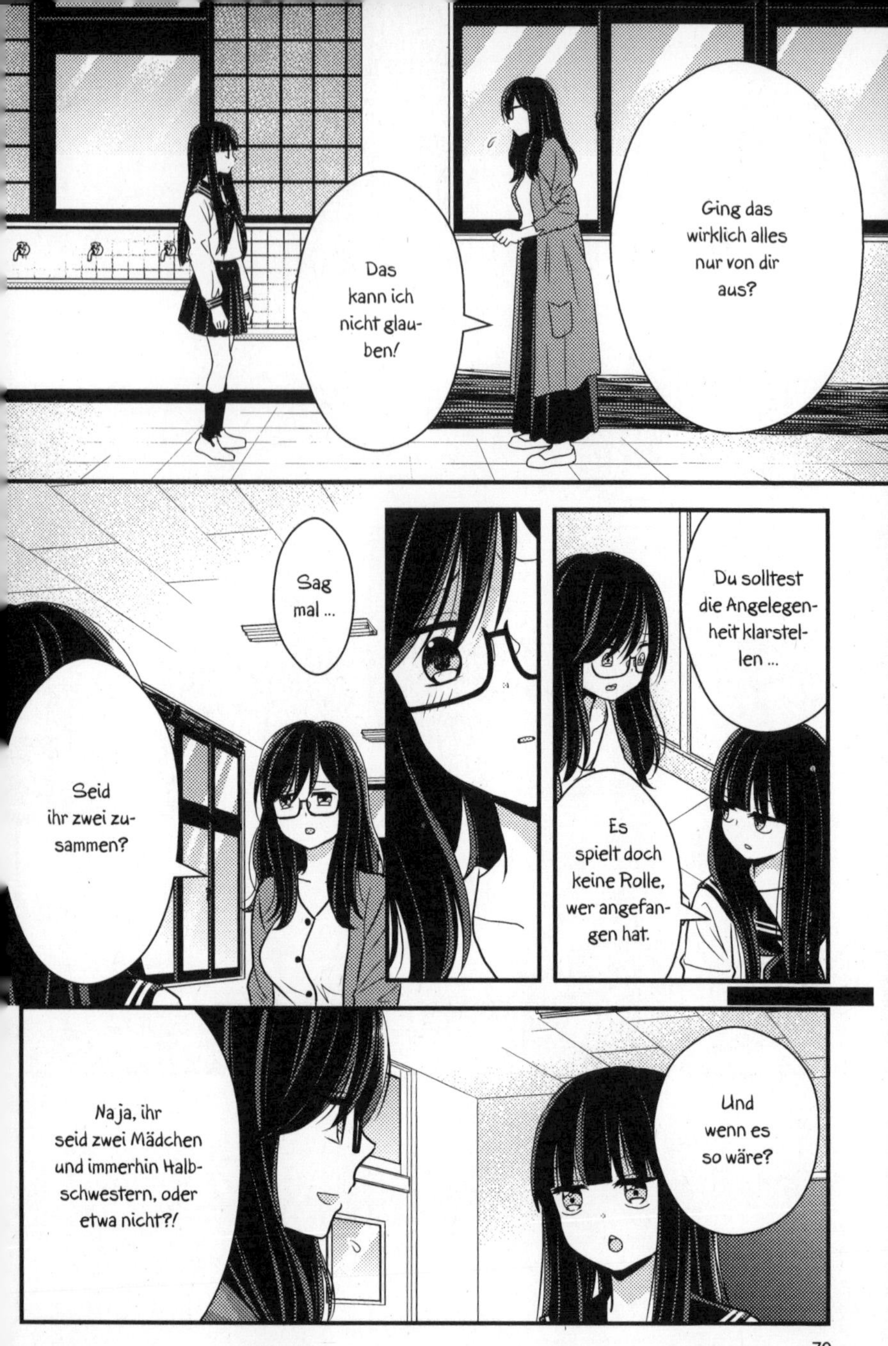
Ging das wirklich alles nur von dir aus?
Das kann ich nicht glauben!
Du solltest die Angelegenheit klarstellen ...
Es spielt doch keine Rolle, wer angefangen hat.
Sag mal ...
Seid ihr zwei zusammen?
Und wenn es so wäre?
Na ja, ihr seid zwei Mädchen und immerhin Halbschwestern, oder etwa nicht?!

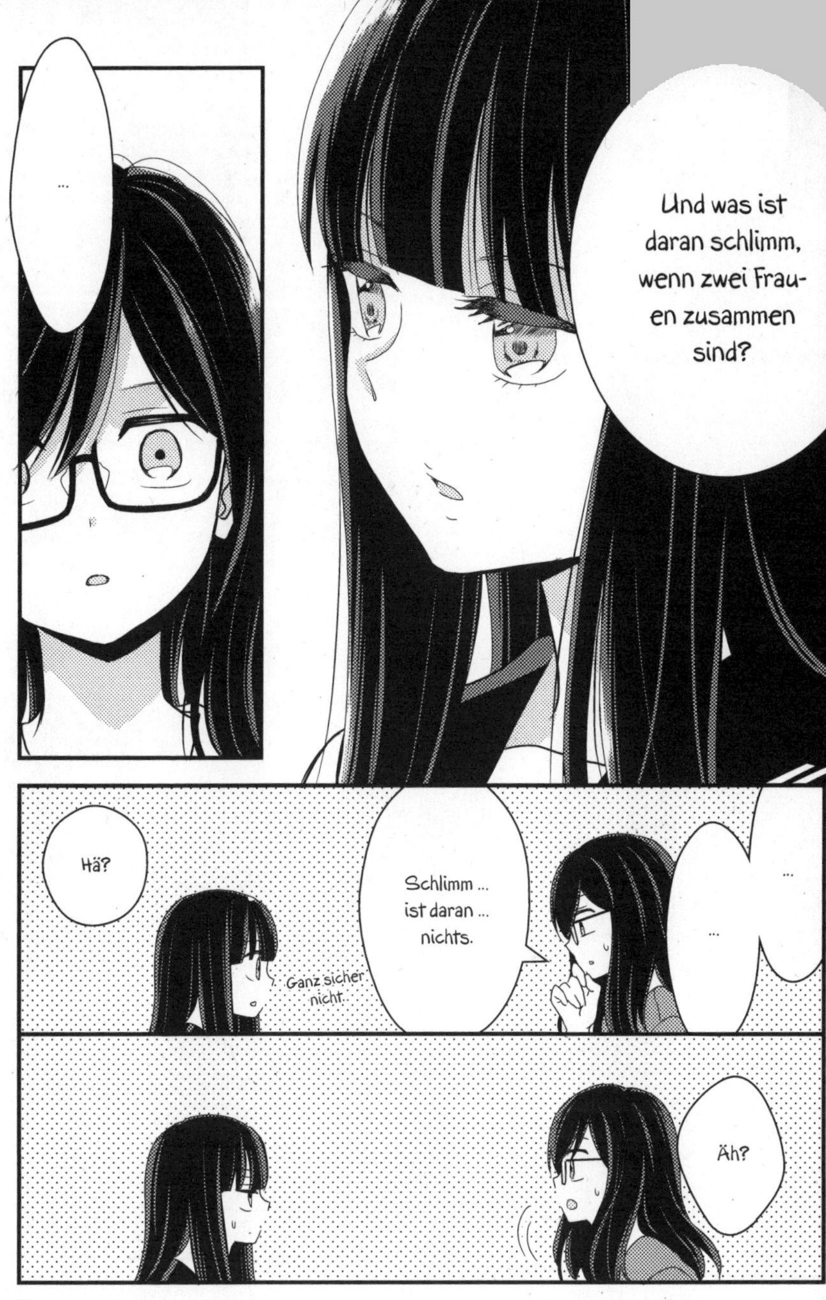
Und was ist daran schlimm, wenn zwei Frau-en zusammen sind?
…
Hä?
…
…
Schlimm … ist daran … nichts.
Ganz sicher nicht.
Äh?

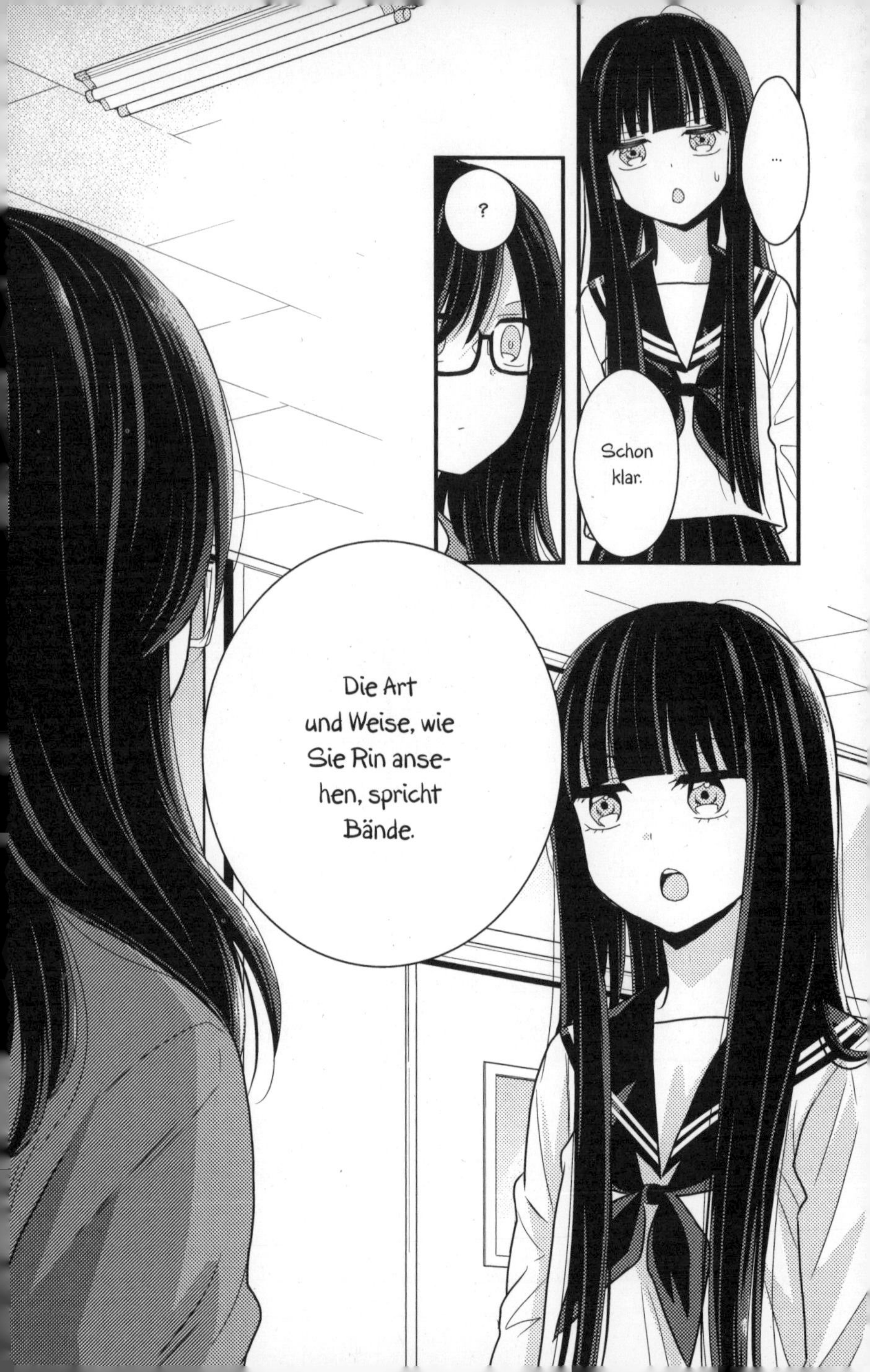
...
?
Schon klar.
Die Art und Weise, wie Sie Rin anse-hen, spricht Bände.

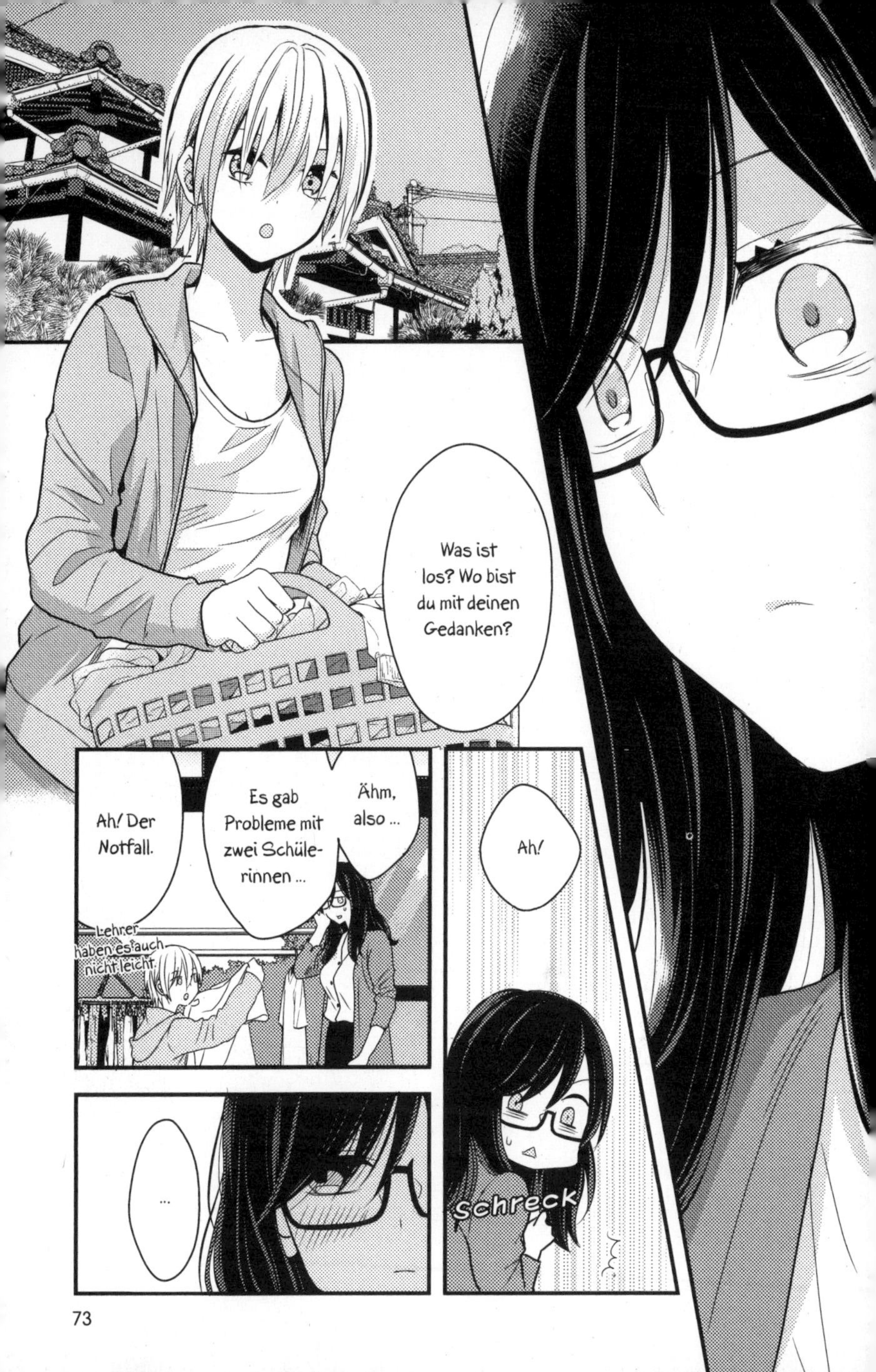
Was ist los? Wo bist du mit deinen Gedanken?
Ah!
Schreck
Ähm, also ...
Es gab Probleme mit zwei Schülerinnen ...
Ah! Der Notfall.
Lehrer haben es auch nicht leicht.
...

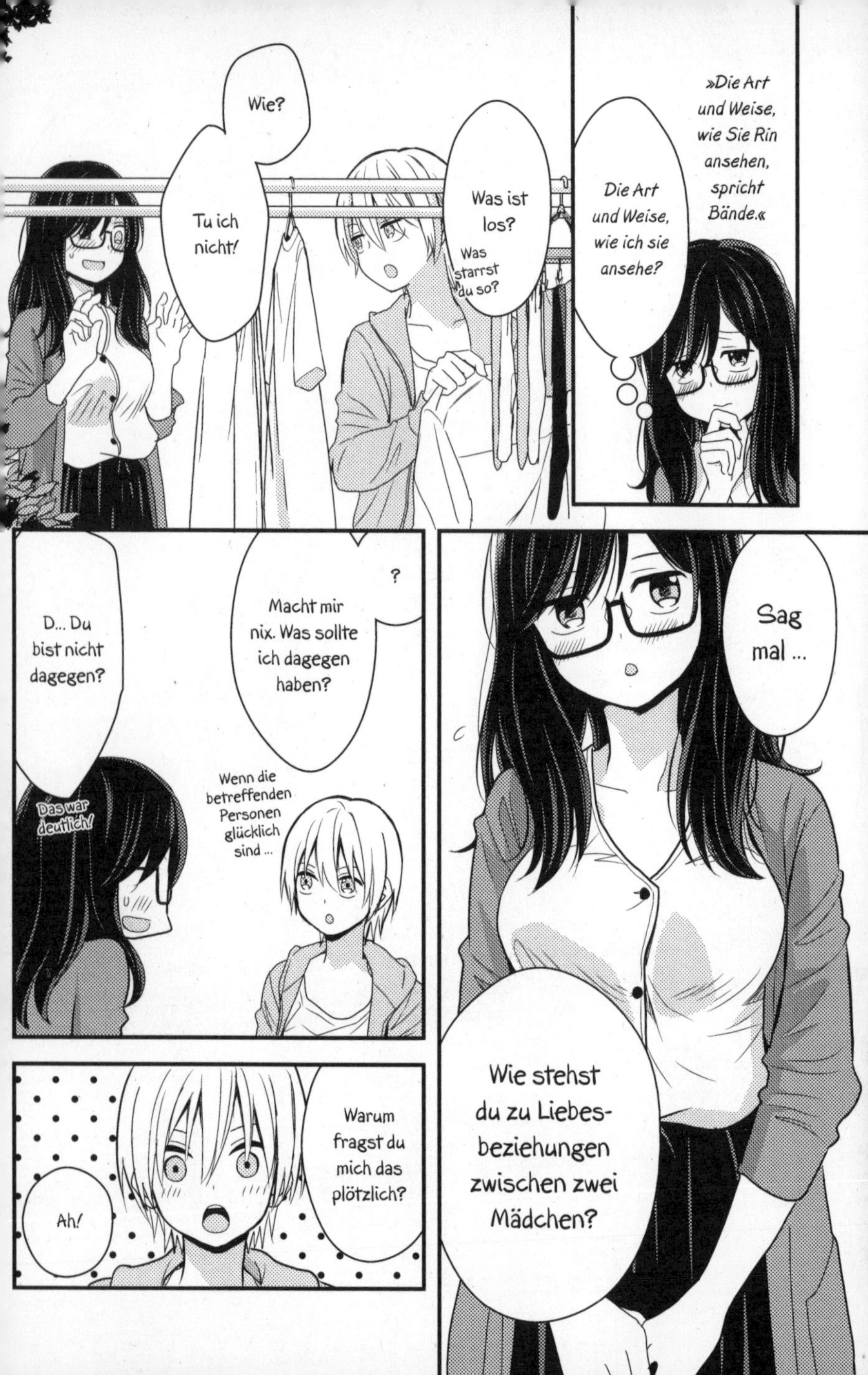
»Die Art und Weise, wie Sie Rin ansehen, spricht Bände.«
Die Art und Weise, wie ich sie ansehe?
Was ist los?
Was starrst du so?
Wie?
Tu ich nicht!
Sag mal ...
Wie stehst du zu Liebesbeziehungen zwischen zwei Mädchen?
?
Macht mir nix. Was sollte ich dagegen haben?
D... Du bist nicht dagegen?
Wenn die betreffenden Personen glücklich sind ...
Das war deutlich!
Warum fragst du mich das plötzlich?
Ah!

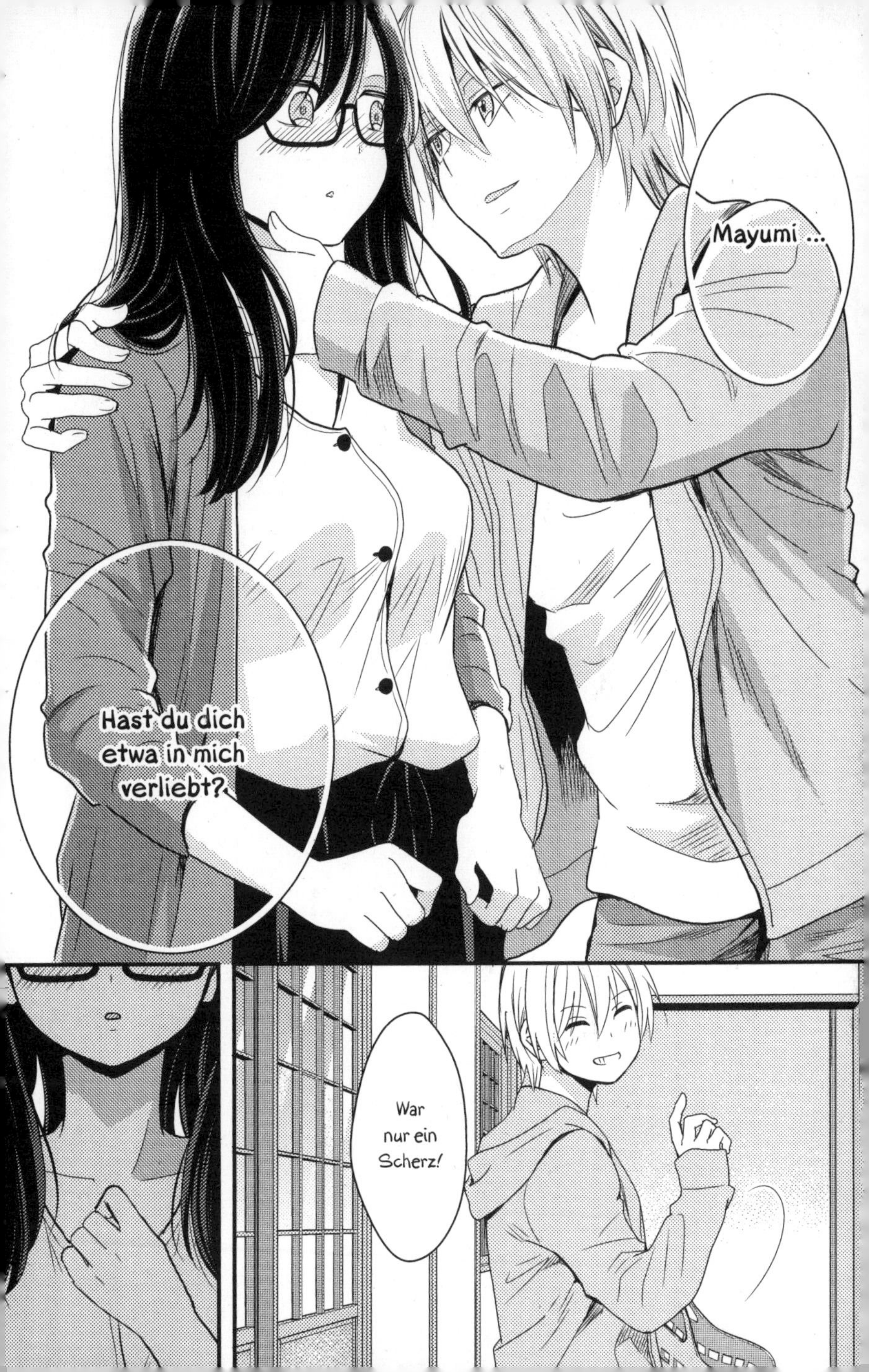
Mayumi ...
Hast du dich etwa in mich verliebt?
War nur ein Scherz!

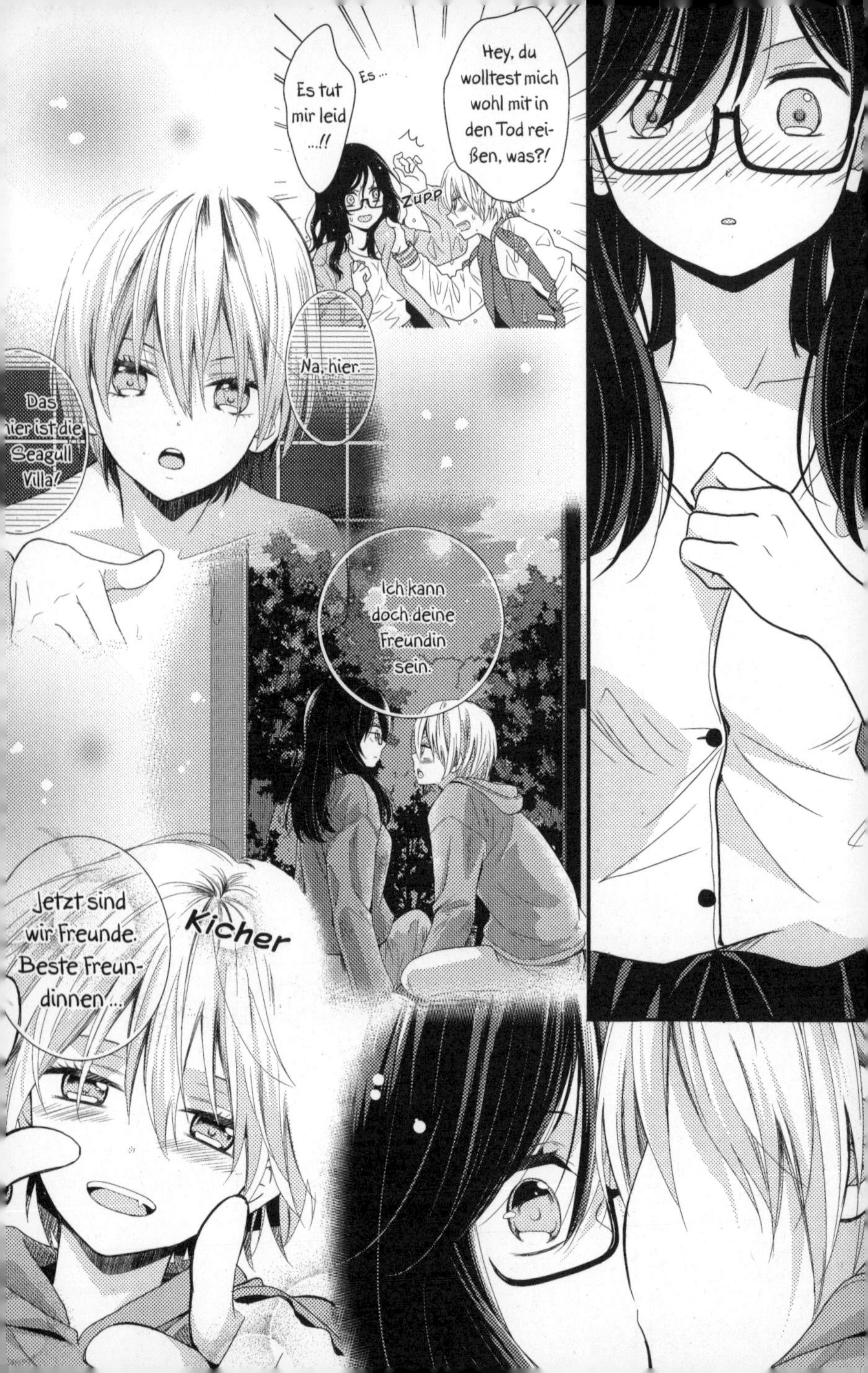
Hey, du wolltest mich wohl mit in den Tod reißen, was?!
Es ...
Es tut mir leid ...!!
ZUPP
Na, hier.
Das hier ist die Seagull Villa!
Ich kann doch deine Freundin sein.
Jetzt sind wir Freunde. Beste Freundinnen ...
Kicher

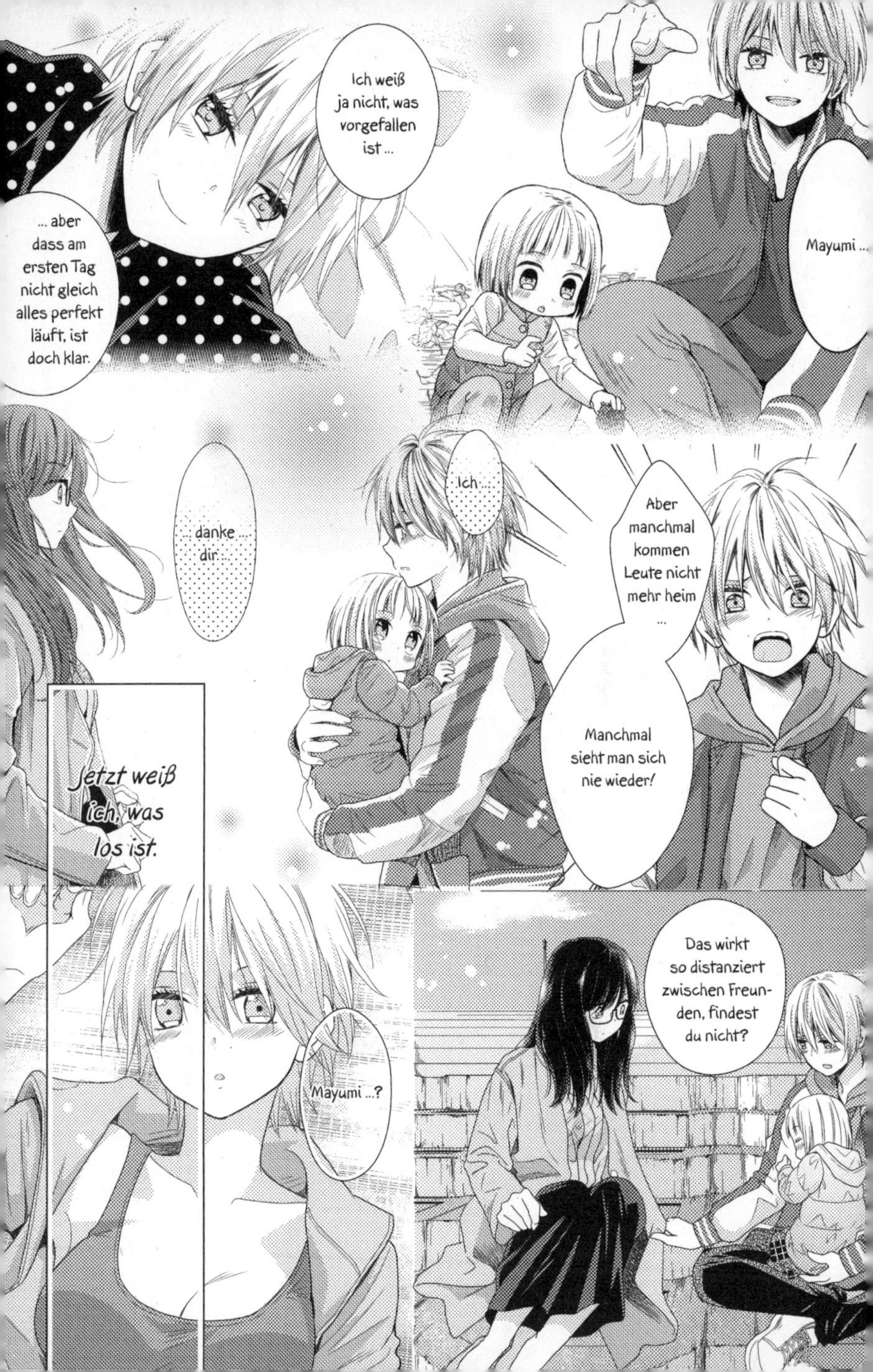
Mayumi ...
Ich weiß ja nicht, was vorgefallen ist ...
... aber dass am ersten Tag nicht gleich alles perfekt läuft, ist doch klar.
Aber manchmal kommen Leute nicht mehr heim ...
Manchmal sieht man sich nie wieder!
Ich ...
... danke ... dir ...
Das wirkt so distanziert zwischen Freunden, findest du nicht?
Mayumi ...?
Jetzt weiß ich, was los ist.

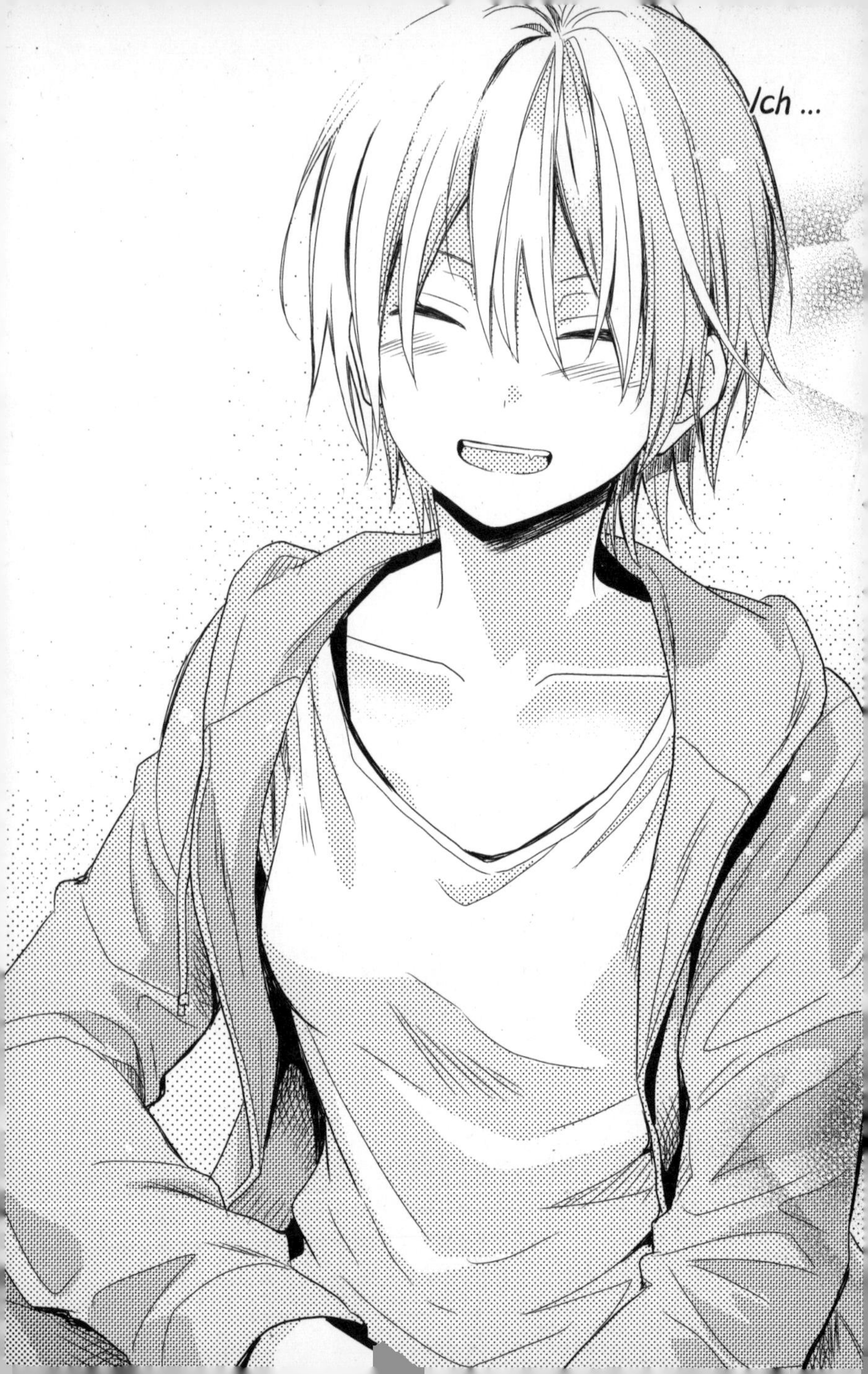
Ich ...

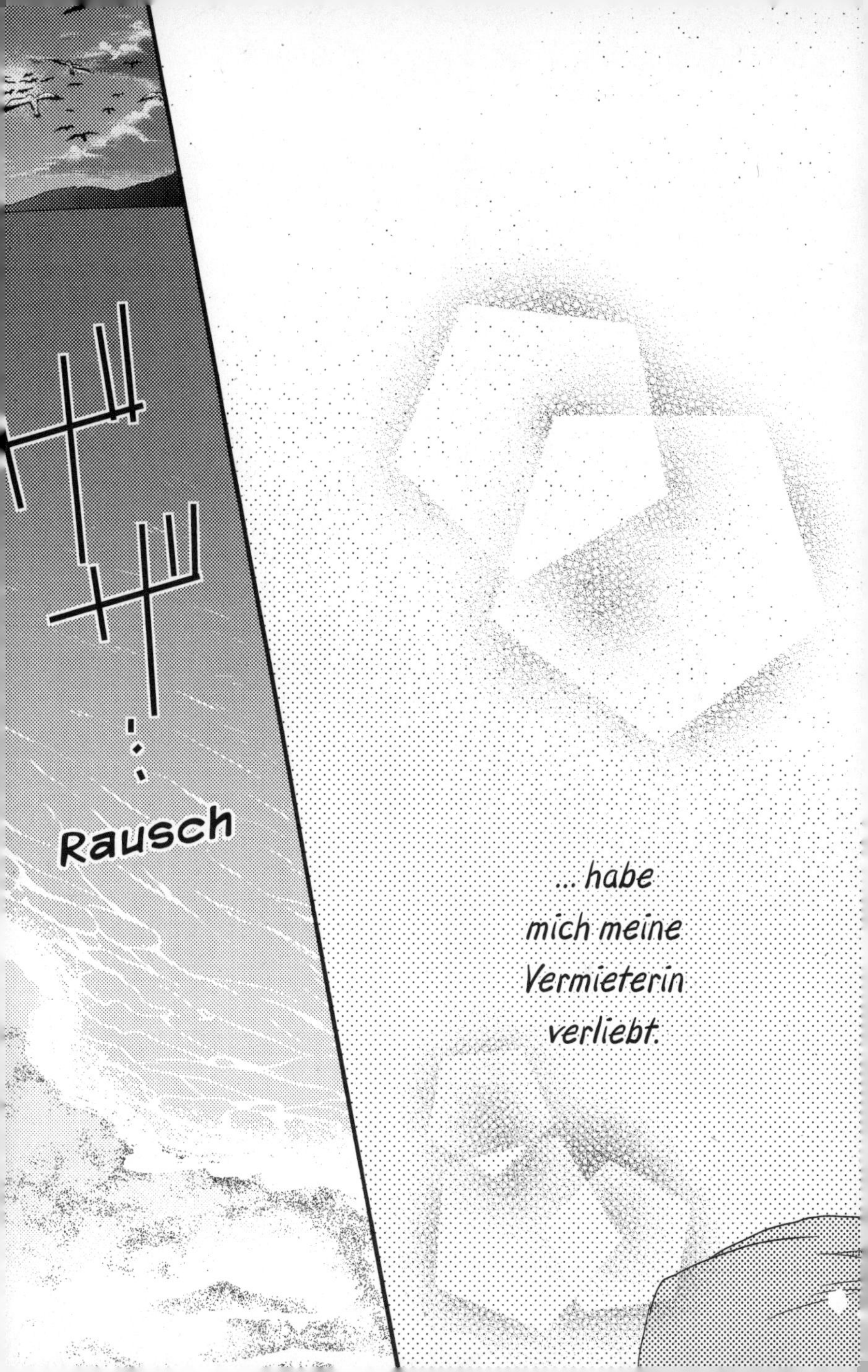
Rausch
... habe
mich meine
Vermieterin
verliebt.

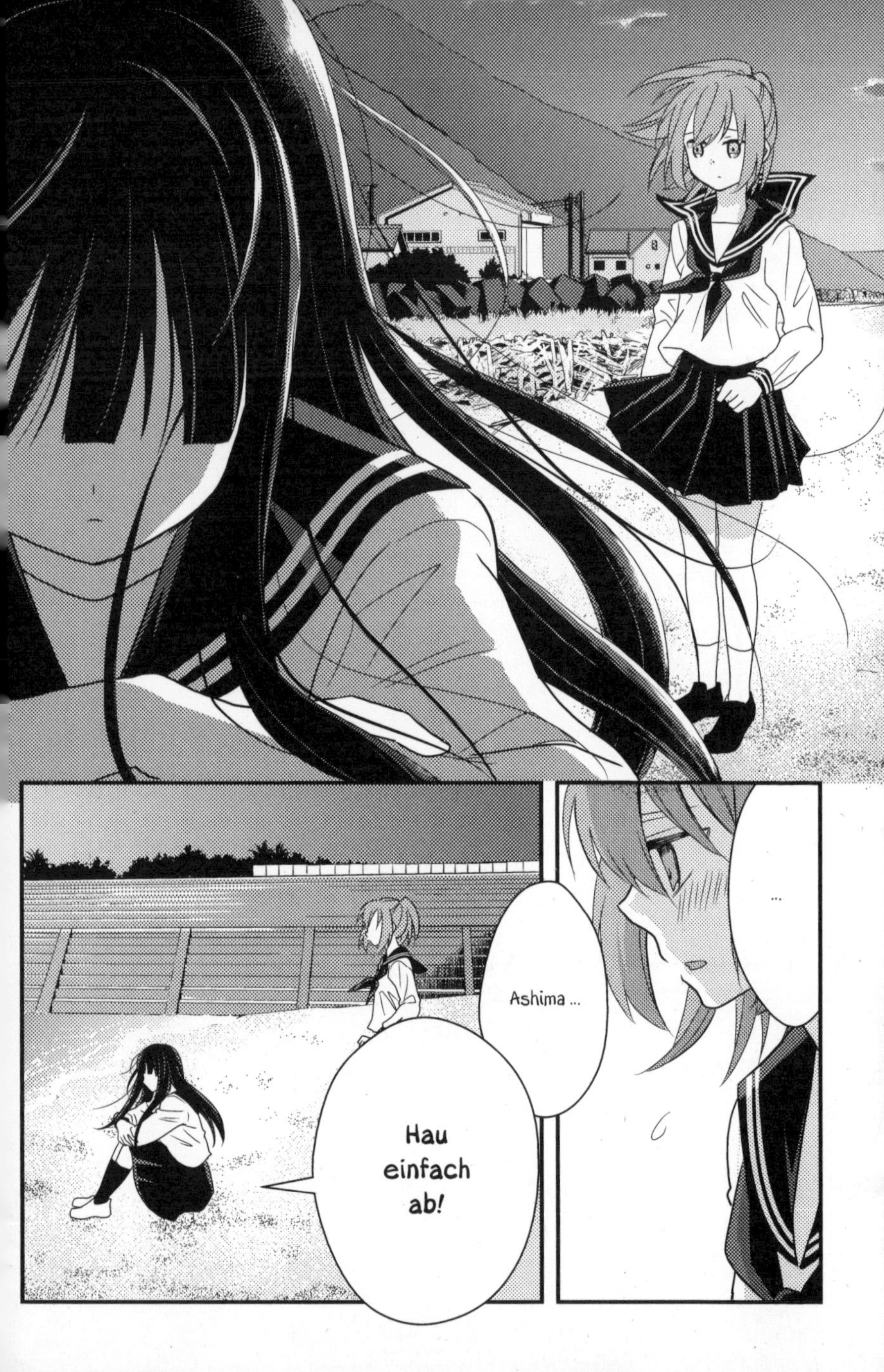
...
Ashima ...
Hau einfach ab!

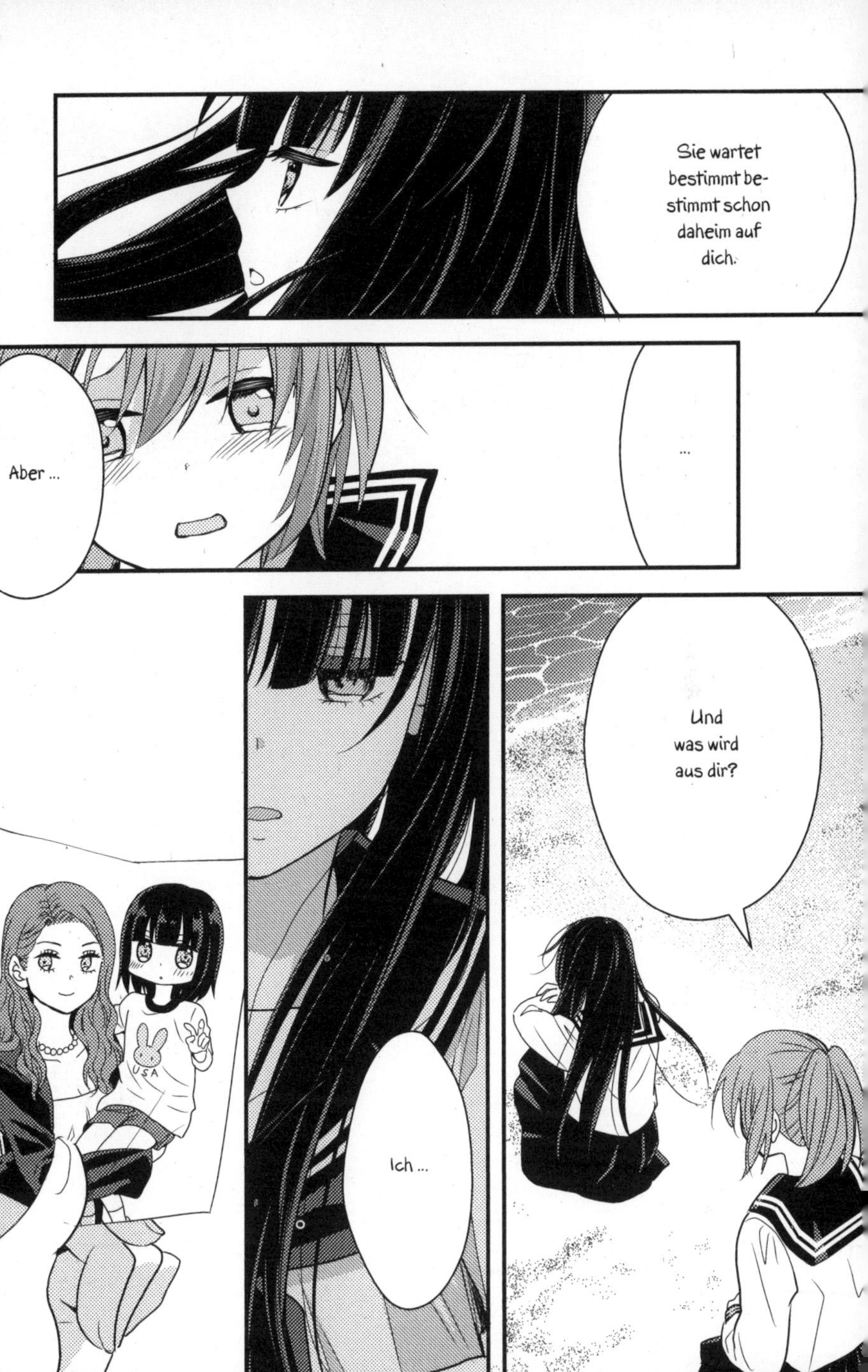
Sie wartet bestimmt be-stimmt schon daheim auf dich.
...
Aber ...
Und was wird aus dir?
Ich ...

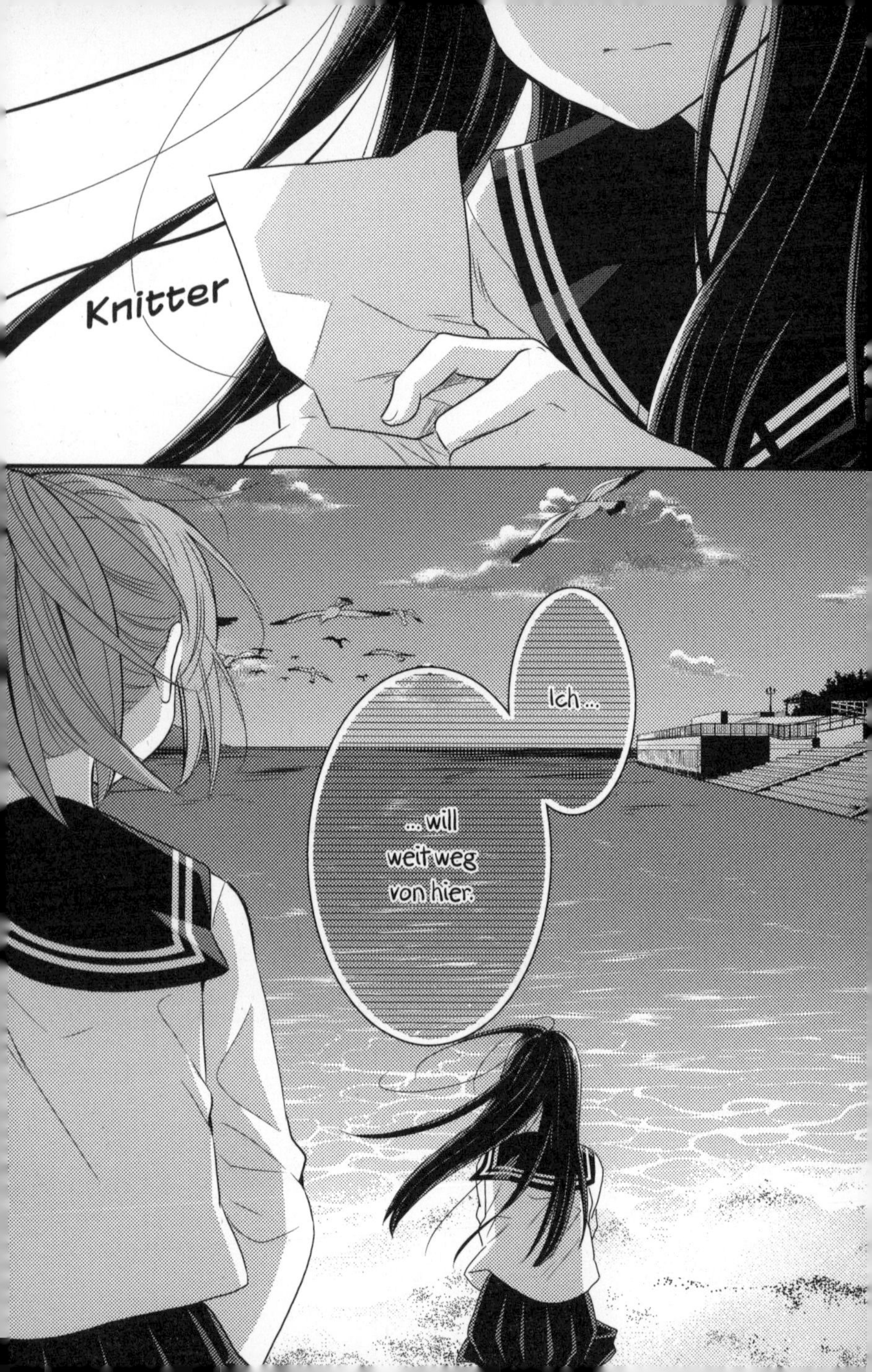
Knitter
Ich ...
... will weit weg von hier.

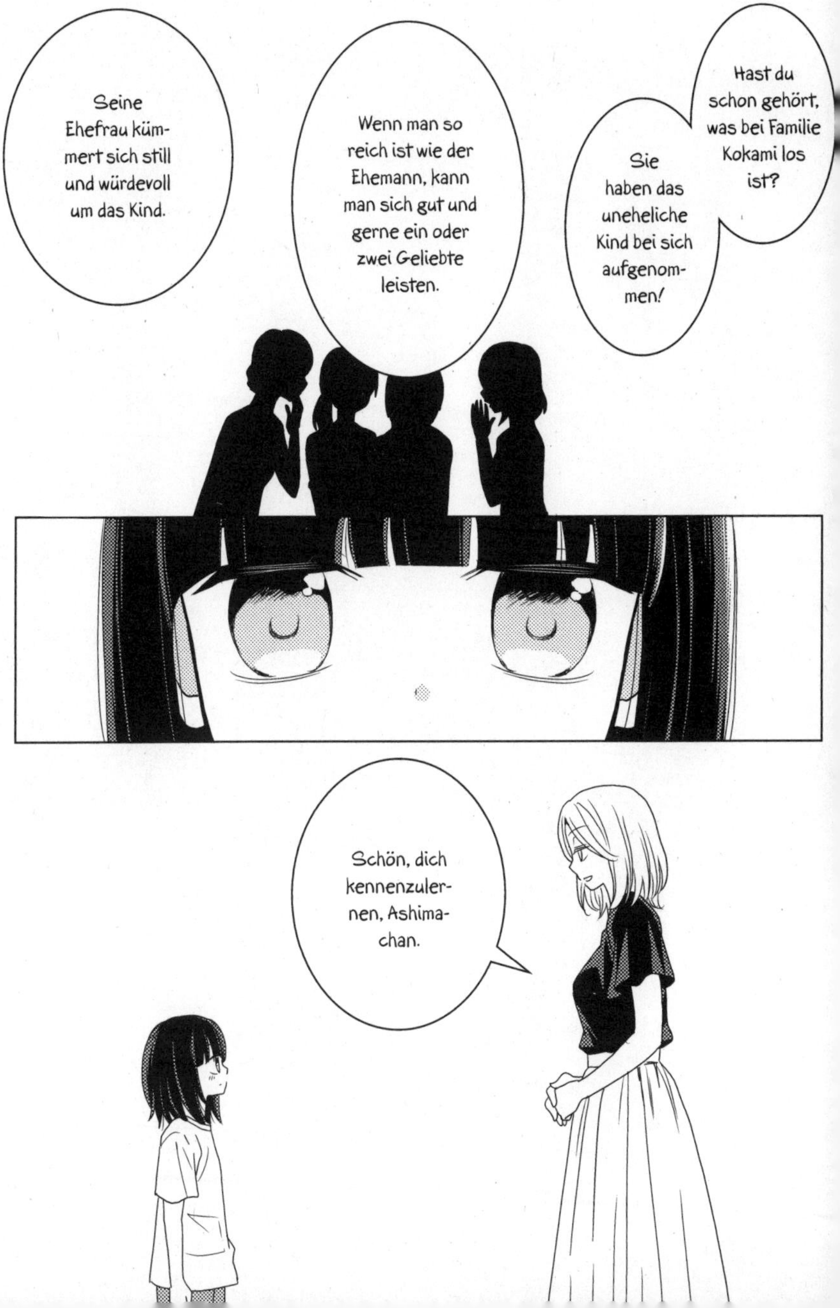

Hast du schon gehört, was bei Familie Kokami los ist?
Sie haben das uneheliche Kind bei sich aufgenommen!
Wenn man so reich ist wie der Ehemann, kann man sich gut und gerne ein oder zwei Geliebte leisten.
Seine Ehefrau kümmert sich still und würdevoll um das Kind.

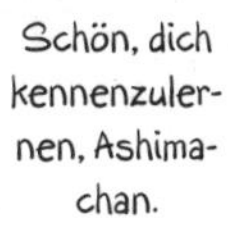
Schön, dich kennenzulernen, Ashima-chan.

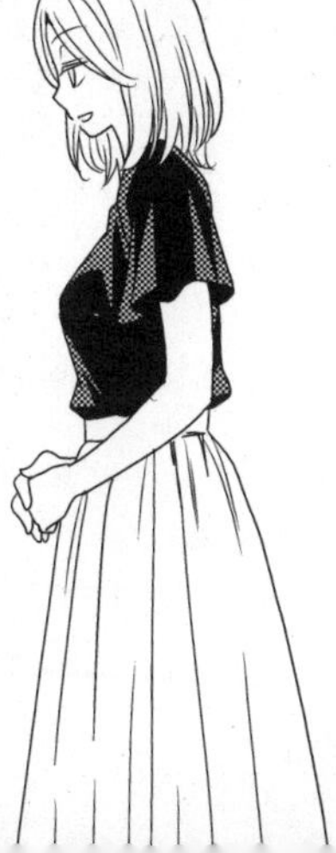

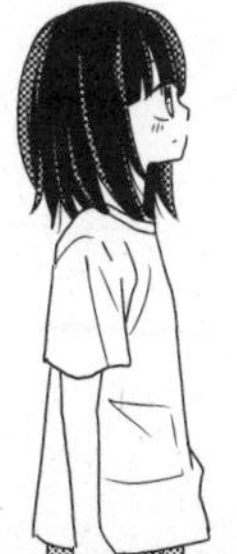

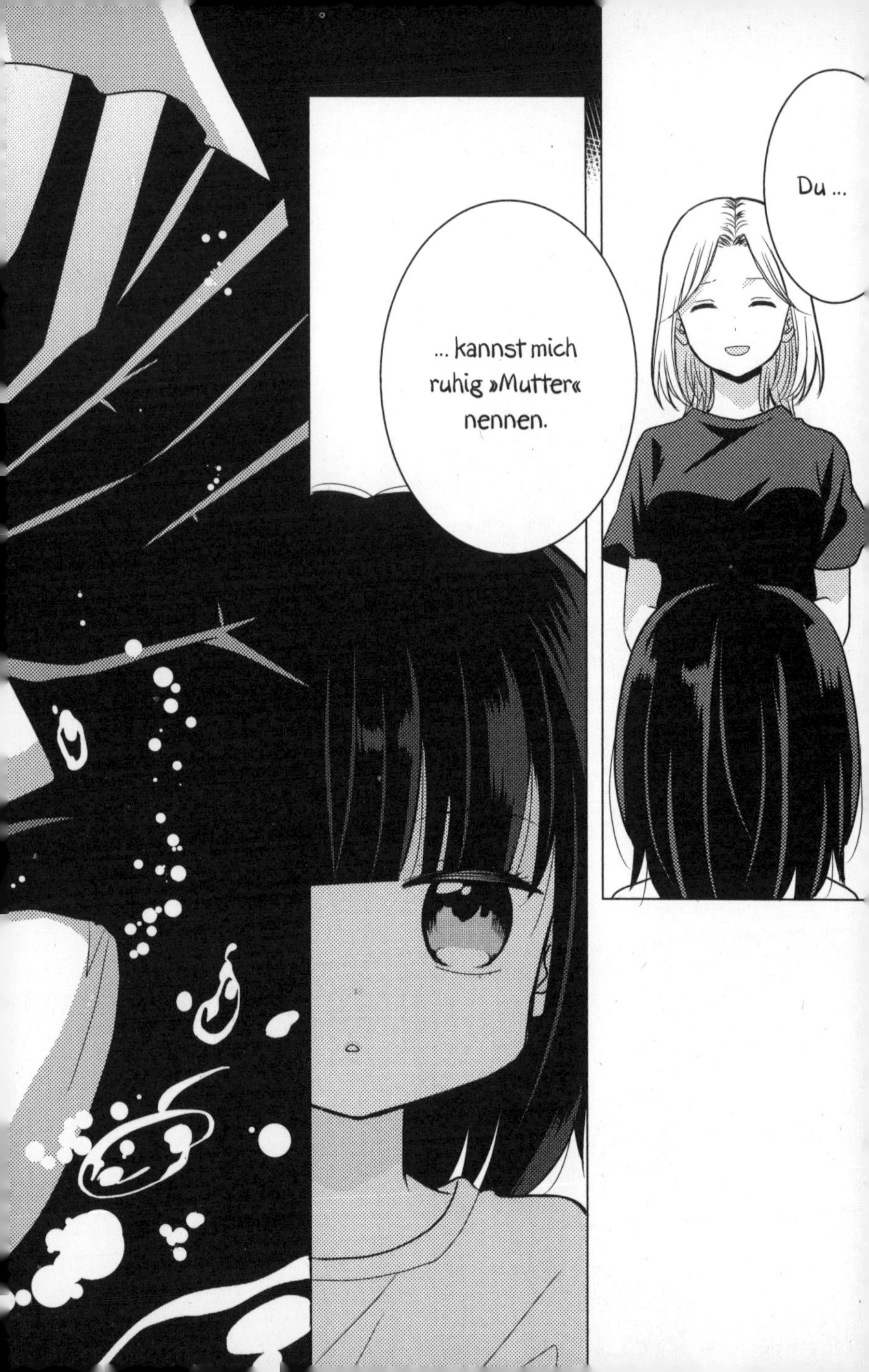
Du …
… kannst mich ruhig »Mutter« nennen.

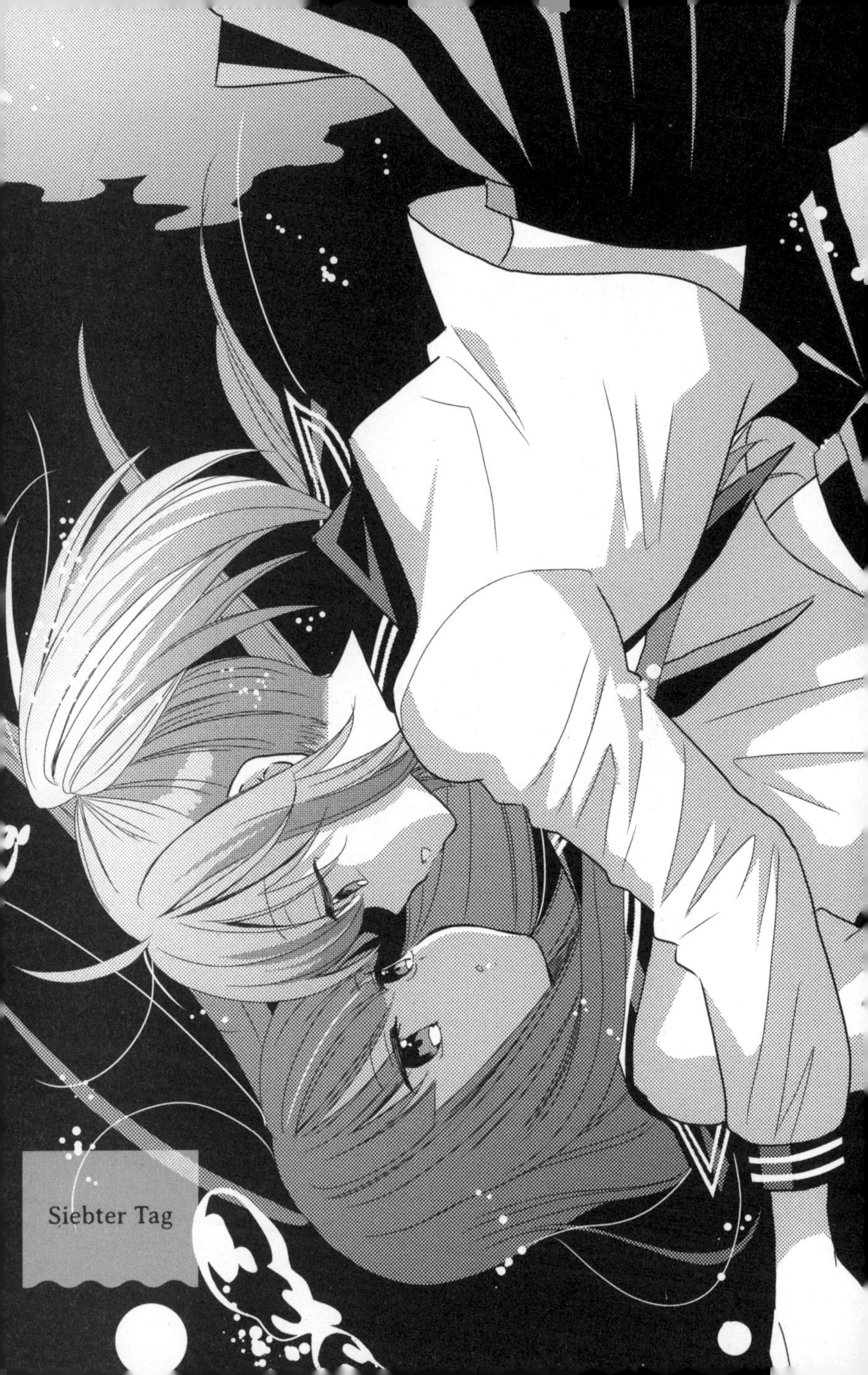

Siebter Tag

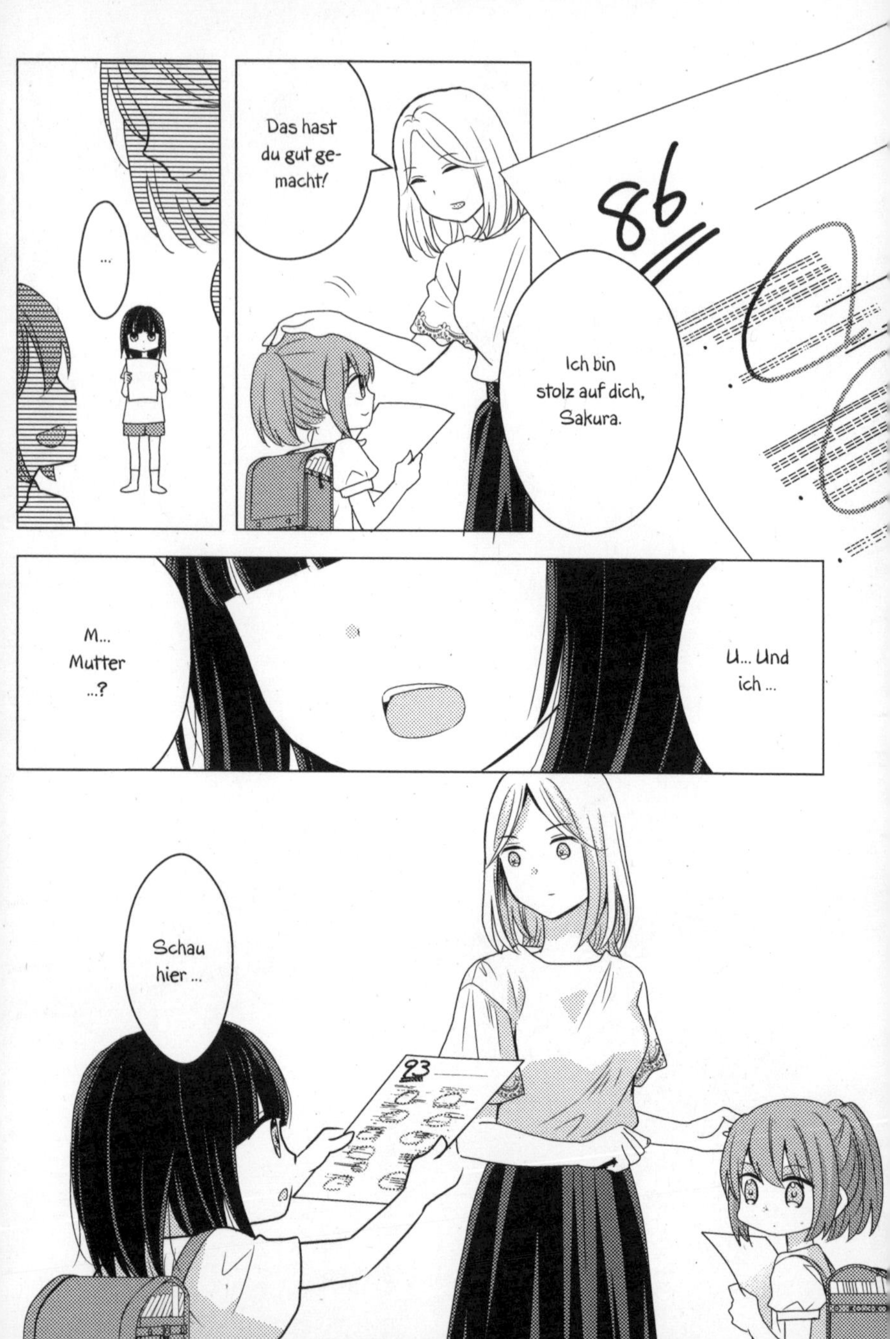

Das hast du gut gemacht!
...
Ich bin stolz auf dich, Sakura.
U... Und ich ...
M... Mutter ...?
Schau hier ...

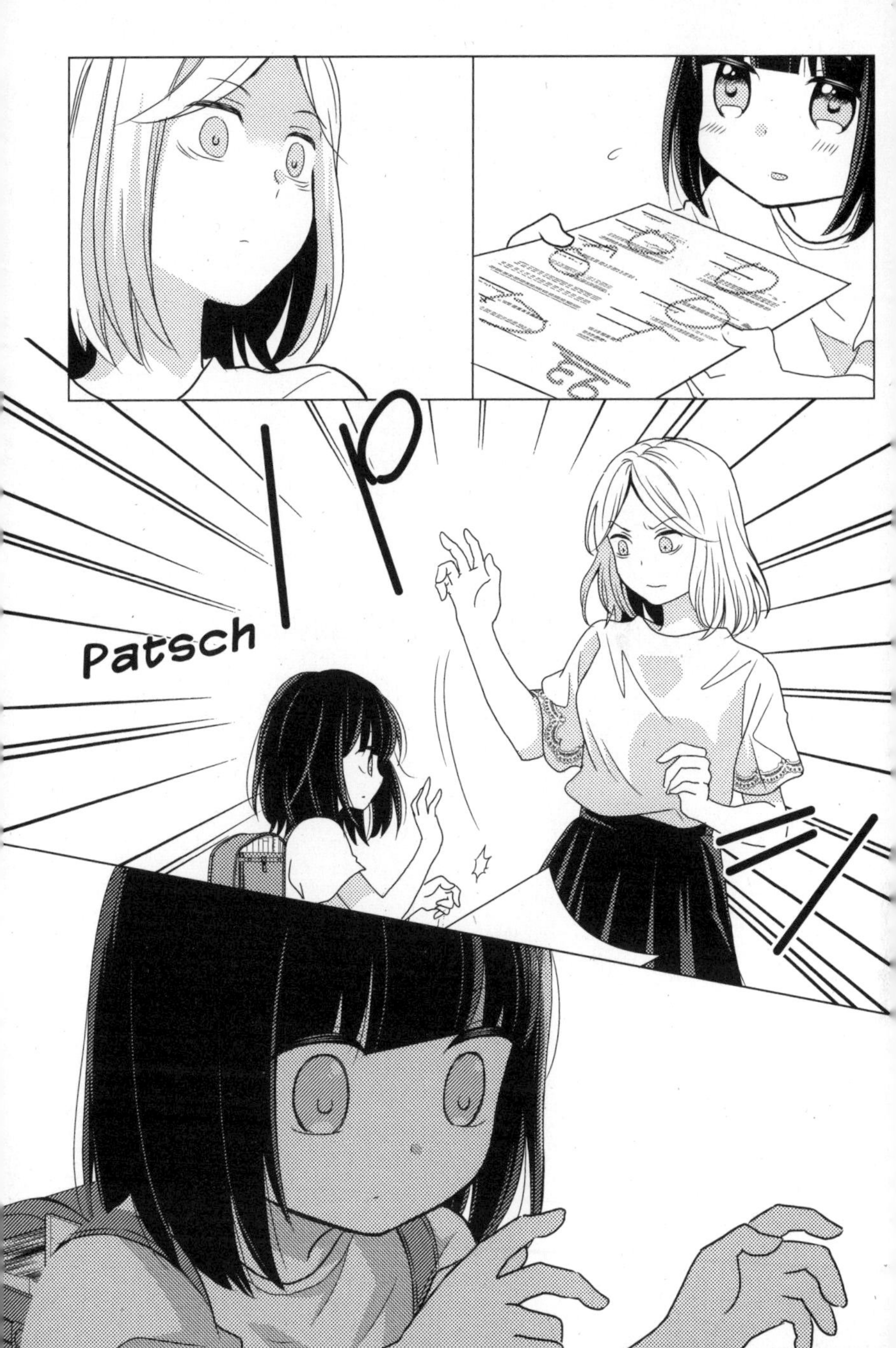

Patsch

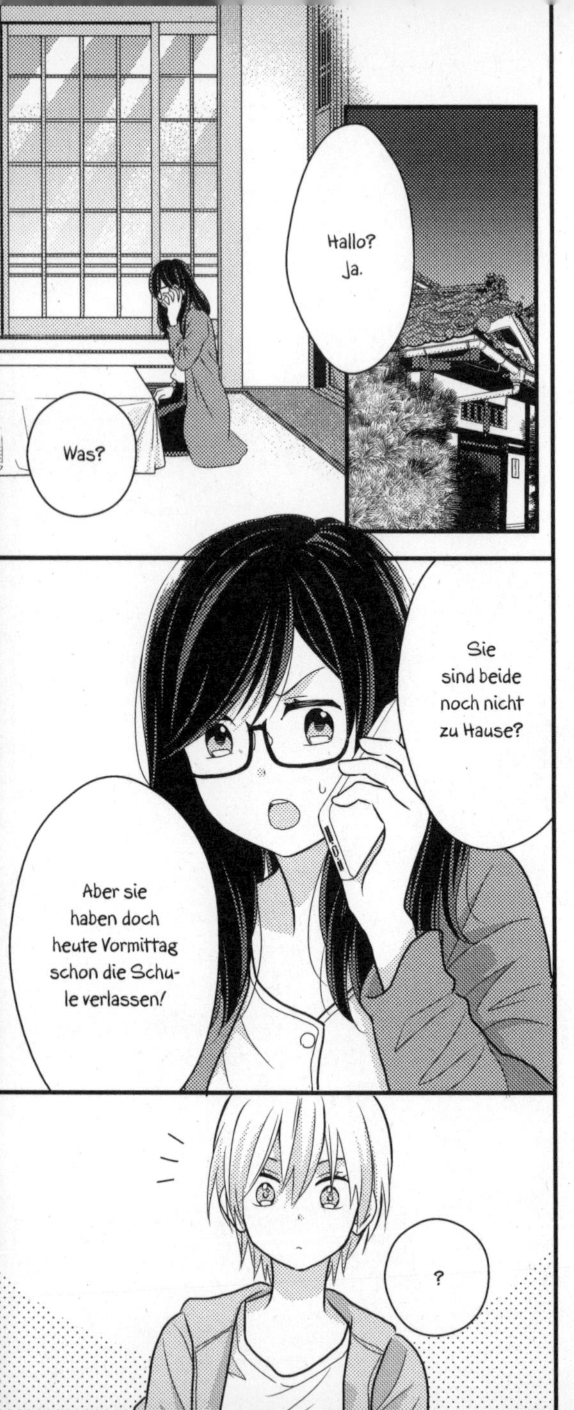

Danach ...

... habe ich nie mehr Mutter zu ihr gesagt.

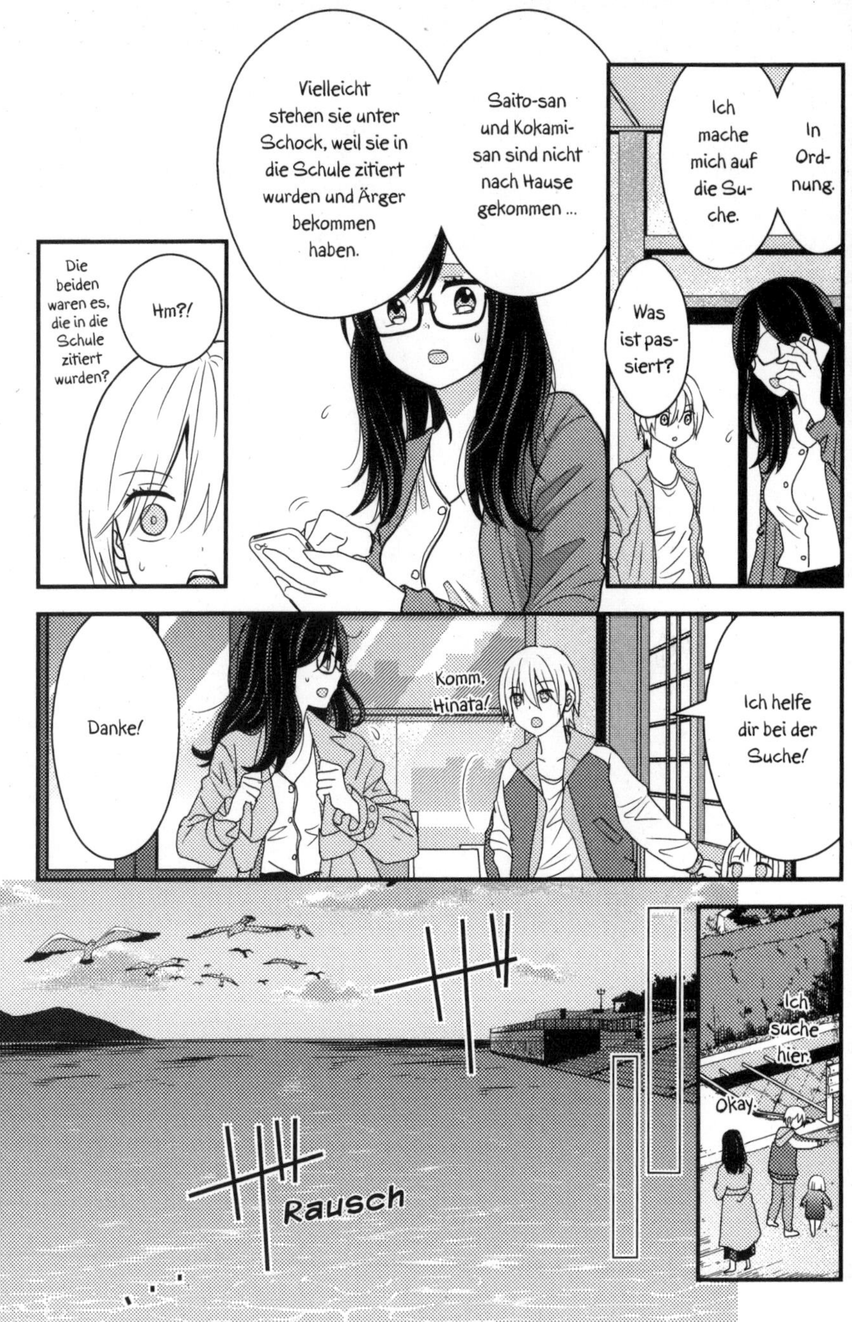
In Ordnung.
Ich mache mich auf die Suche.
Was ist passiert?
Saito-san und Kokami-san sind nicht nach Hause gekommen ...
Vielleicht stehen sie unter Schock, weil sie in die Schule zitiert wurden und Ärger bekommen haben.
Hm?!
Die beiden waren es, die in die Schule zitiert wurden?
Ich helfe dir bei der Suche!
Komm, Hinata!
Danke!
Ich suche hier.
Okay.
Rausch
...

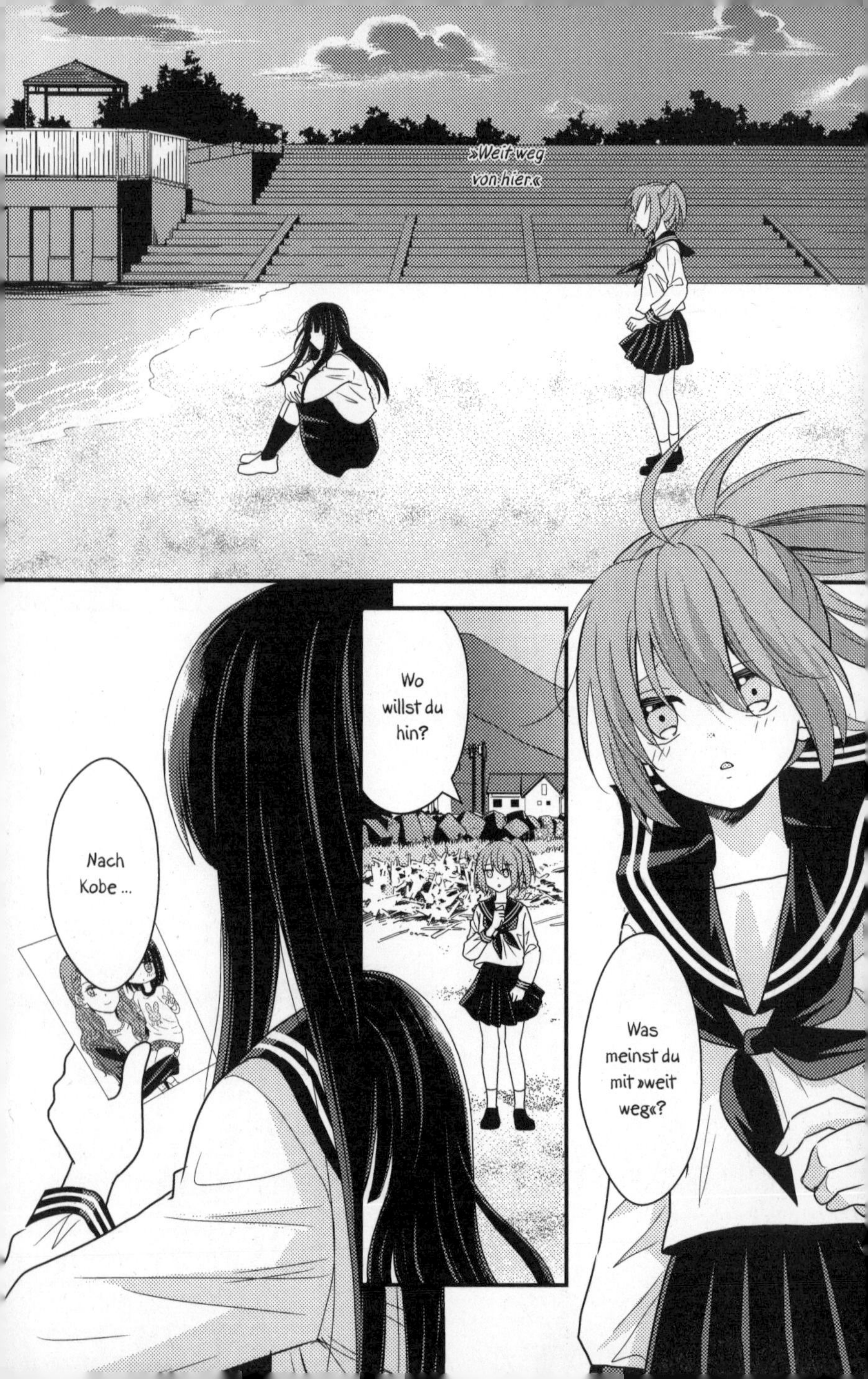
»Weit weg von hier«
Wo willst du hin?
Nach Kobe ...
Was meinst du mit »weit weg«?

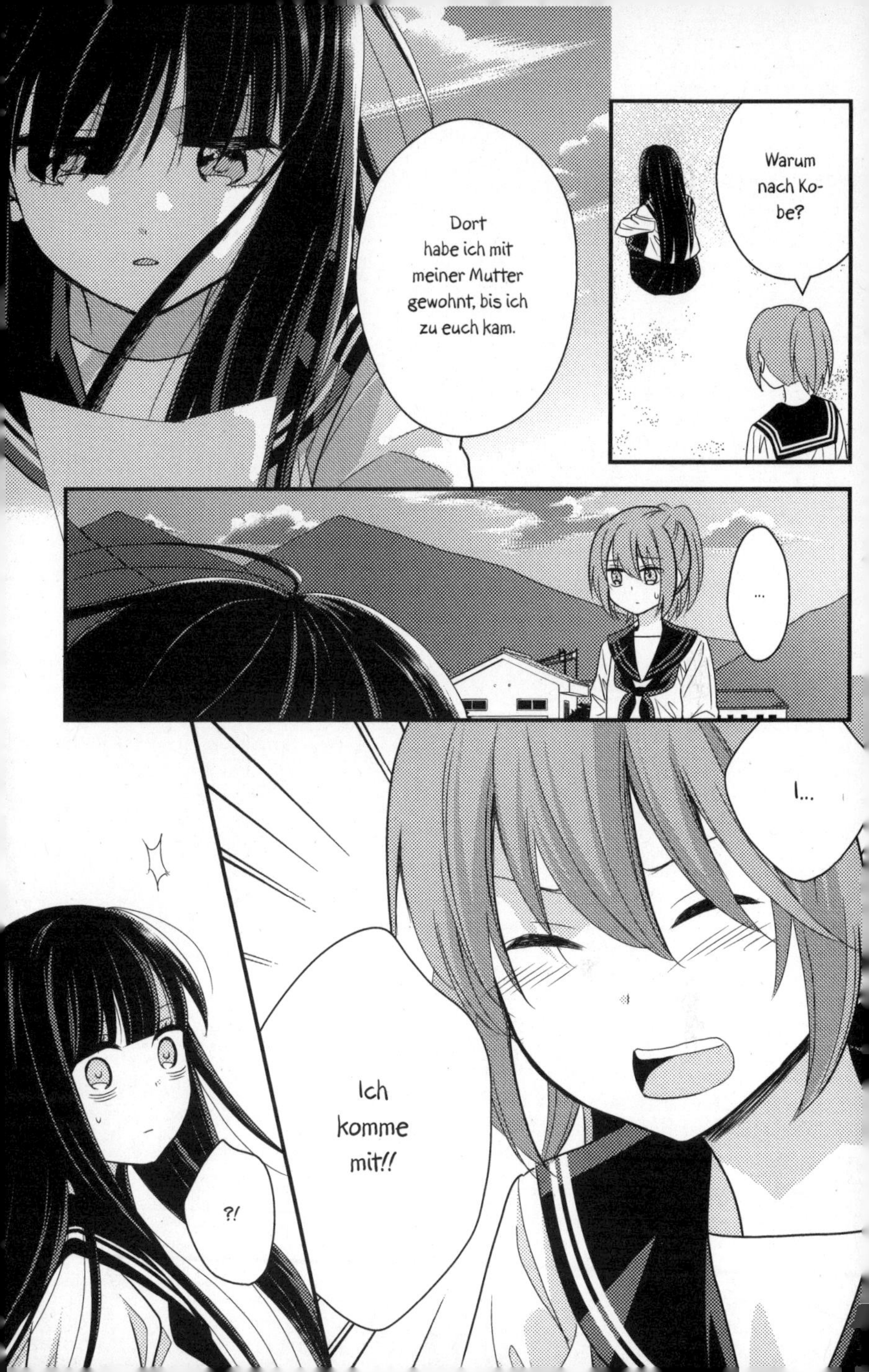
Warum nach Ko-be?
Dort habe ich mit meiner Mutter gewohnt, bis ich zu euch kam.
...
I...
Ich komme mit!!
?!

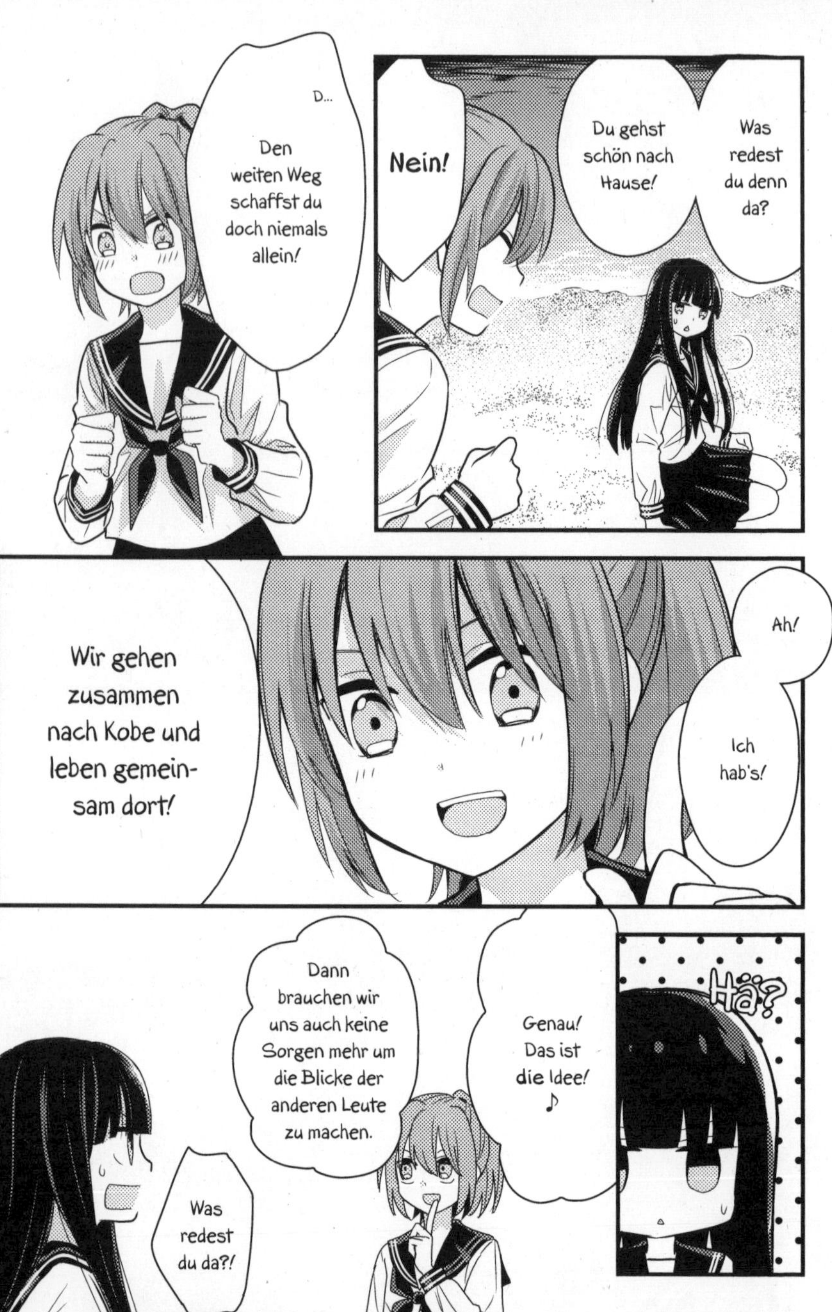

Was redest du denn da?
Du gehst schön nach Hause!
Nein!
D...
Den weiten Weg schaffst du doch niemals allein!
Ah!
Ich hab's!
Wir gehen zusammen nach Kobe und leben gemein-sam dort!
Hä?
Genau! Das ist die Idee! ♪
Dann brauchen wir uns auch keine Sorgen mehr um die Blicke der anderen Leute zu machen.
Was redest du da?!

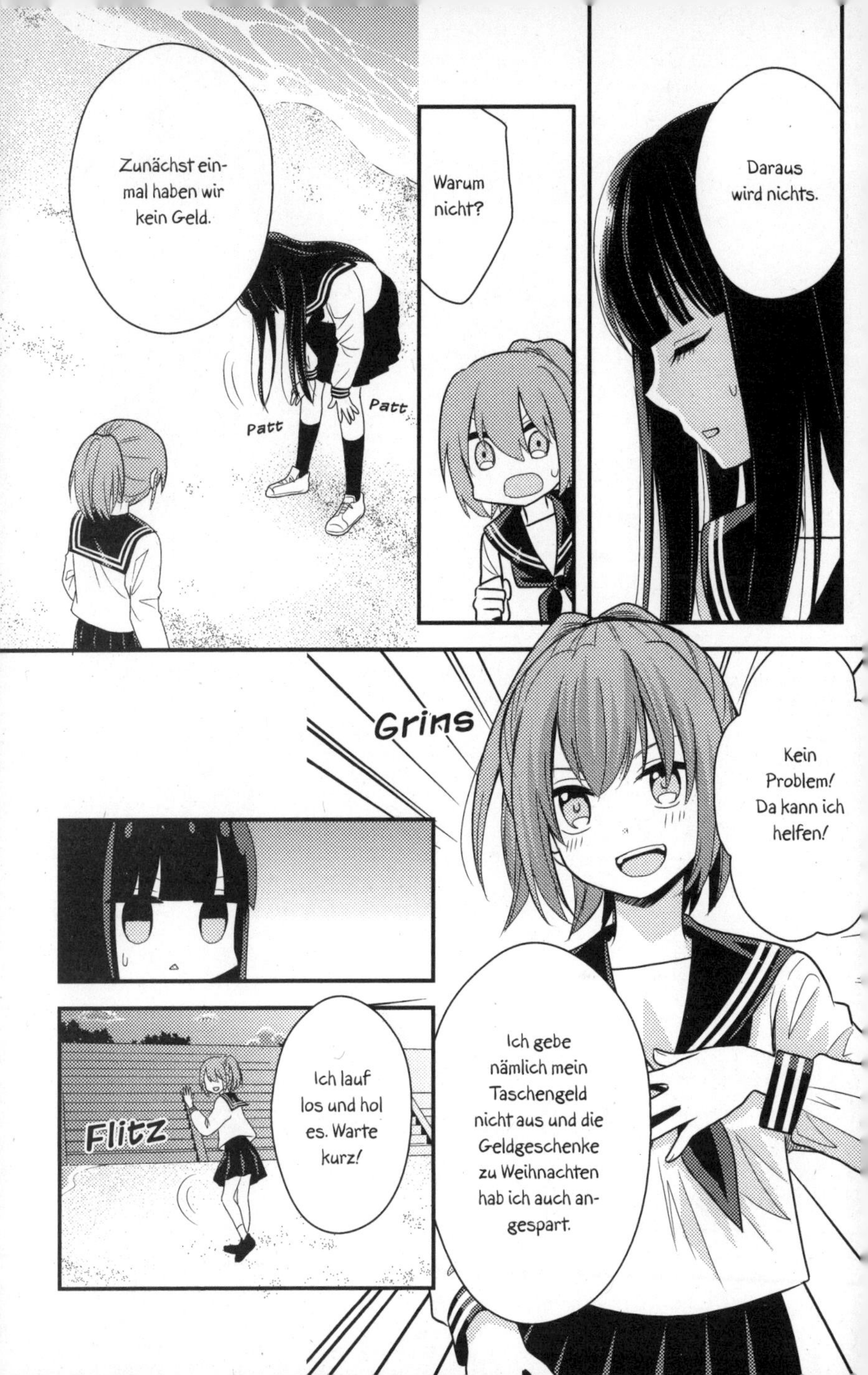
Daraus wird nichts.
Warum nicht?
Zunächst einmal haben wir kein Geld.
Patt
Patt
Kein Problem! Da kann ich helfen!
Grins
Ich gebe nämlich mein Taschengeld nicht aus und die Geldgeschenke zu Weihnachten hab ich auch angespart.
Ich lauf los und hol es. Warte kurz!
Flitz

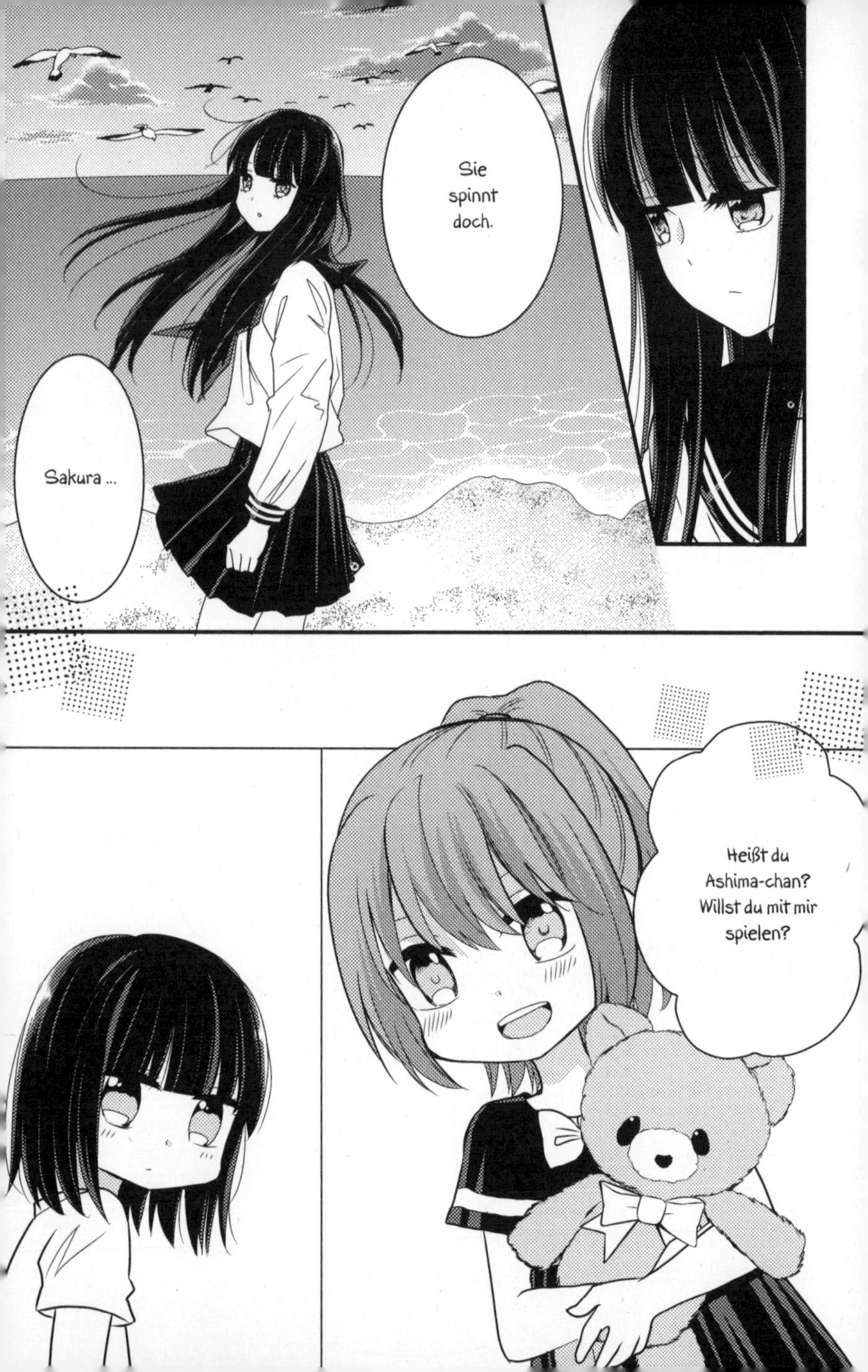

Sie spinnt doch.
Sakura ...
Heißt du Ashima-chan? Willst du mit mir spielen?

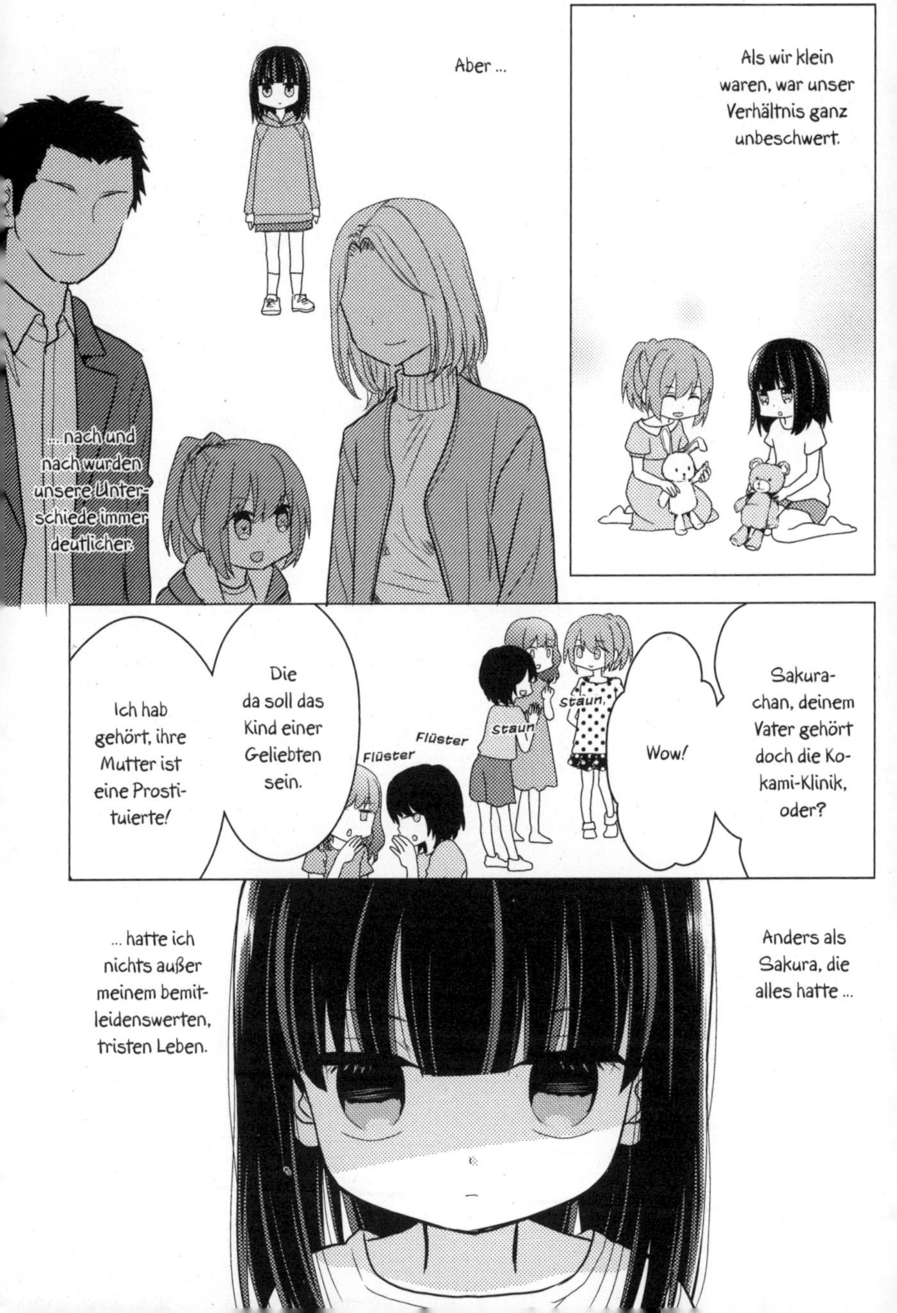

Als wir klein waren, war unser Verhältnis ganz unbeschwert.

Aber ...

... nach und nach wurden unsere Unterschiede immer deutlicher.

Sakura-chan, deinem Vater gehört doch die Kokami-Klinik, oder?

Wow!

Staun

Staun

Flüster

Flüster

Die da soll das Kind einer Geliebten sein.

Ich hab gehört, ihre Mutter ist eine Prostituierte!

Anders als Sakura, die alles hatte ...

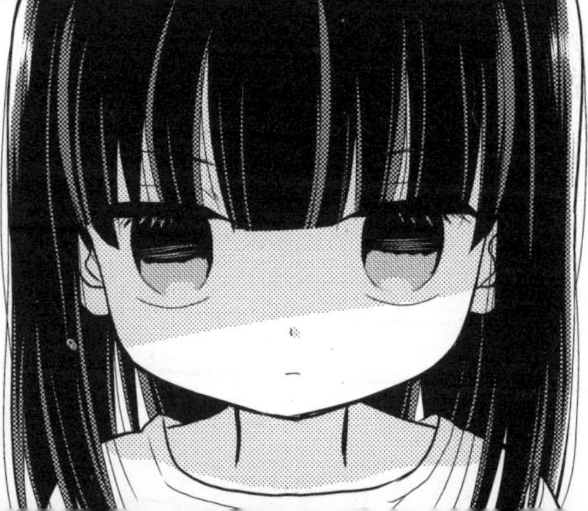

... hatte ich nichts außer meinem bemitleidenswerten, tristen Leben.

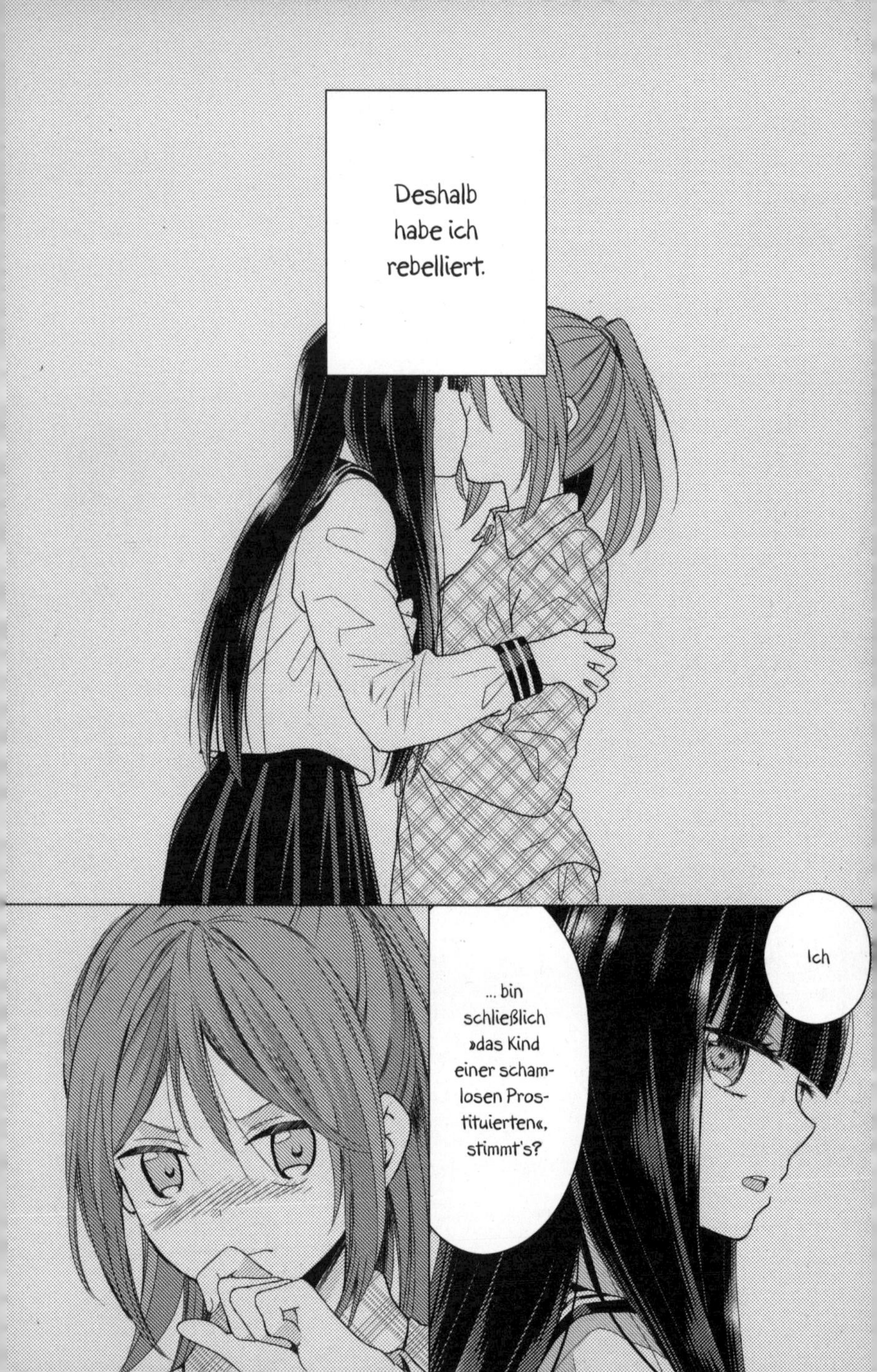
Deshalb habe ich rebelliert.
Ich
... bin schließlich »das Kind einer schamlosen Prostituierten«, stimmt's?

Trotz alledem ...

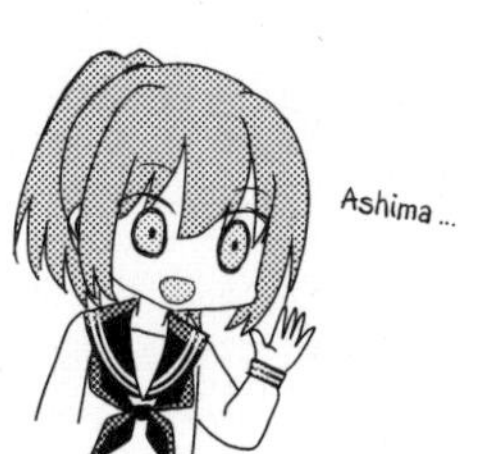

... hat sich Sakuras Verhalten mir gegenüber nicht die kleinste Spur verändert.

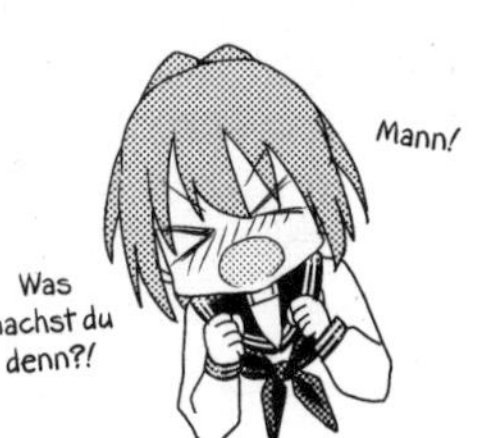

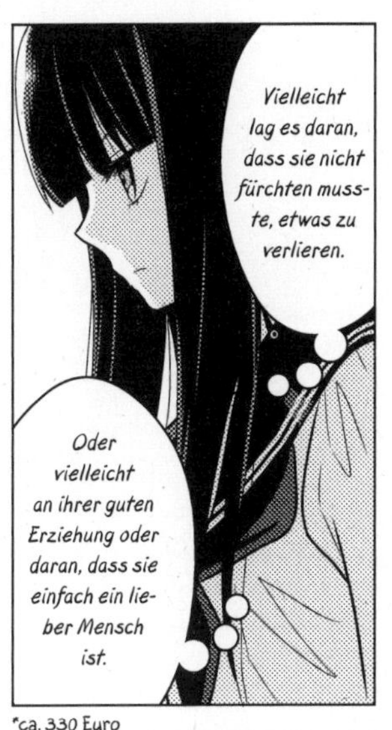

*ca. 330 Euro

Sakura ist nicht gemein.

Sie ist so unschuldig und würde mich nicht verletzen.

46.000 Yen* ...

Damit sollten wir beide bis nach Kobe kommen.

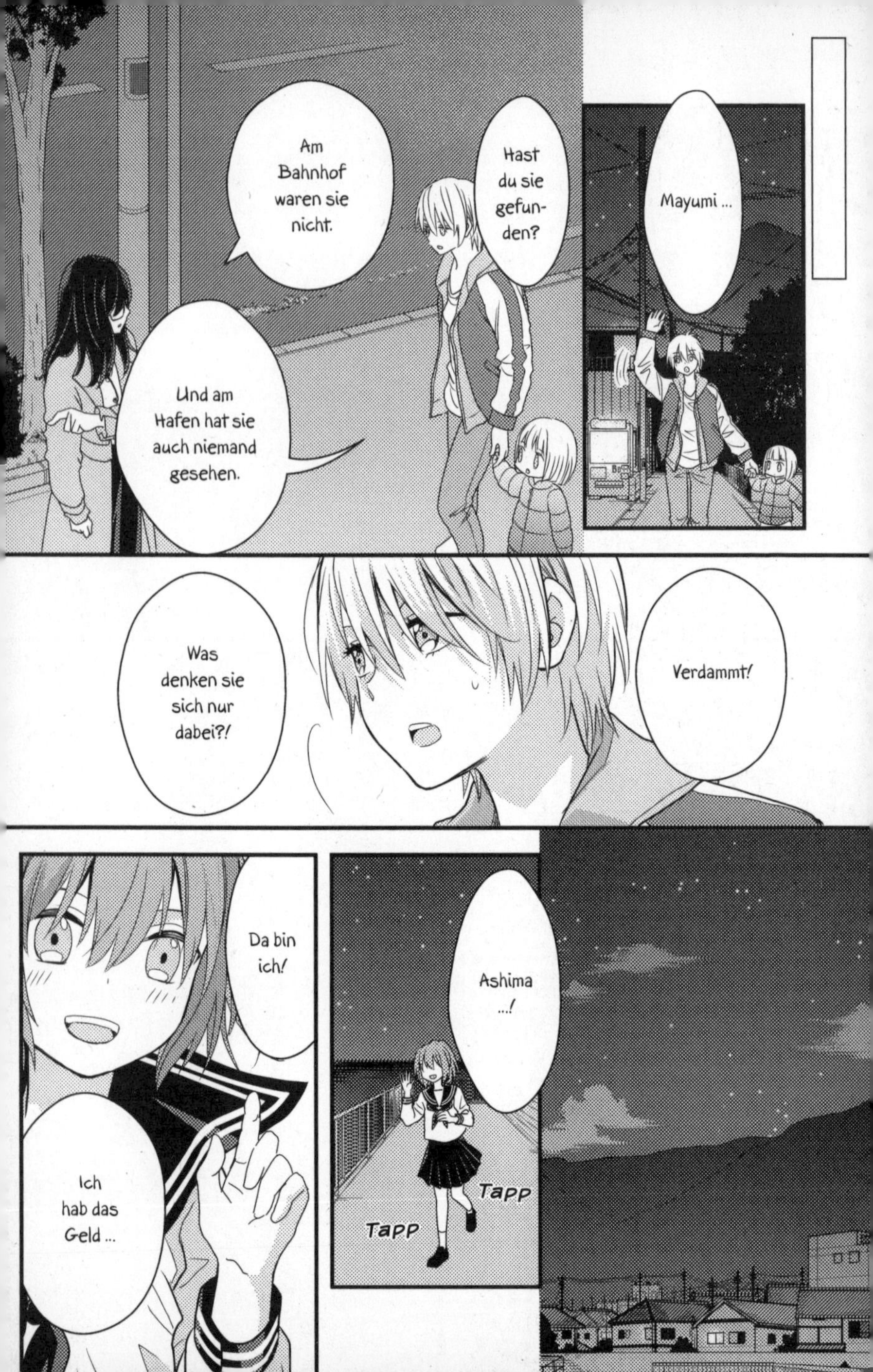
Mayumi ...
Hast du sie gefunden?
Am Bahnhof waren sie nicht.
Und am Hafen hat sie auch niemand gesehen.
Verdammt!
Was denken sie sich nur dabei?!
Ashima ...!
Tapp
Tapp
Da bin ich!
Ich hab das Geld ...

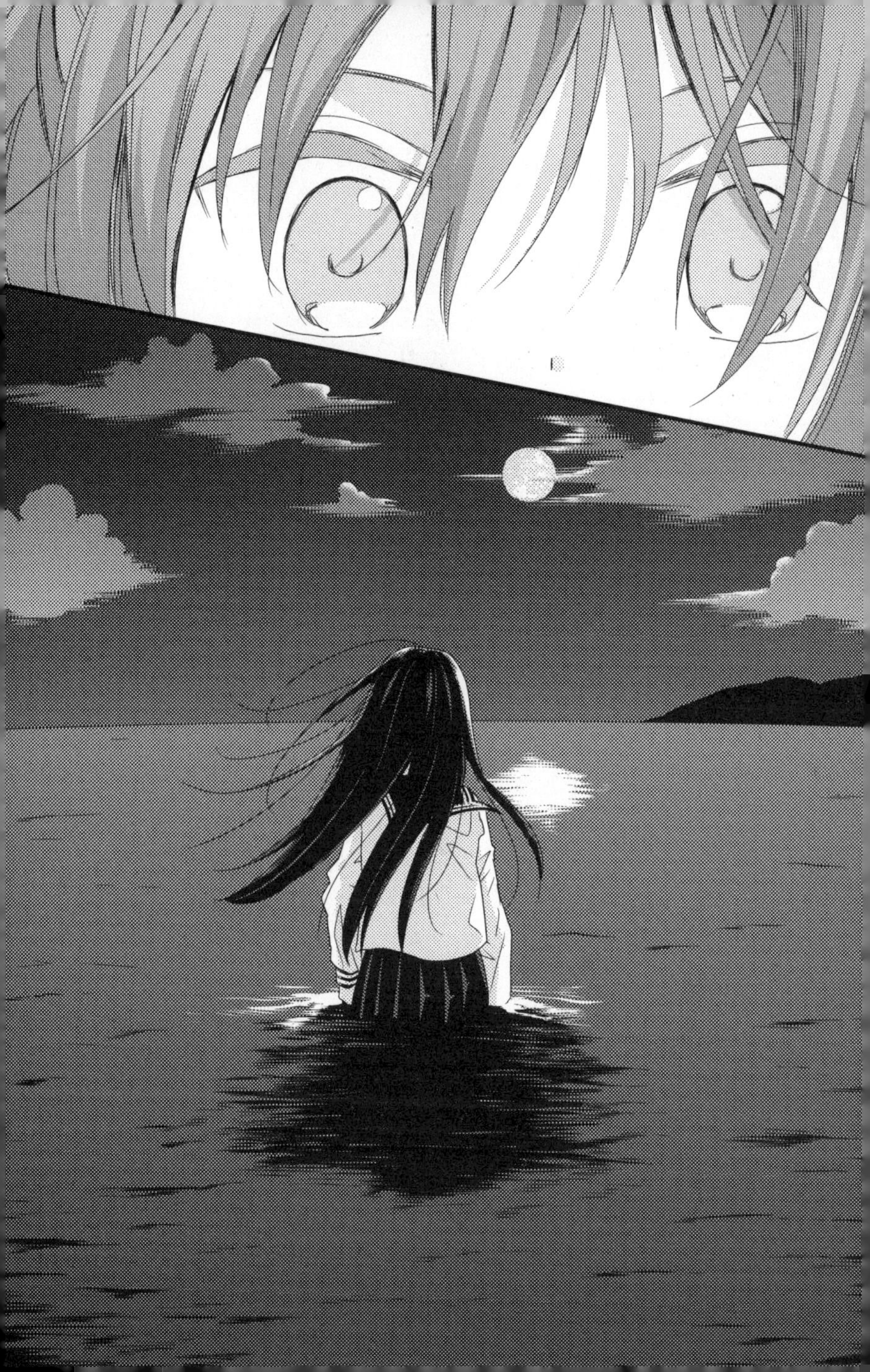

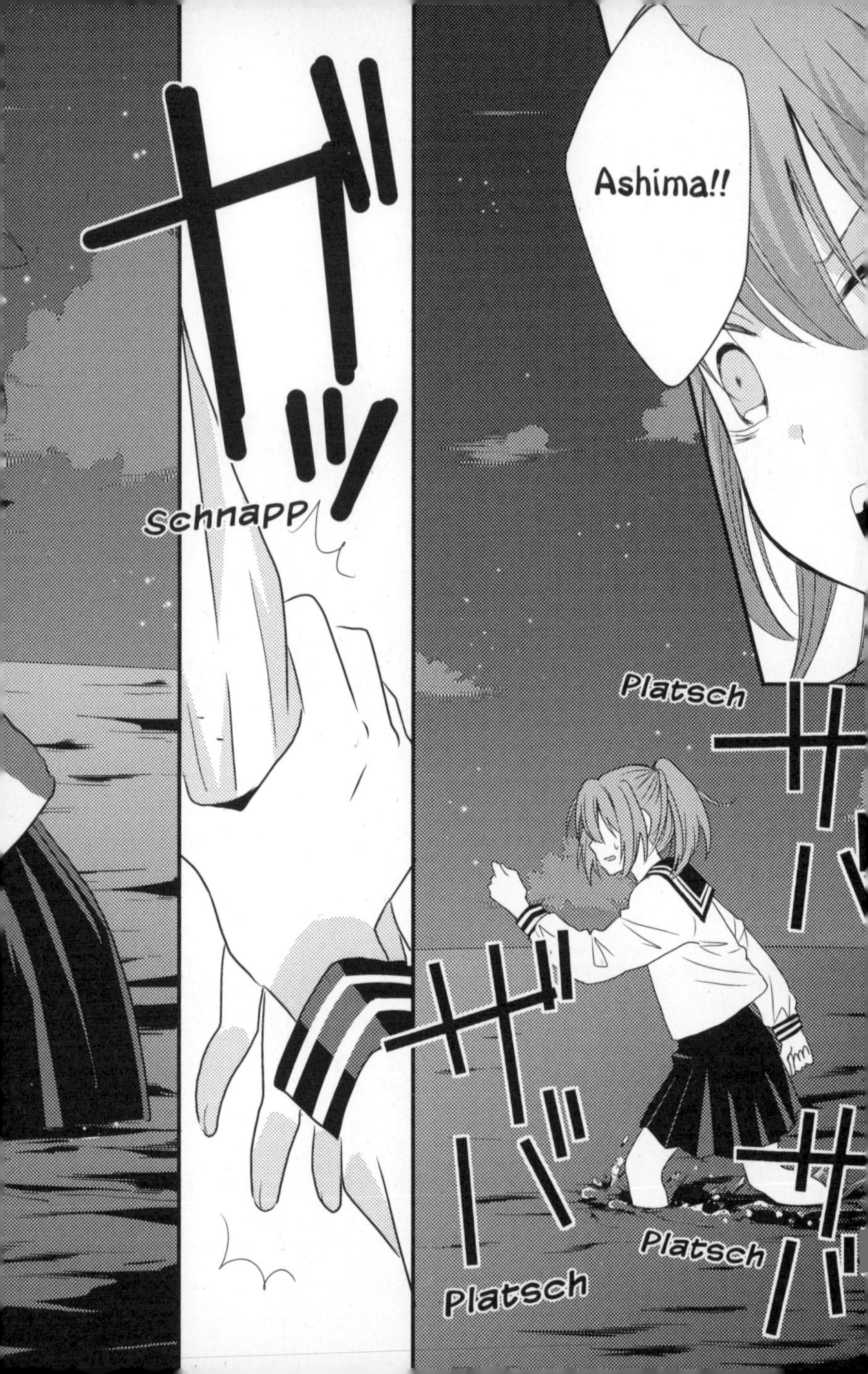
Ashima!!
Platsch
Platsch
Platsch
Schnapp

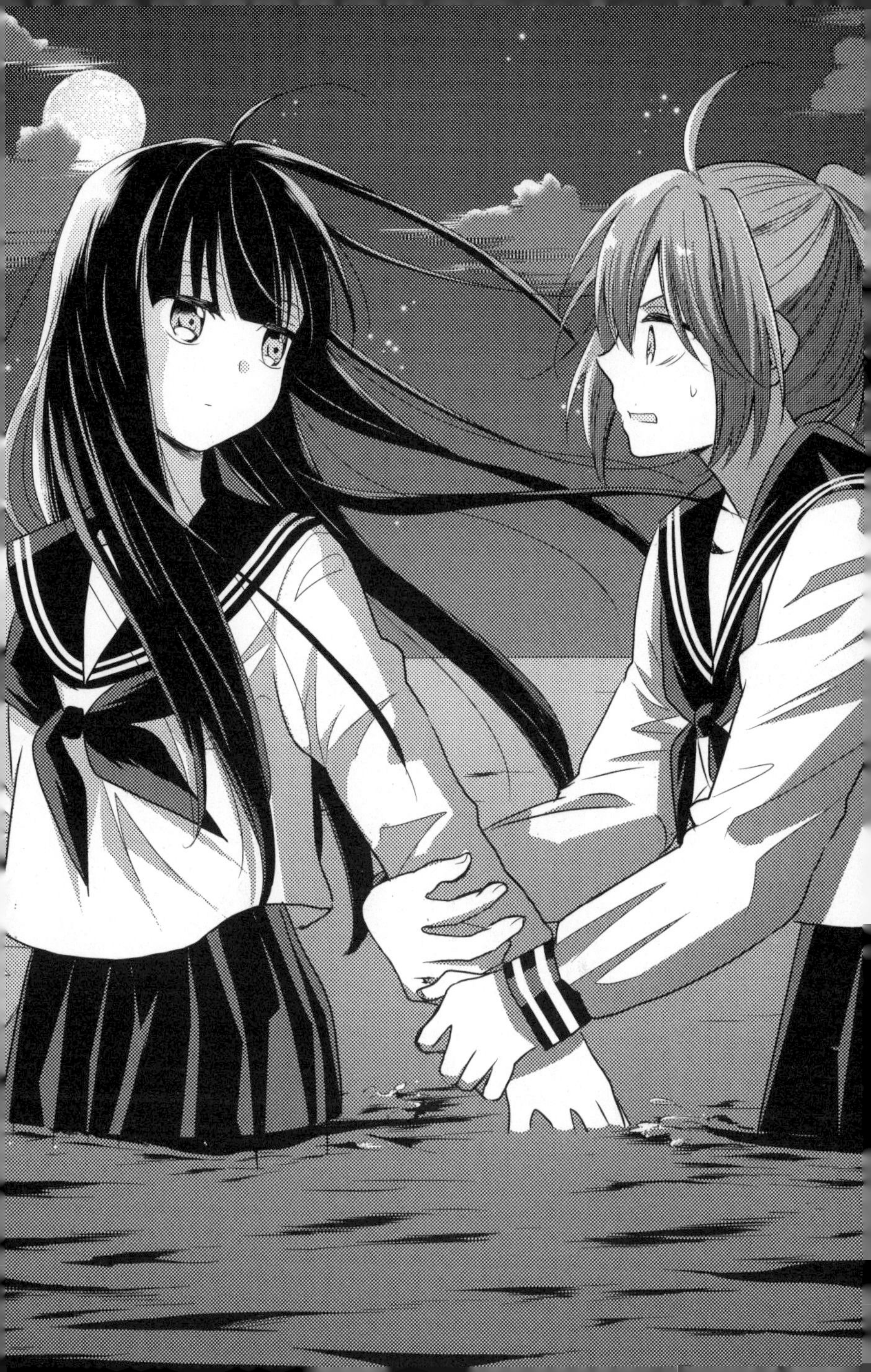

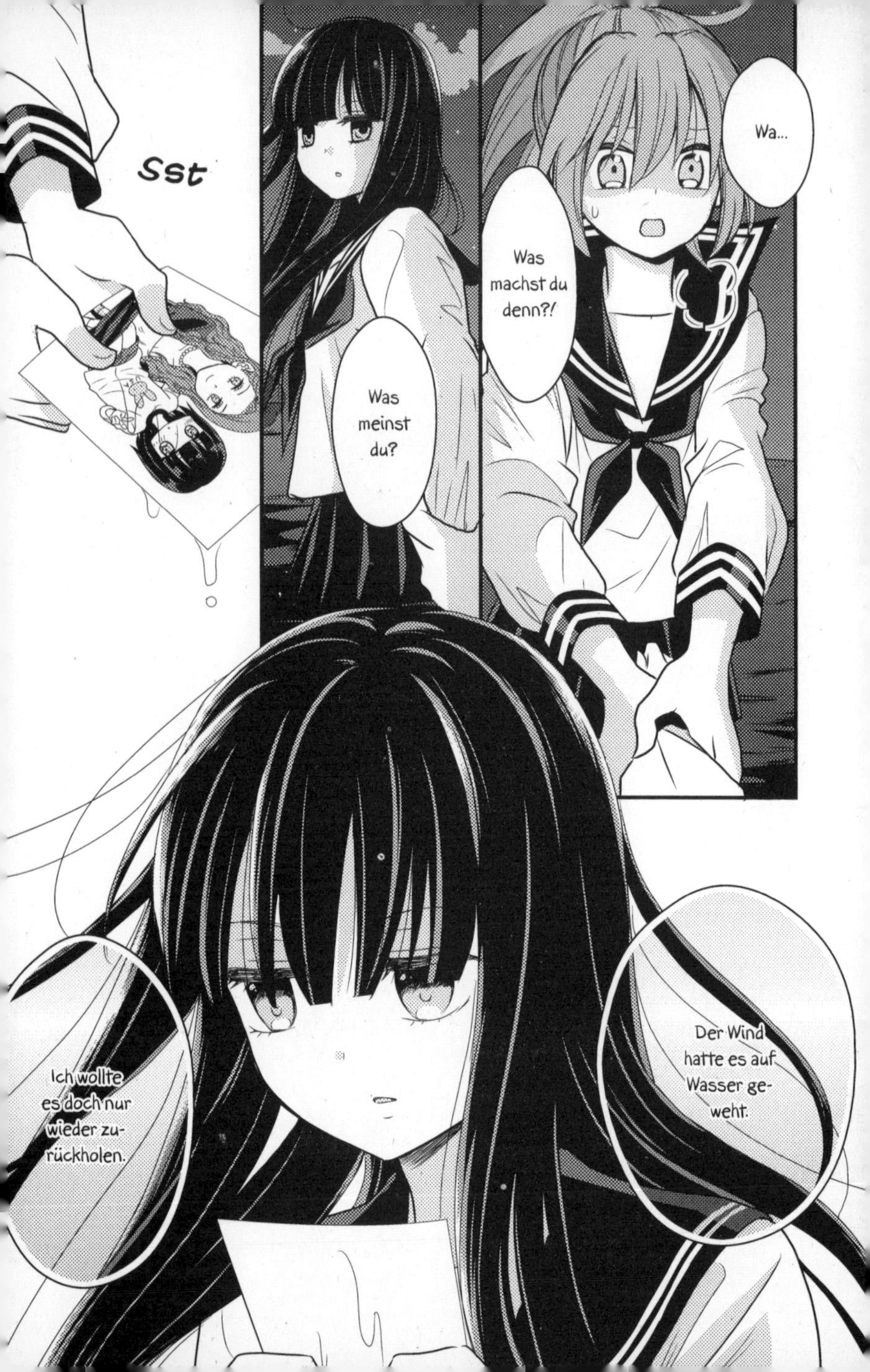
Wa...
Was machst du denn?!
Was meinst du?
Sst
Der Wind hatte es auf Wasser geweht.
Ich wollte es doch nur wieder zurückholen.

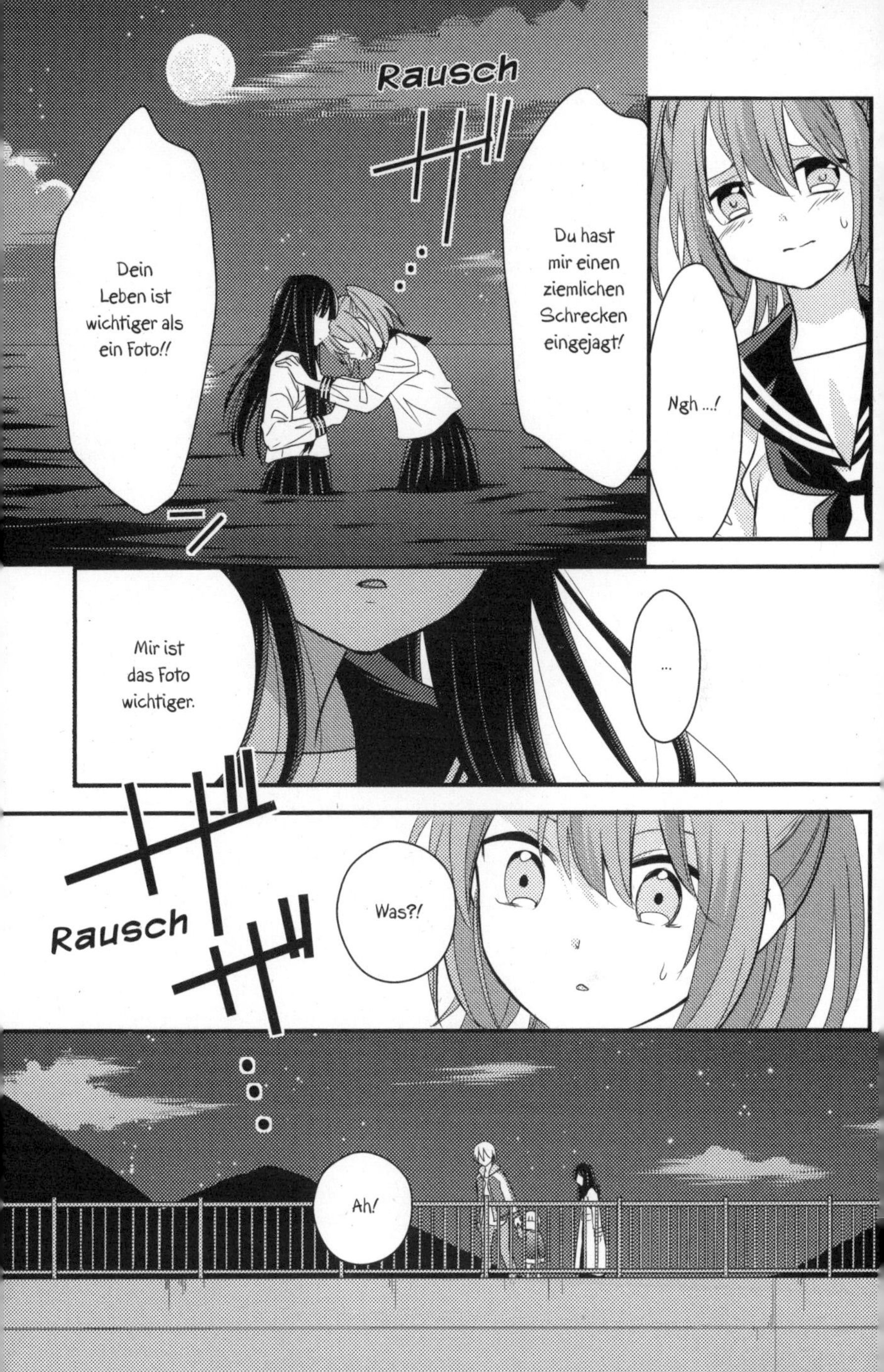
Ngh ...!
Rausch
Du hast mir einen ziemlichen Schrecken eingejagt!
Dein Leben ist wichtiger als ein Foto!!
...
Mir ist das Foto wichtiger.
Was?!
Rausch
Ah!

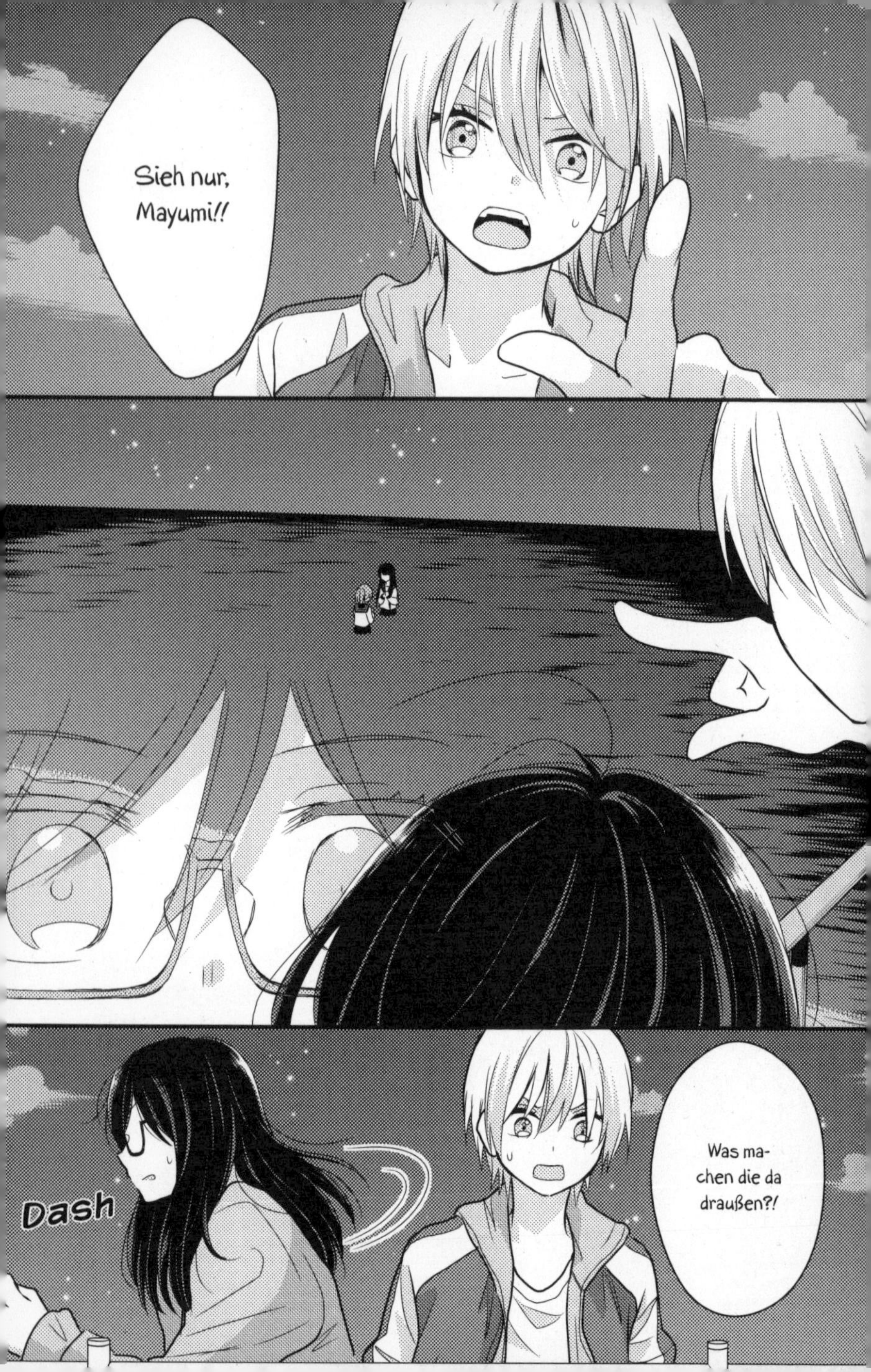
Sieh nur, Mayumi!!
Was machen die da draußen?!
Dash

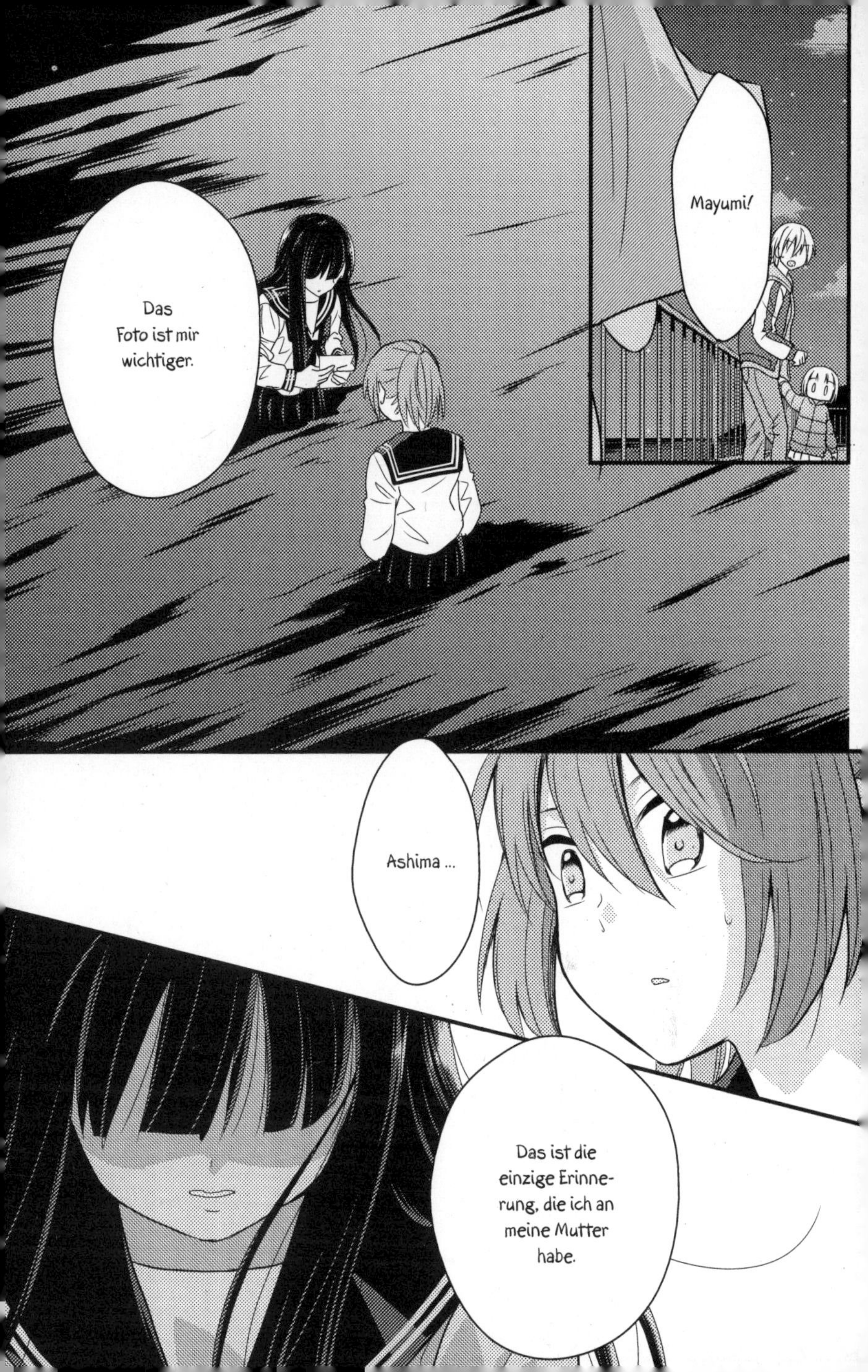
Mayumi!
Das Foto ist mir wichtiger.
Ashima ...
Das ist die einzige Erinnerung, die ich an meine Mutter habe.

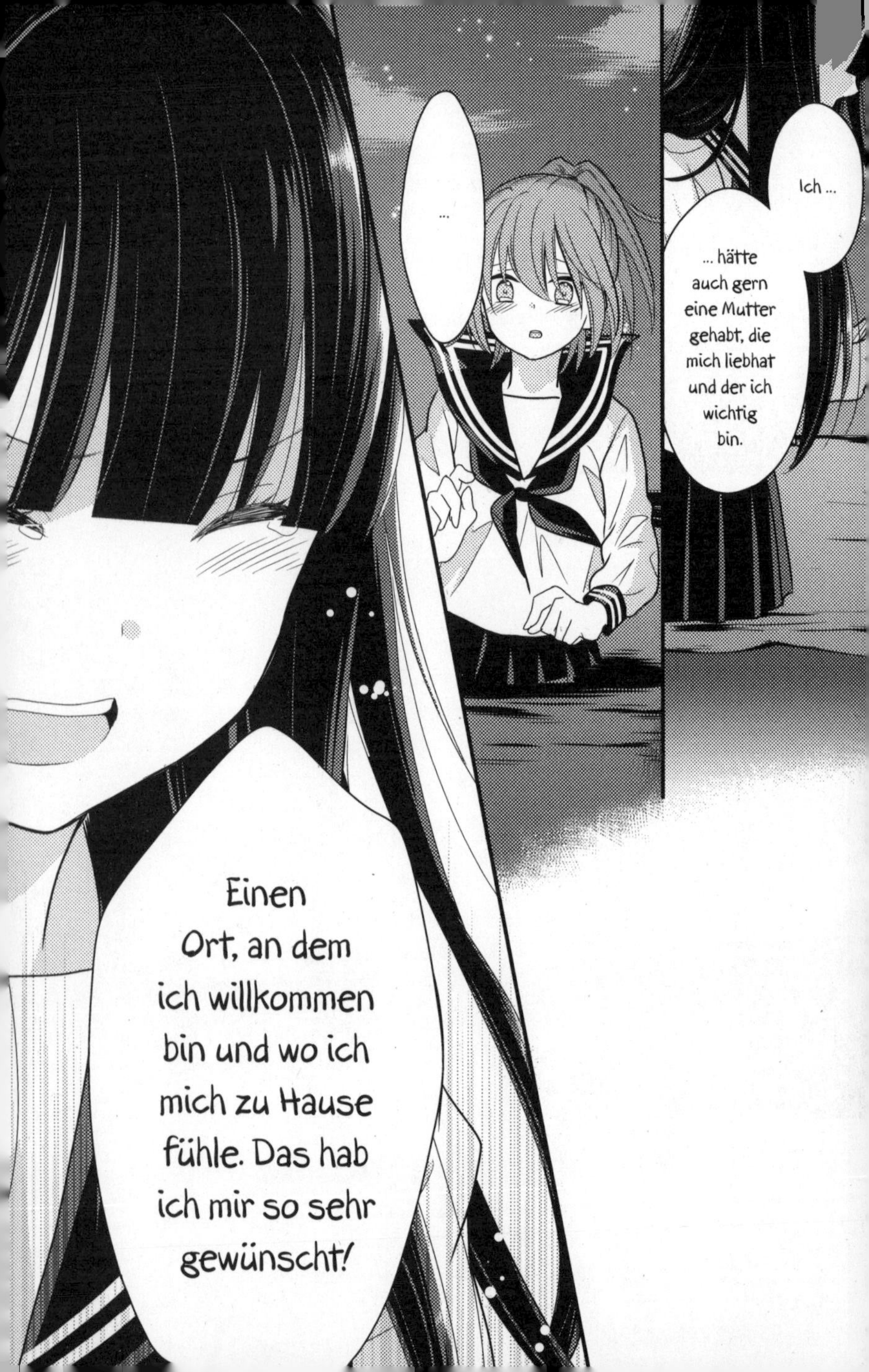
Ich ...
... hätte auch gern eine Mutter gehabt, die mich liebhat und der ich wichtig bin.
...
Einen Ort, an dem ich willkommen bin und wo ich mich zu Hause fühle. Das hab ich mir so sehr gewünscht!

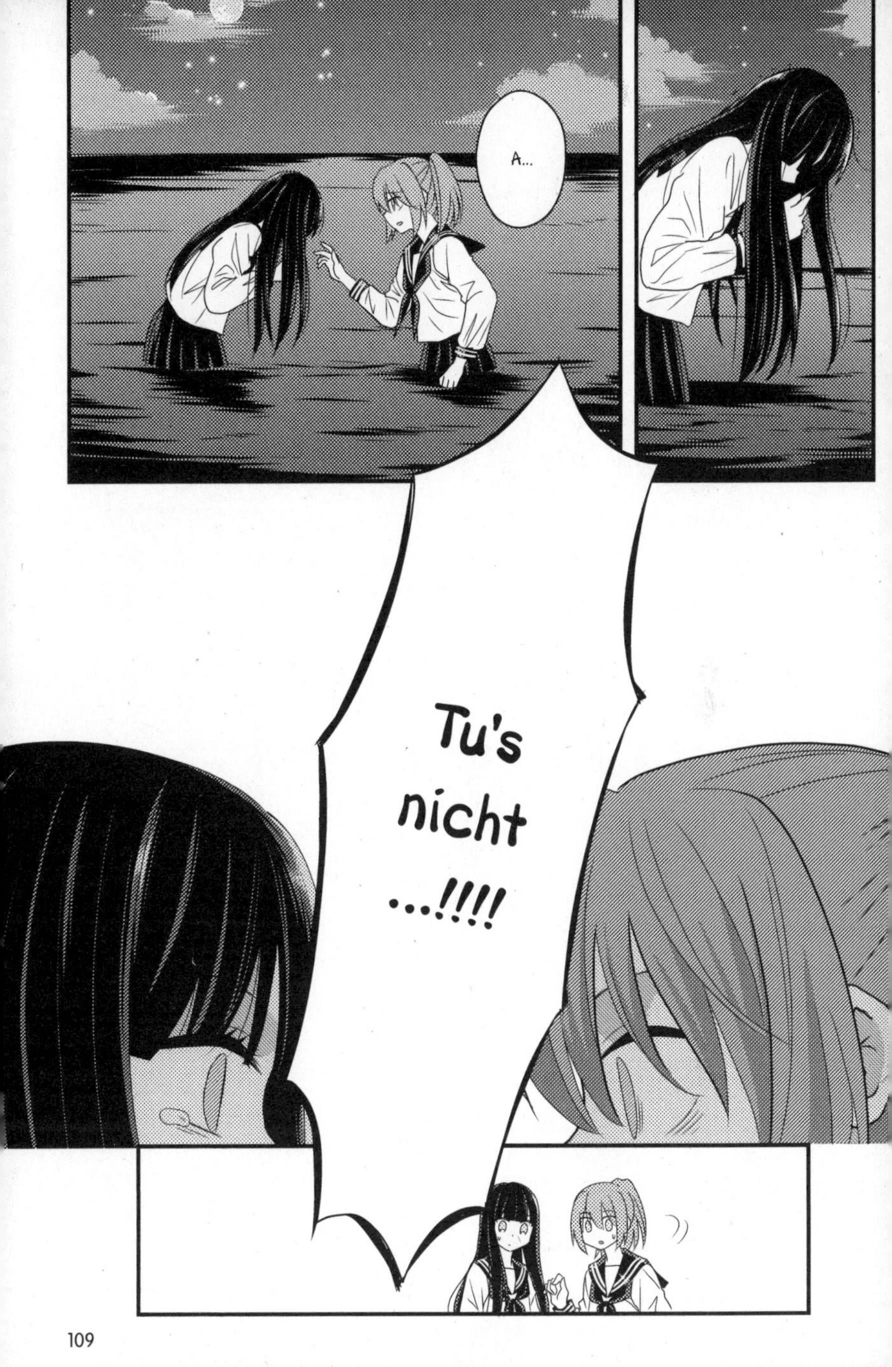
A...
Tu's nicht ...!!!!

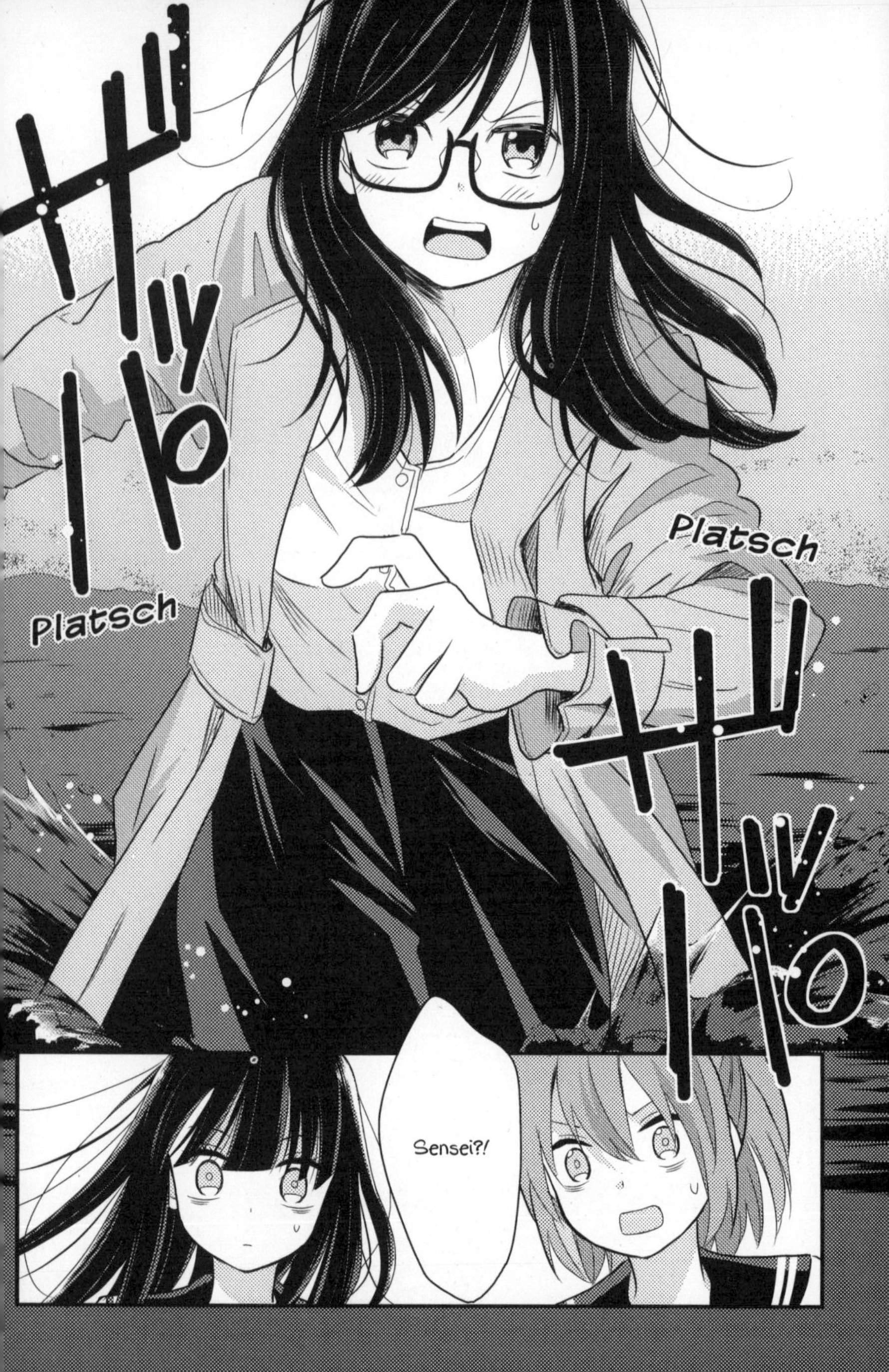
Platsch
Platsch
Sensei?!

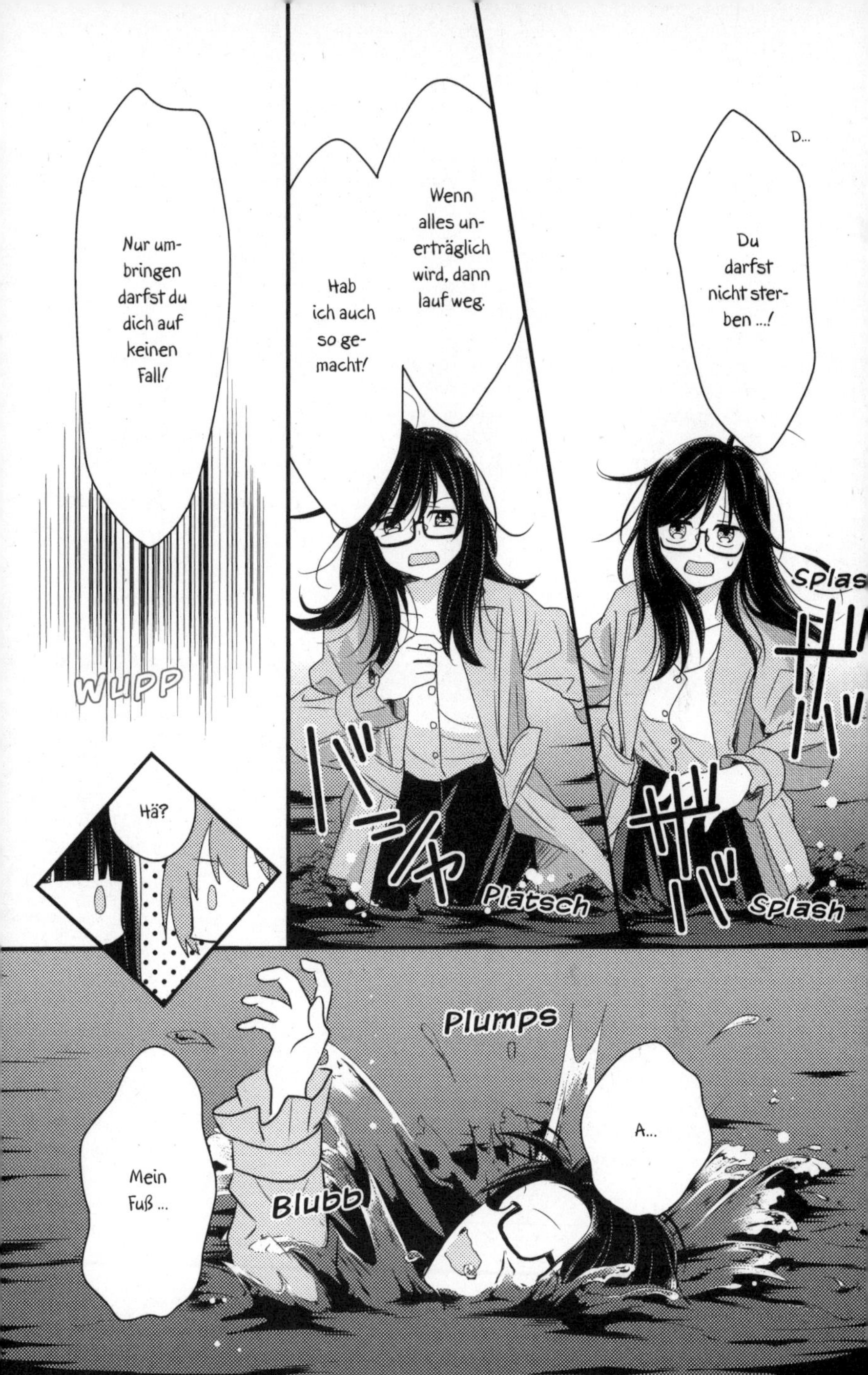
D...
Du darfst nicht ster- ben ...!
Splas
Splash
Wenn alles un- erträglich wird, dann lauf weg.
Hab ich auch so ge- macht!
Platsch
Nur um- bringen darfst du dich auf keinen Fall!
Wupp
Hä?
Plumps
A...
Blubb
Mein Fuß ...

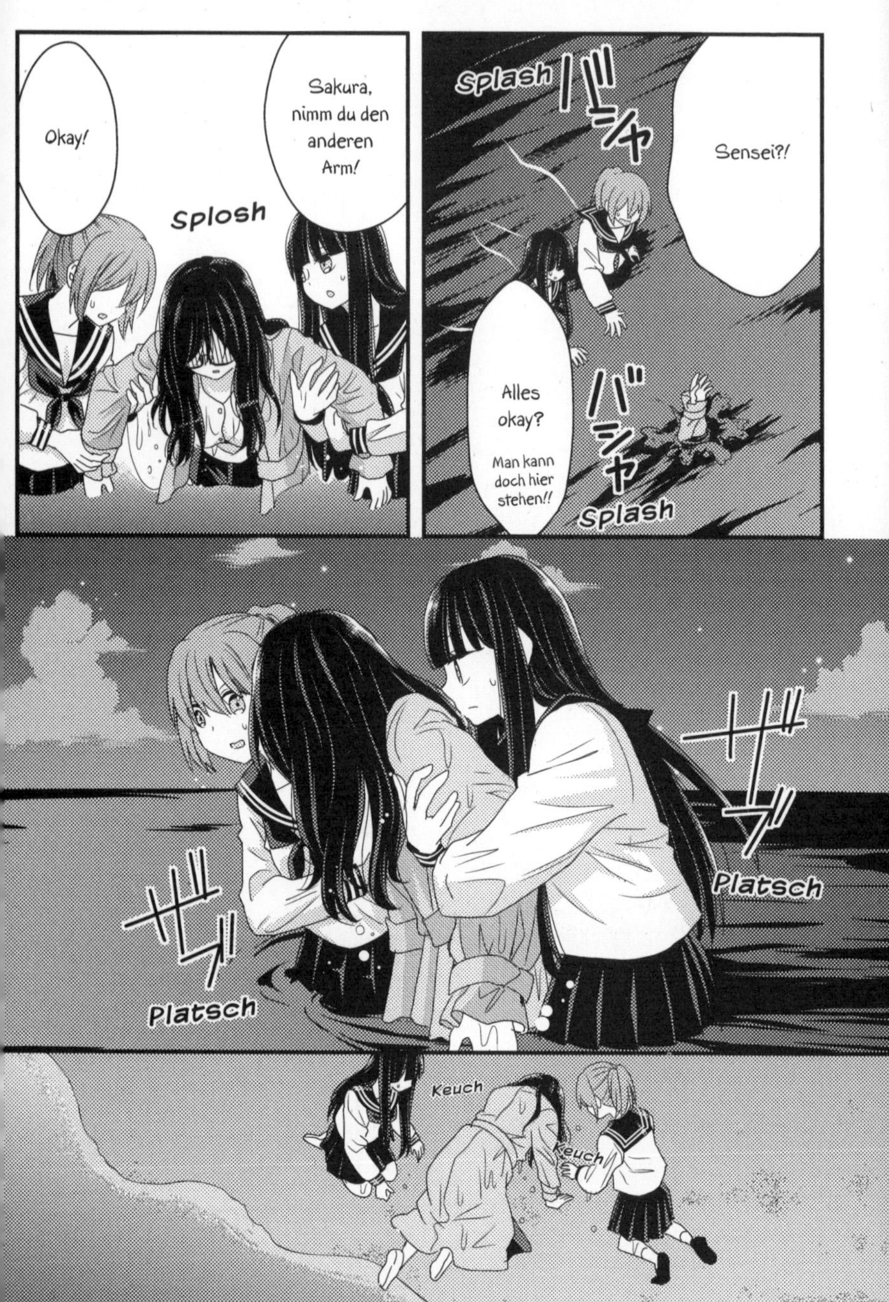
Splash
バシャ
Sensei?!
Alles okay?
Man kann doch hier stehen!!
バシャ
Splash
Sakura, nimm du den anderen Arm!
Okay!
Splosh
ザブ
Platsch
ザブ
Platsch
Keuch
Keuch

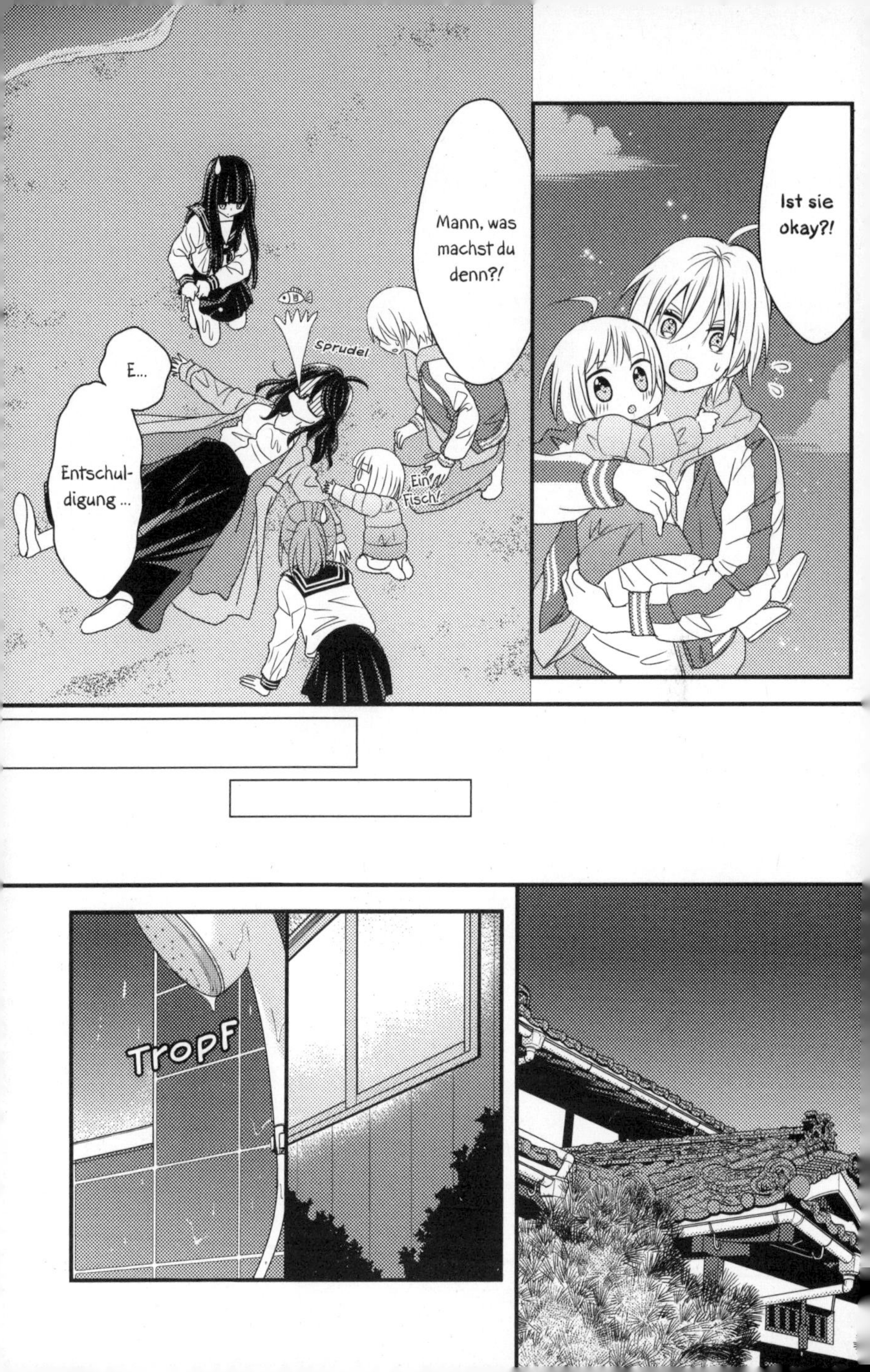

Ist sie okay?!

Mann, was machst du denn?!

Sprudel

Ein Fisch!

E...

Entschuldigung ...

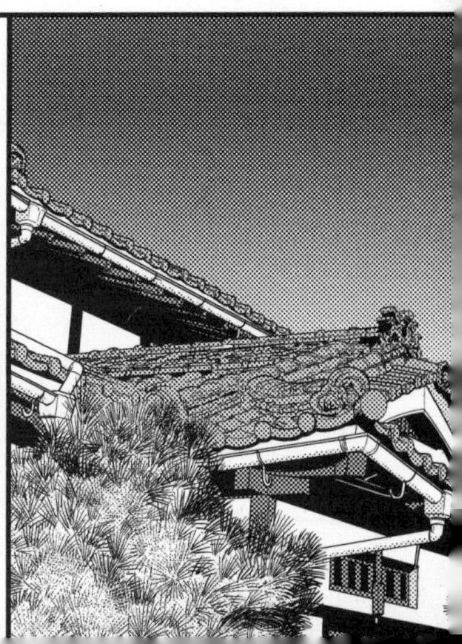

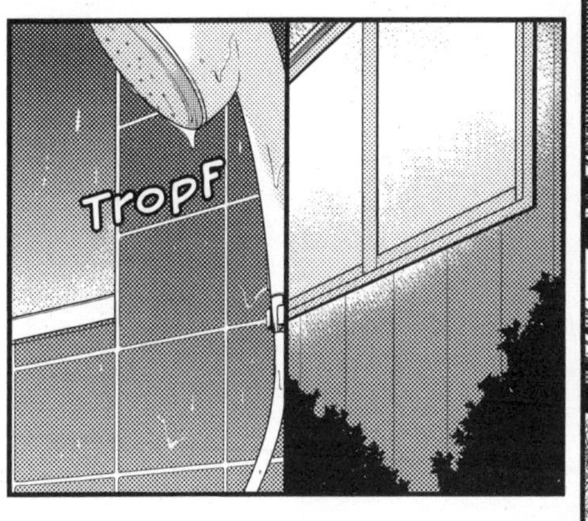

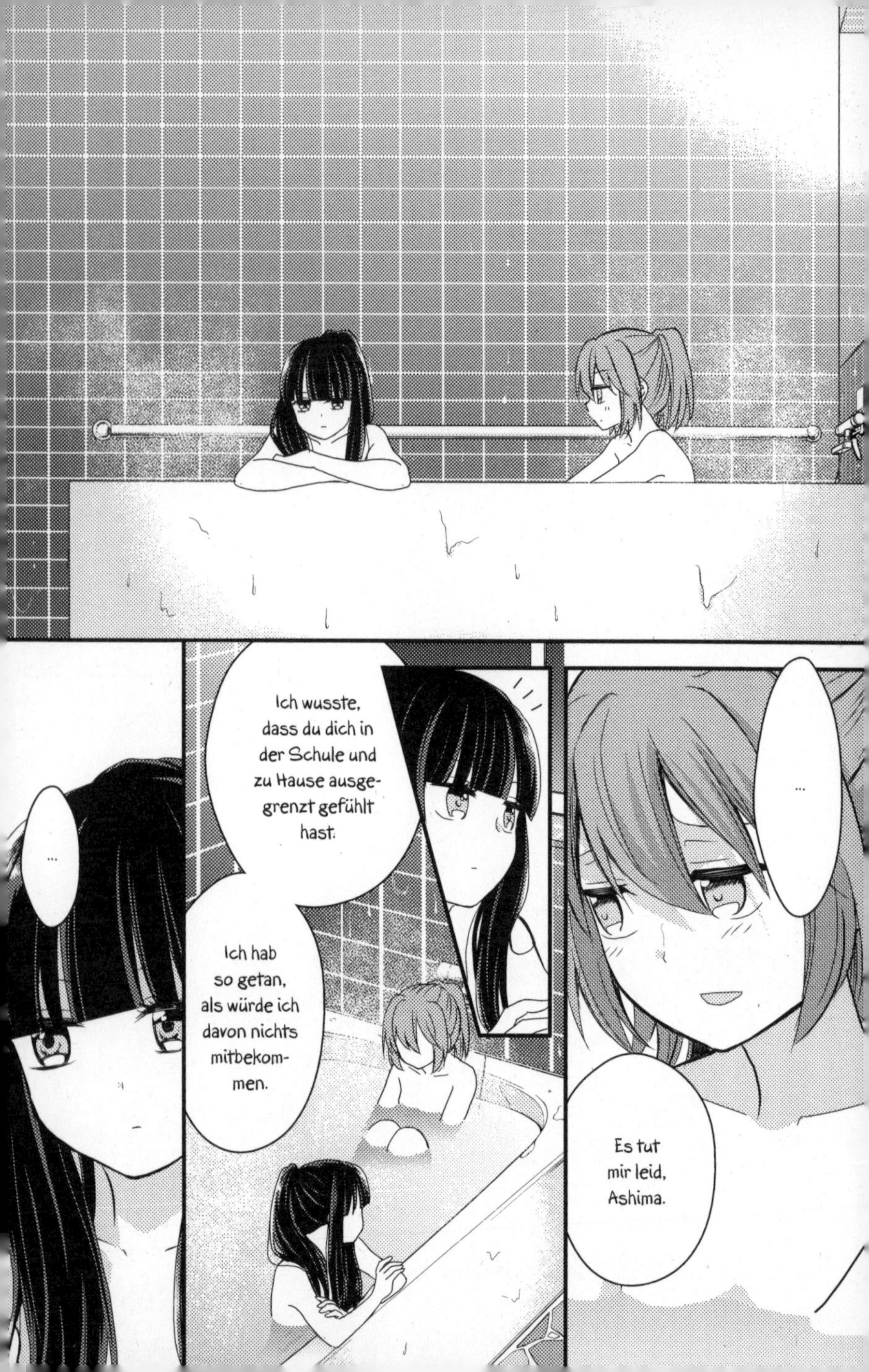
...
Es tut mir leid, Ashima.
Ich wusste, dass du dich in der Schule und zu Hause ausgegrenzt gefühlt hast.
Ich hab so getan, als würde ich davon nichts mitbekommen.
...

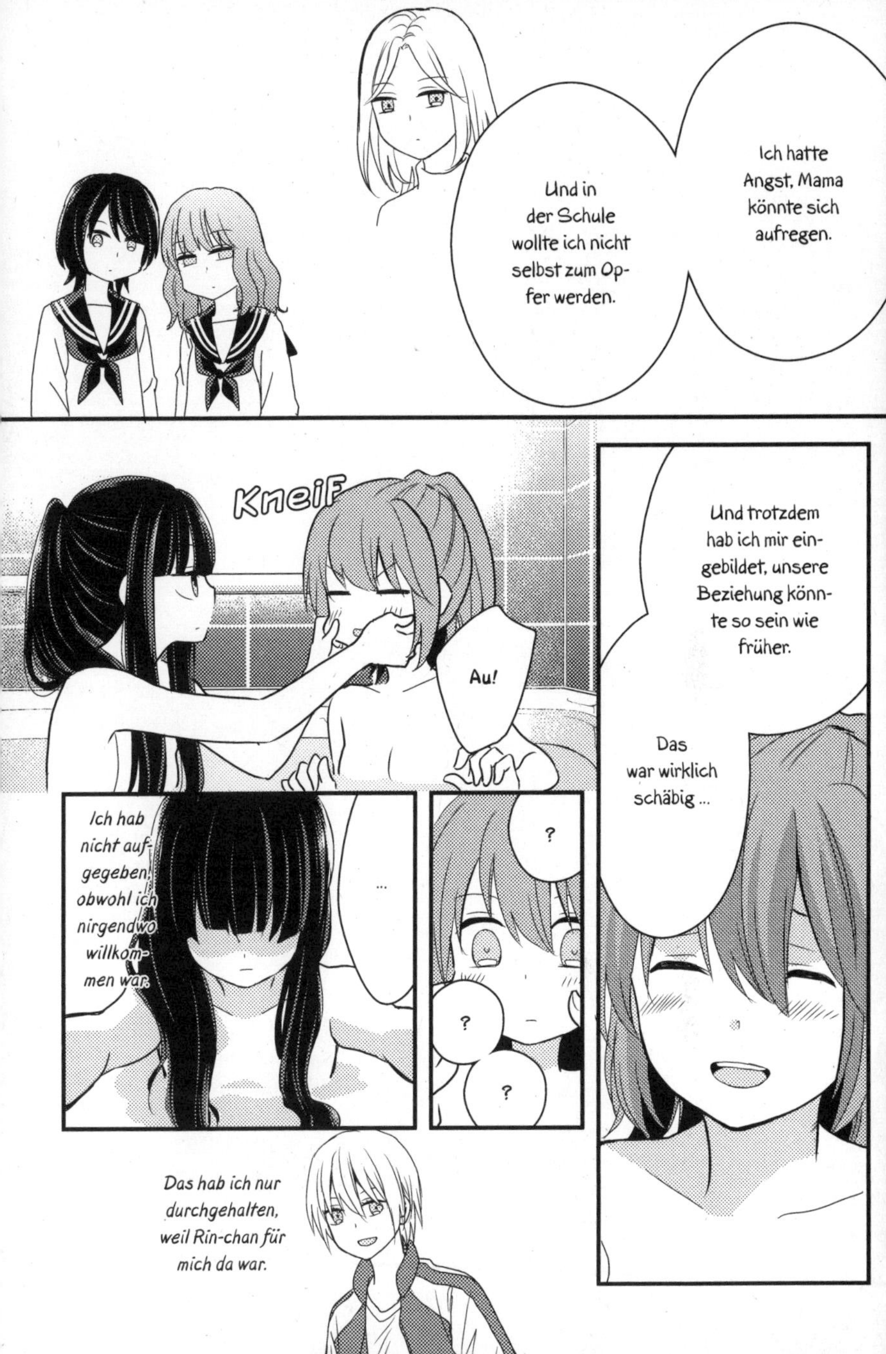
Ich hatte Angst, Mama könnte sich aufregen.
Und in der Schule wollte ich nicht selbst zum Opfer werden.
Und trotzdem hab ich mir eingebildet, unsere Beziehung könnte so sein wie früher.
Das war wirklich schäbig ...
Kneif
Au!
?
?
?
...
Ich hab nicht aufgegeben, obwohl ich nirgendwo willkommen war.
Das hab ich nur durchgehalten, weil Rin-chan für mich da war.

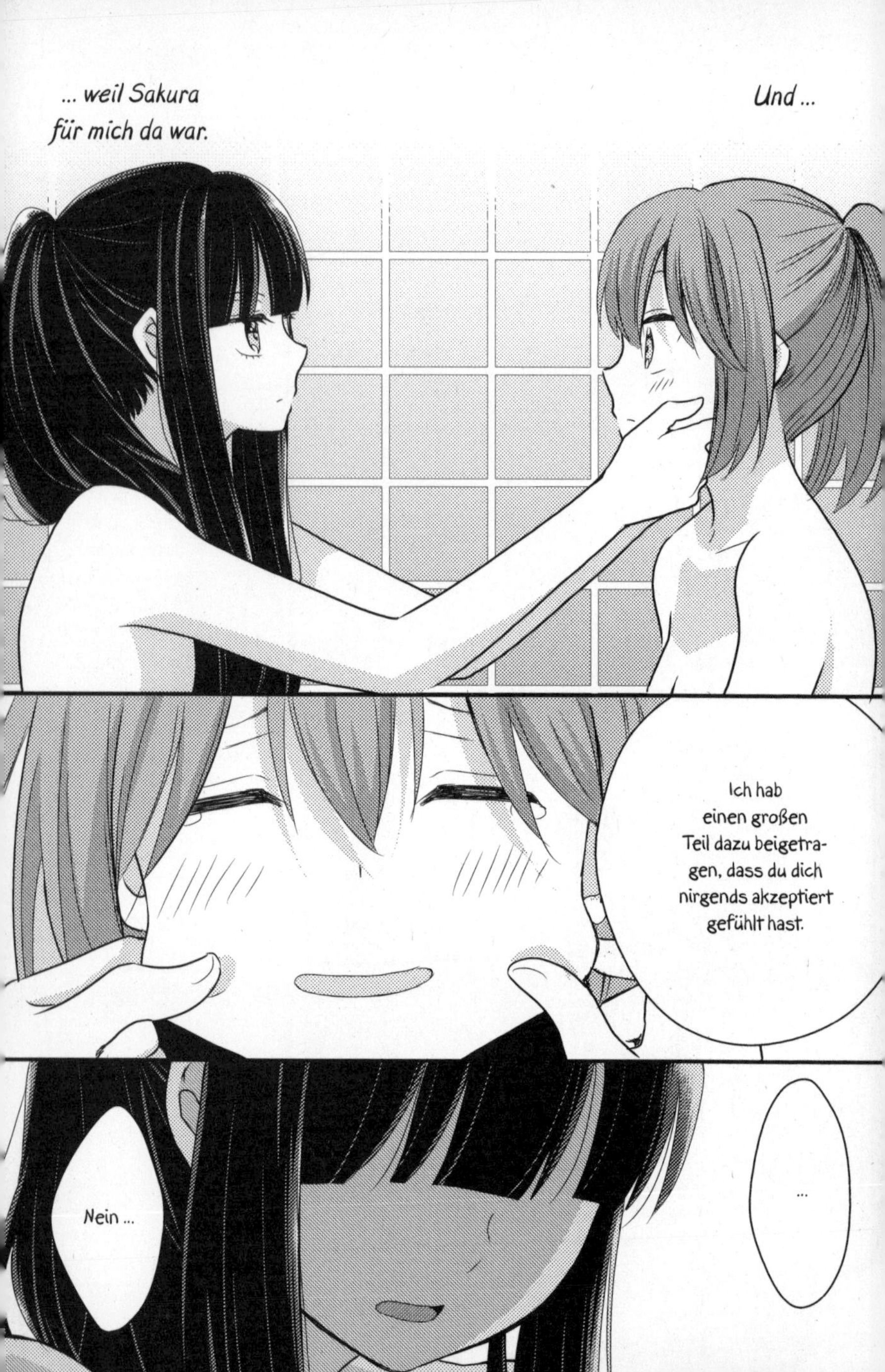
Und ...
... weil Sakura
für mich da war.
Ich hab einen großen Teil dazu beigetragen, dass du dich nirgends akzeptiert gefühlt hast.
...
Nein ...

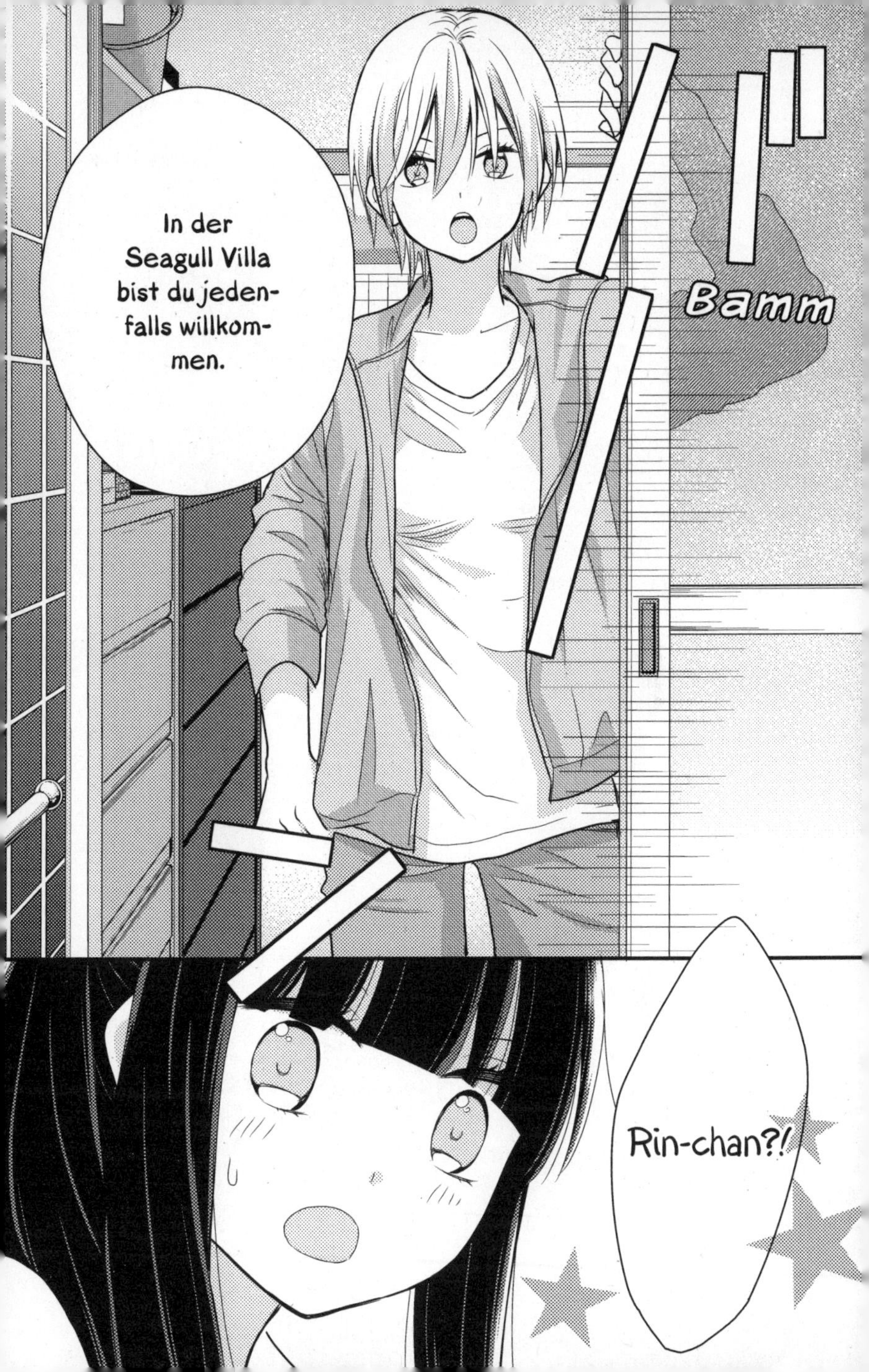
In der Seagull Villa bist du jedenfalls willkommen.
Bamm
Rin-chan?!

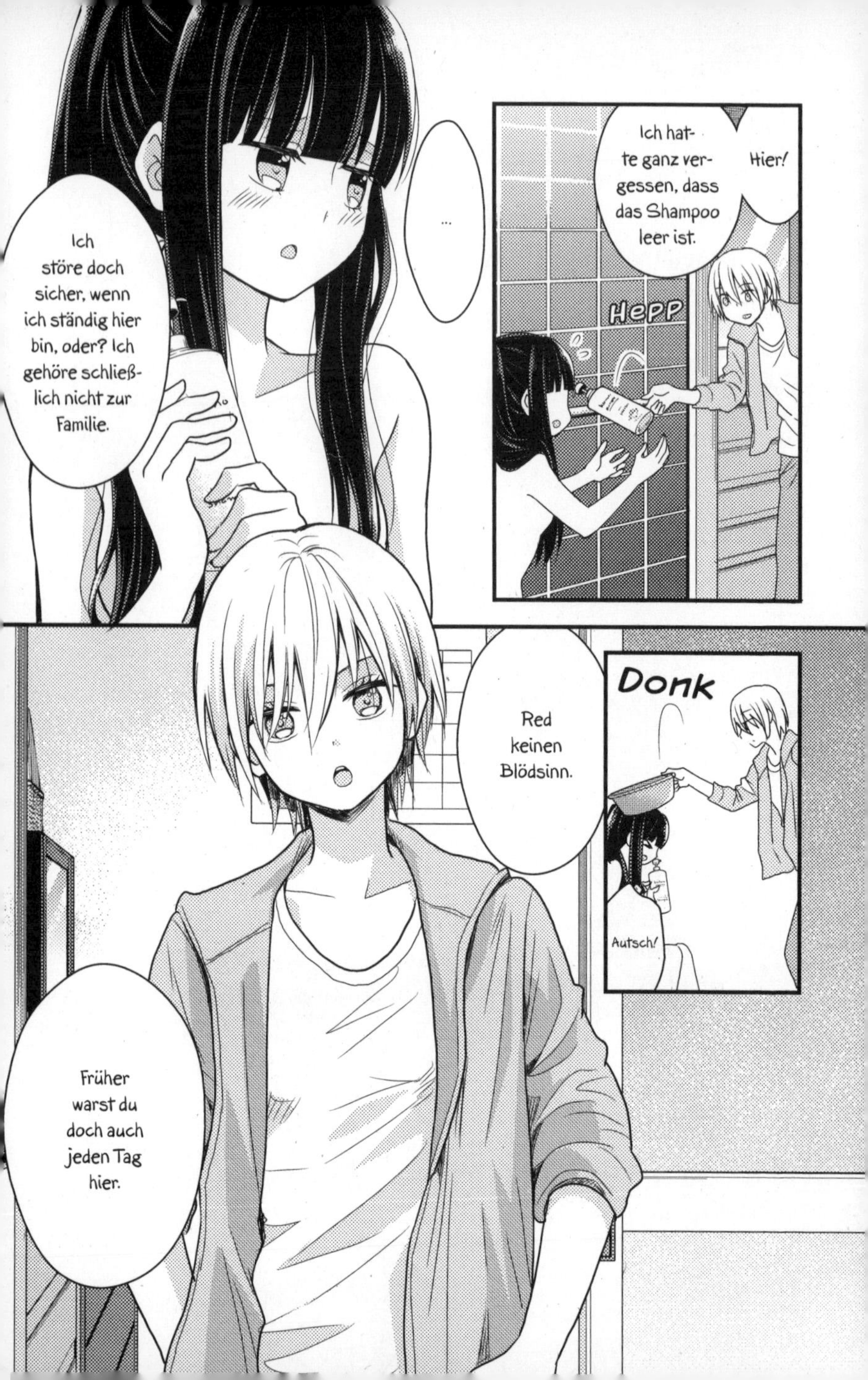

Hier!
Ich hatte ganz vergessen, dass das Shampoo leer ist.
Hepp
...
Ich störe doch sicher, wenn ich ständig hier bin, oder? Ich gehöre schließlich nicht zur Familie.
Donk
Autsch!
Red keinen Blödsinn.
Früher warst du doch auch jeden Tag hier.

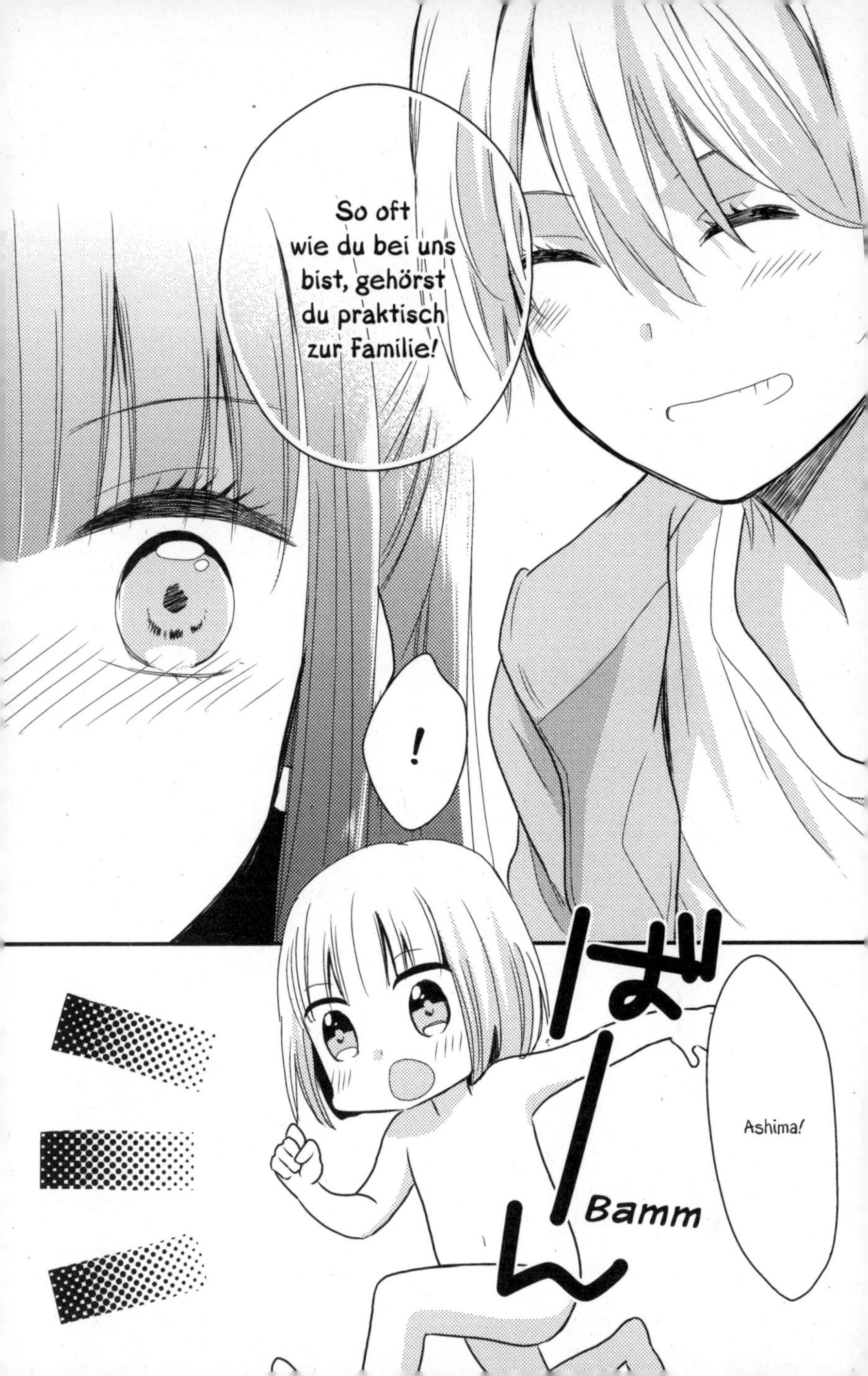
So oft wie du bei uns bist, gehörst du praktisch zur Familie!
!
Ashima!
Bamm

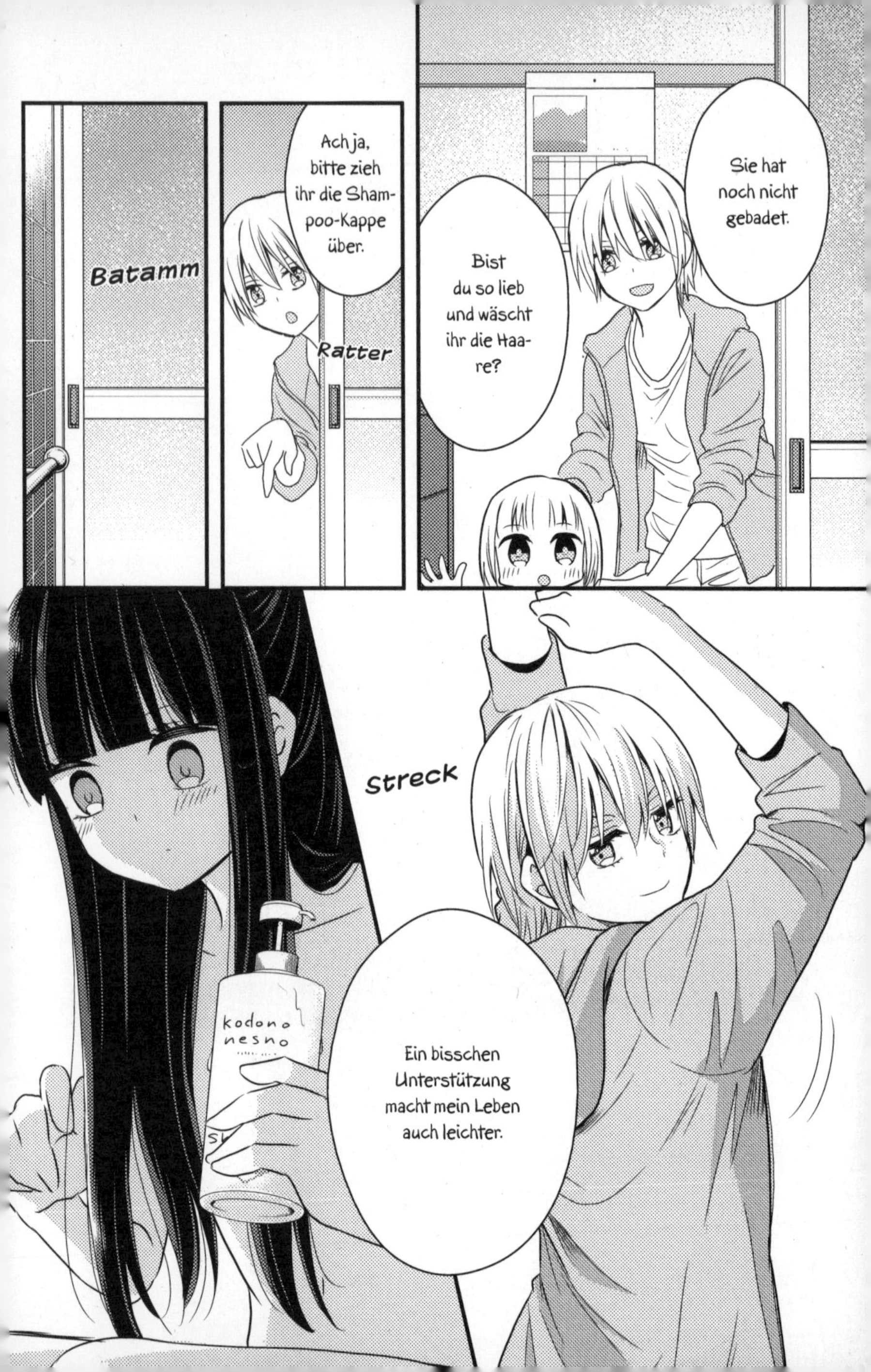
Sie hat noch nicht gebadet.
Bist du so lieb und wäscht ihr die Haare?
Ach ja, bitte zieh ihr die Shampoo-Kappe über.
Ratter
Batamm
Streck
Ein bisschen Unterstützung macht mein Leben auch leichter.
kodono nesno

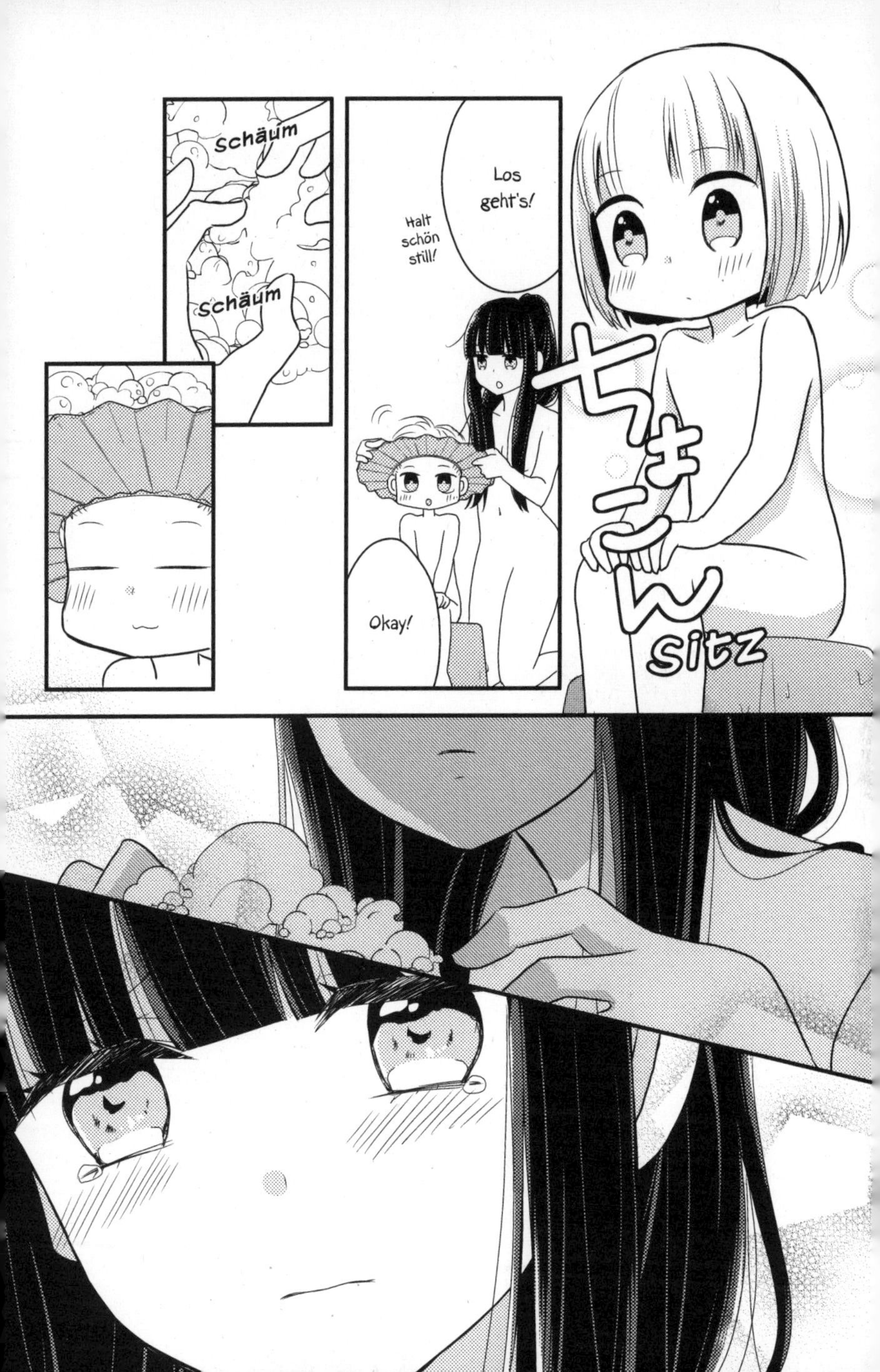
ちょこん
sitz
Los geht's!
Halt schön still!
Okay!
Schäum
Schäum

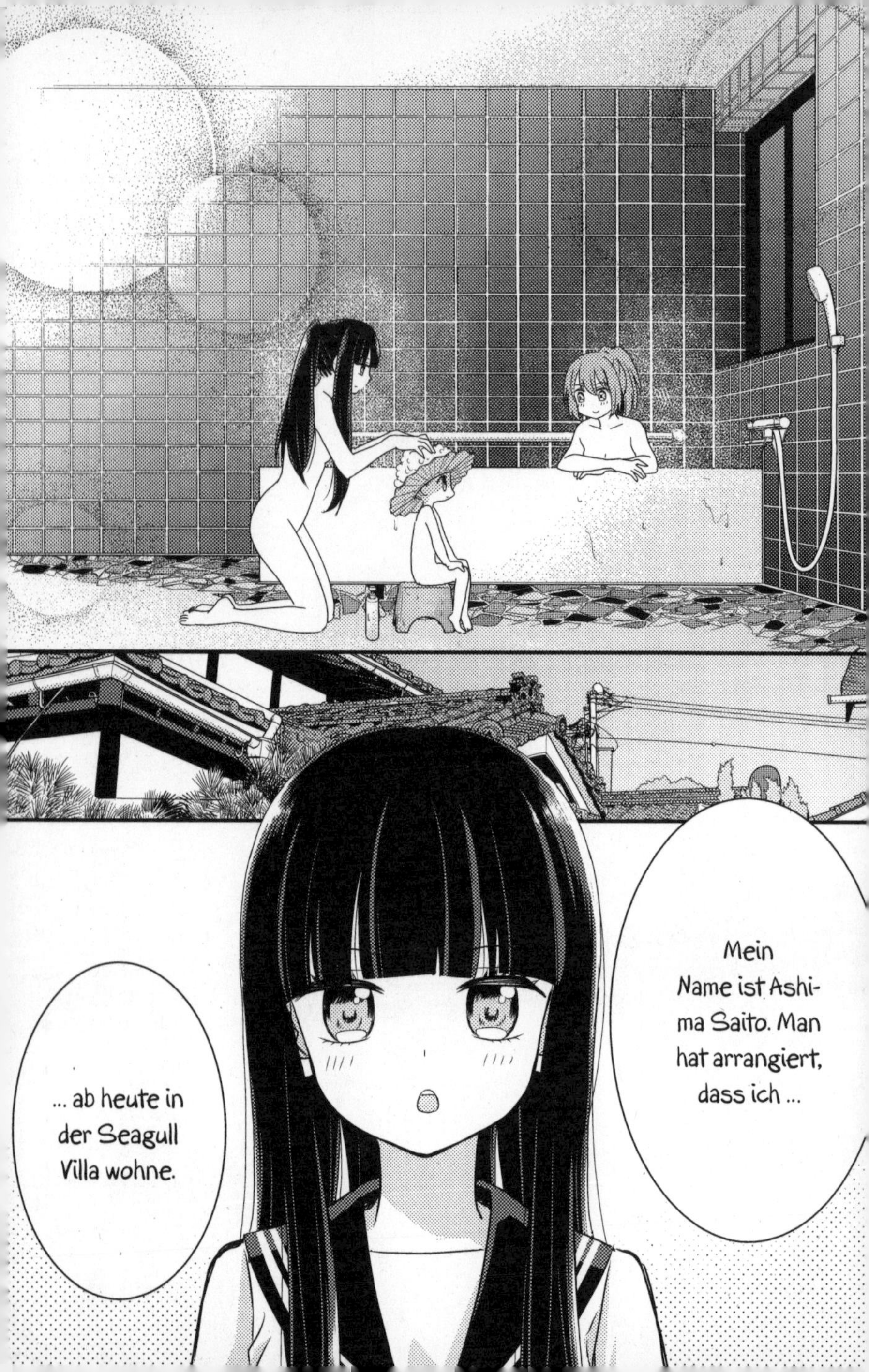
Mein Name ist Ashima Saito. Man hat arrangiert, dass ich ...
... ab heute in der Seagull Villa wohne.

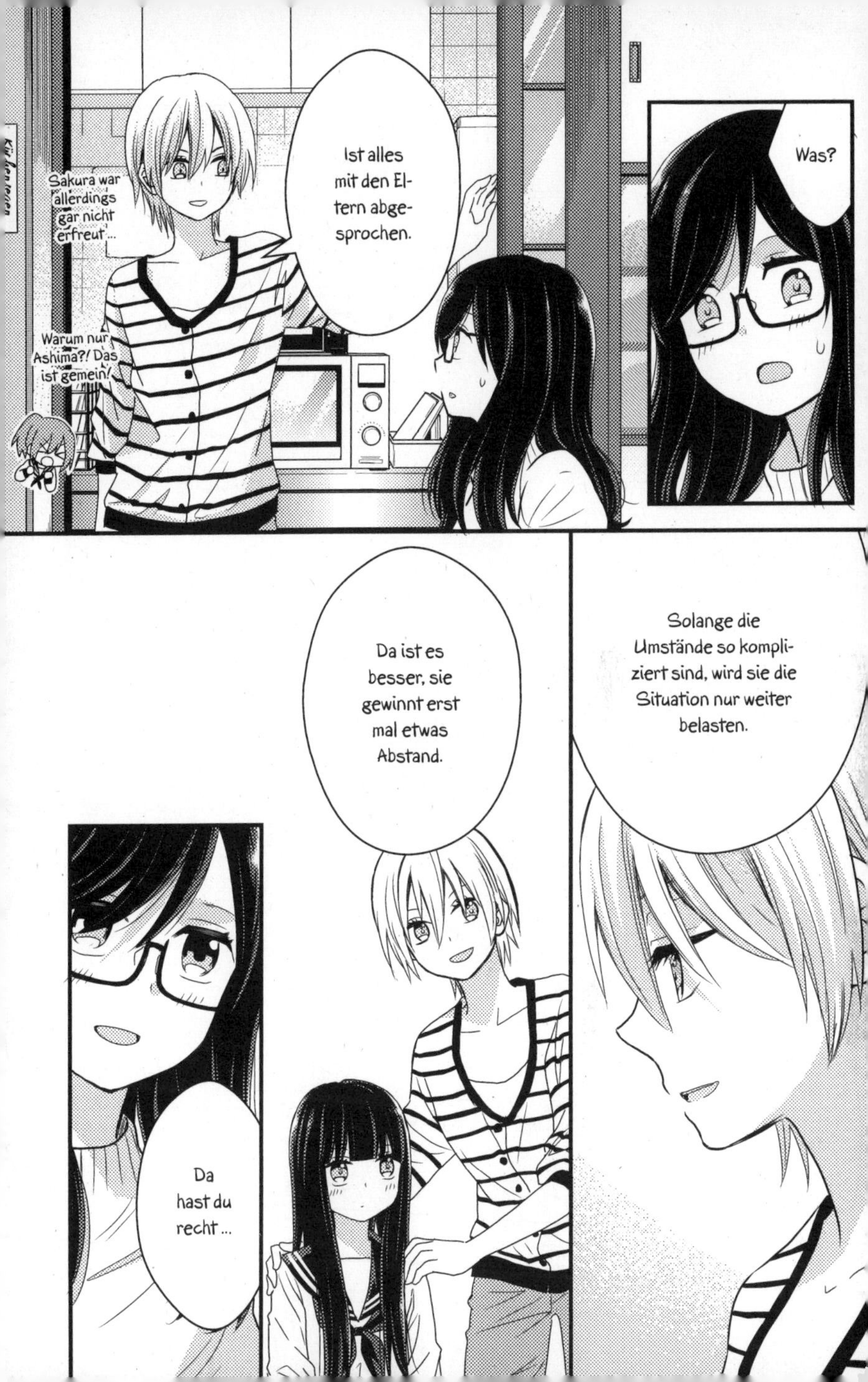
Ist alles mit den Eltern abgesprochen.
Sakura war allerdings gar nicht erfreut ...
Warum nur Ashima?! Das ist gemein!
Was?
Solange die Umstände so kompliziert sind, wird sie die Situation nur weiter belasten.
Da ist es besser, sie gewinnt erst mal etwas Abstand.
Da hast du recht ...

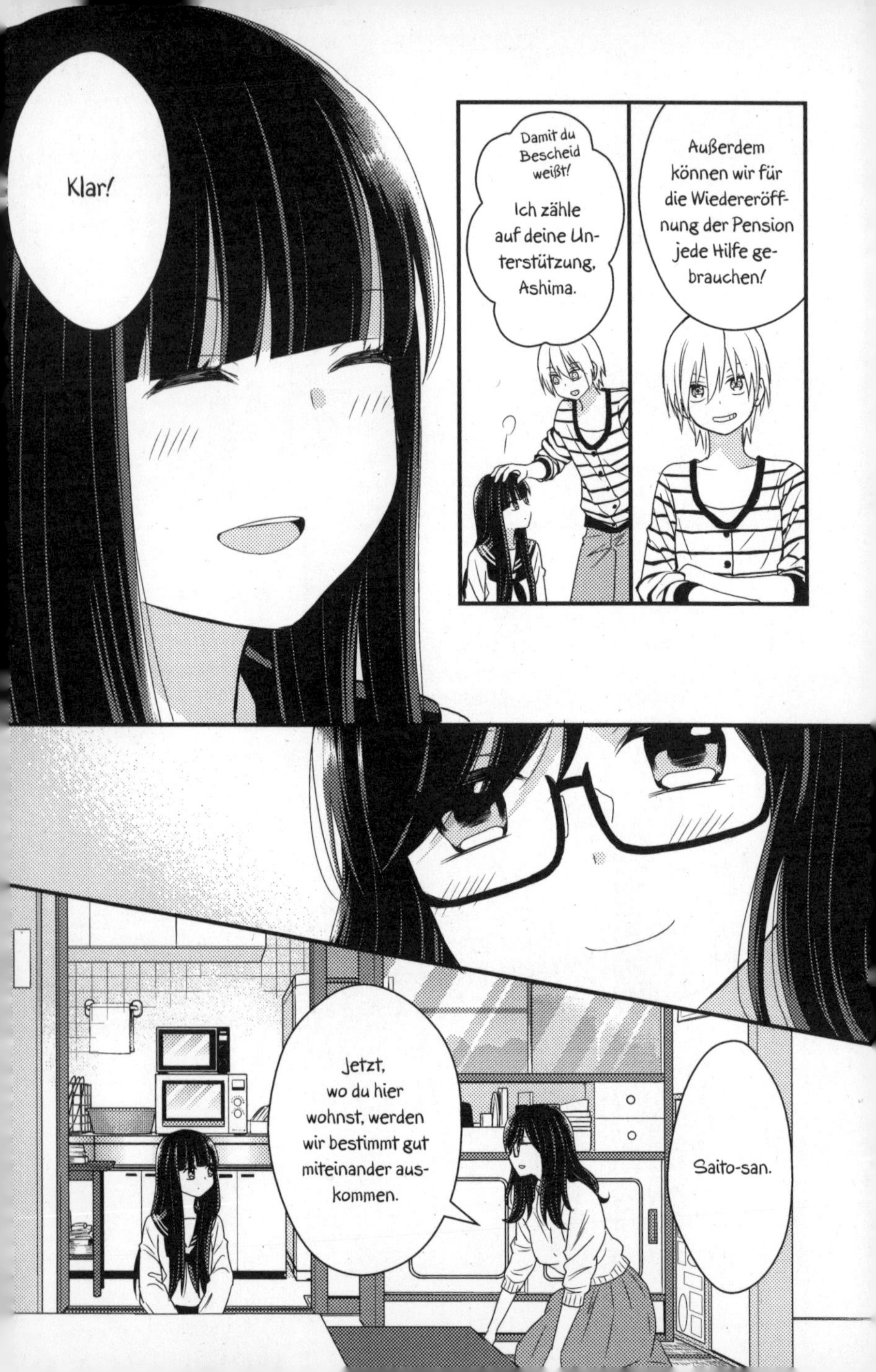
Außerdem können wir für die Wiedereröffnung der Pension jede Hilfe gebrauchen!
Damit du Bescheid weißt!
Ich zähle auf deine Unterstützung, Ashima.
Klar!
Saito-san.
Jetzt, wo du hier wohnst, werden wir bestimmt gut miteinander auskommen.

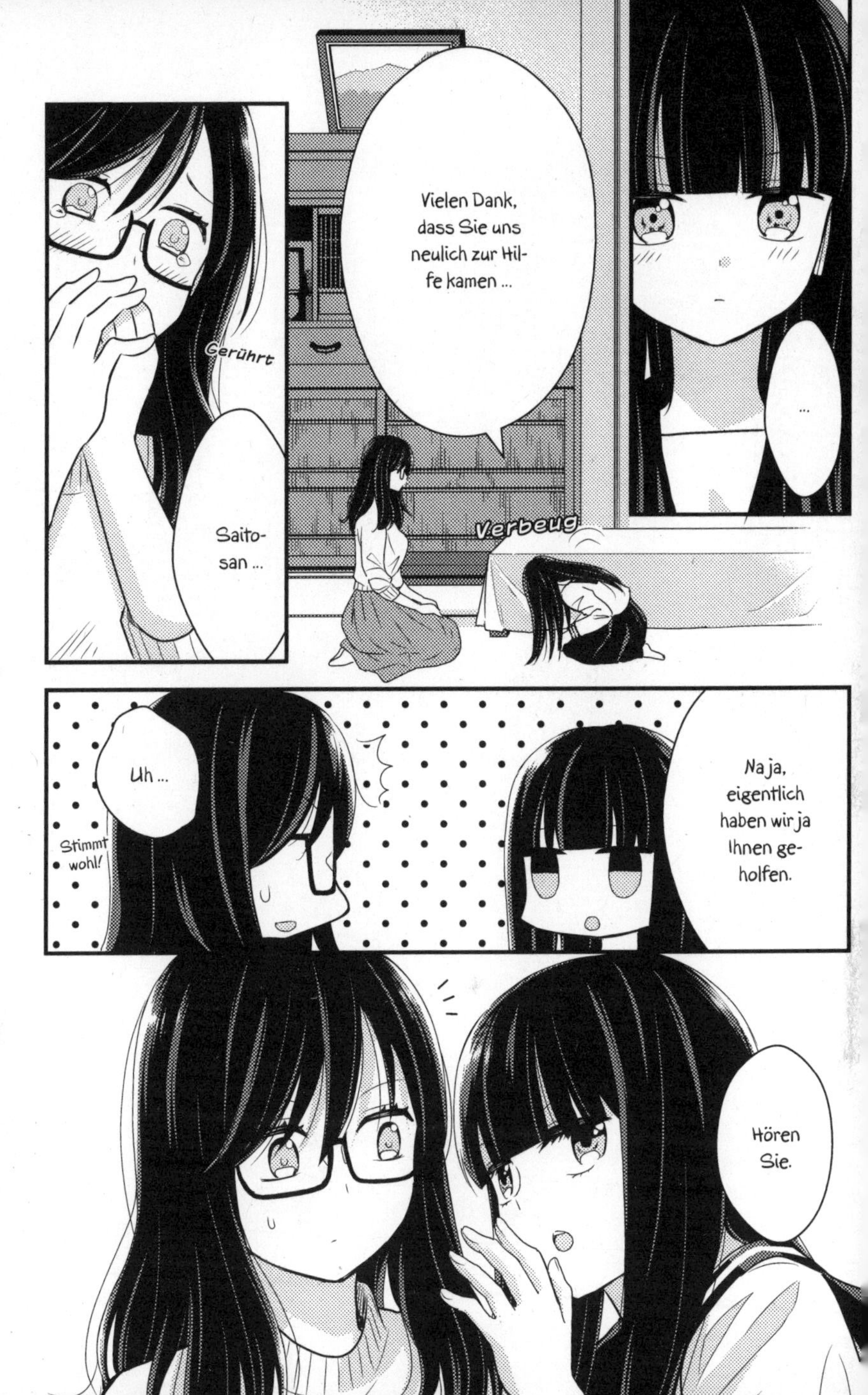
…
Vielen Dank, dass Sie uns neulich zur Hilfe kamen …
Verbeug
Gerührt
Saito-san …
Na ja, eigentlich haben wir ja Ihnen geholfen.
Uh …
Stimmt wohl!
Hören Sie.

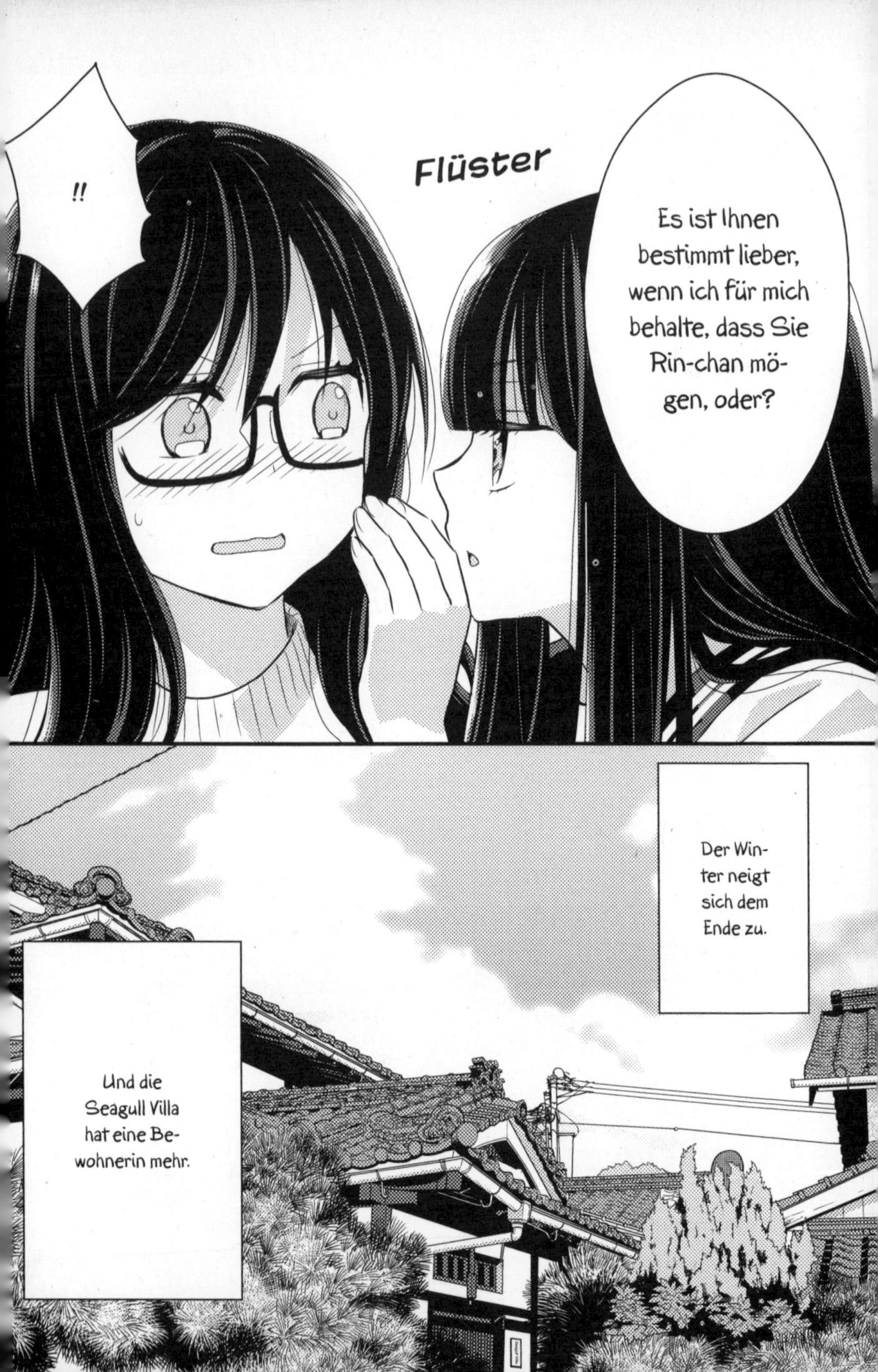
!!
Flüster
Es ist Ihnen bestimmt lieber, wenn ich für mich behalte, dass Sie Rin-chan mö-gen, oder?
Der Win-ter neigt sich dem Ende zu.
Und die Seagull Villa hat eine Be-wohnerin mehr.

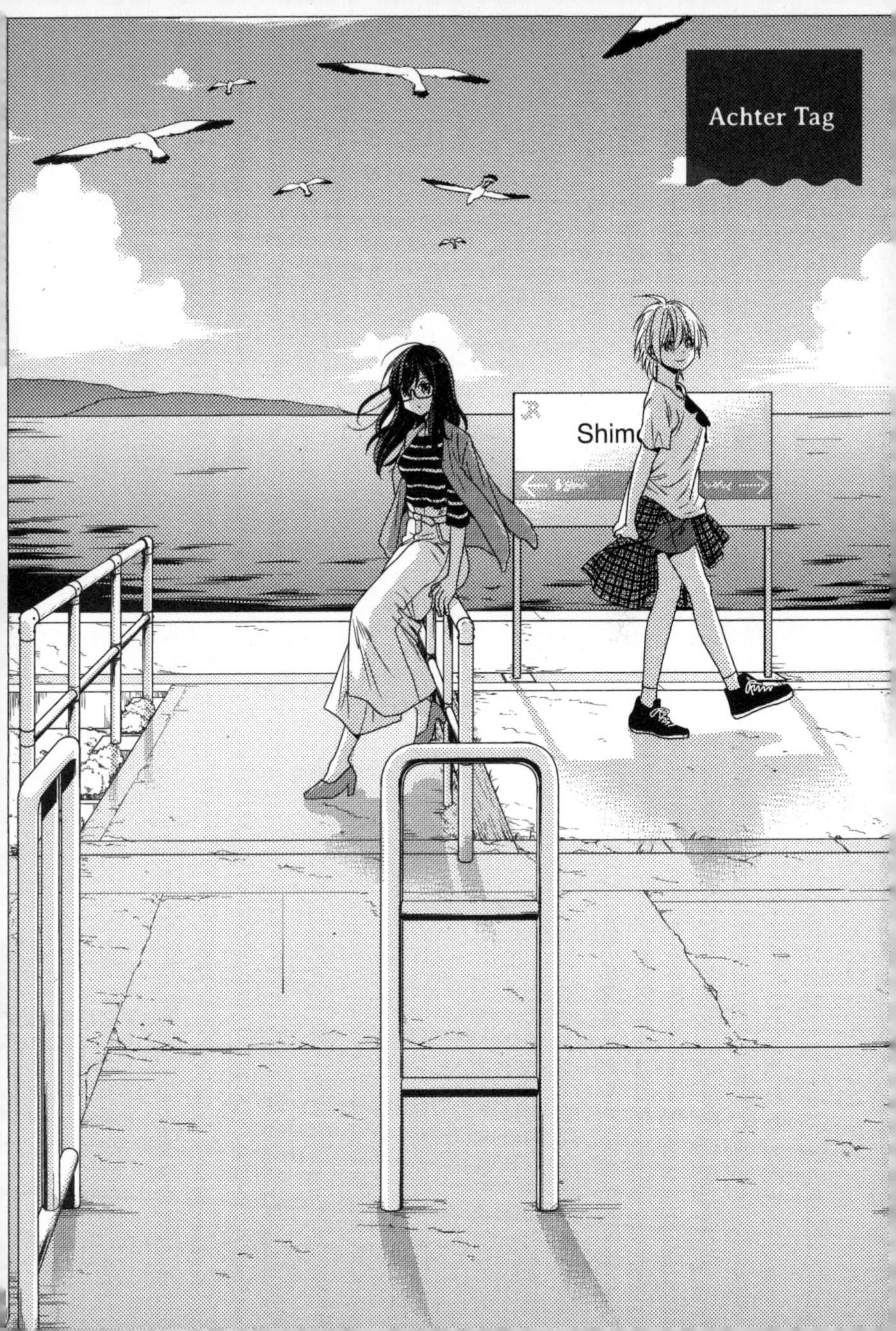
Achter Tag

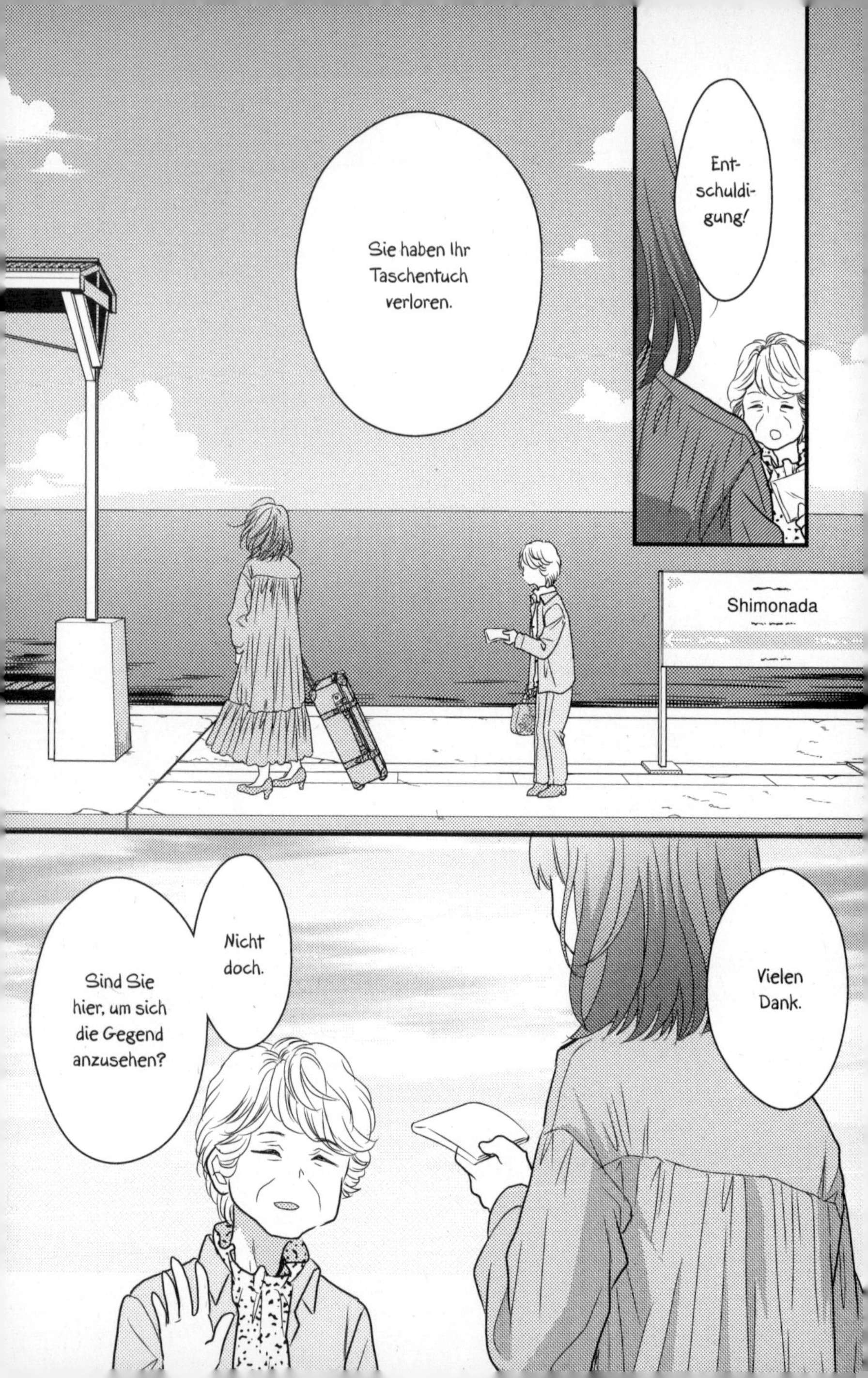
Ent-schuldi-gung!
Sie haben Ihr Taschentuch verloren.
Shimonada
Vielen Dank.
Nicht doch.
Sind Sie hier, um sich die Gegend anzusehen?

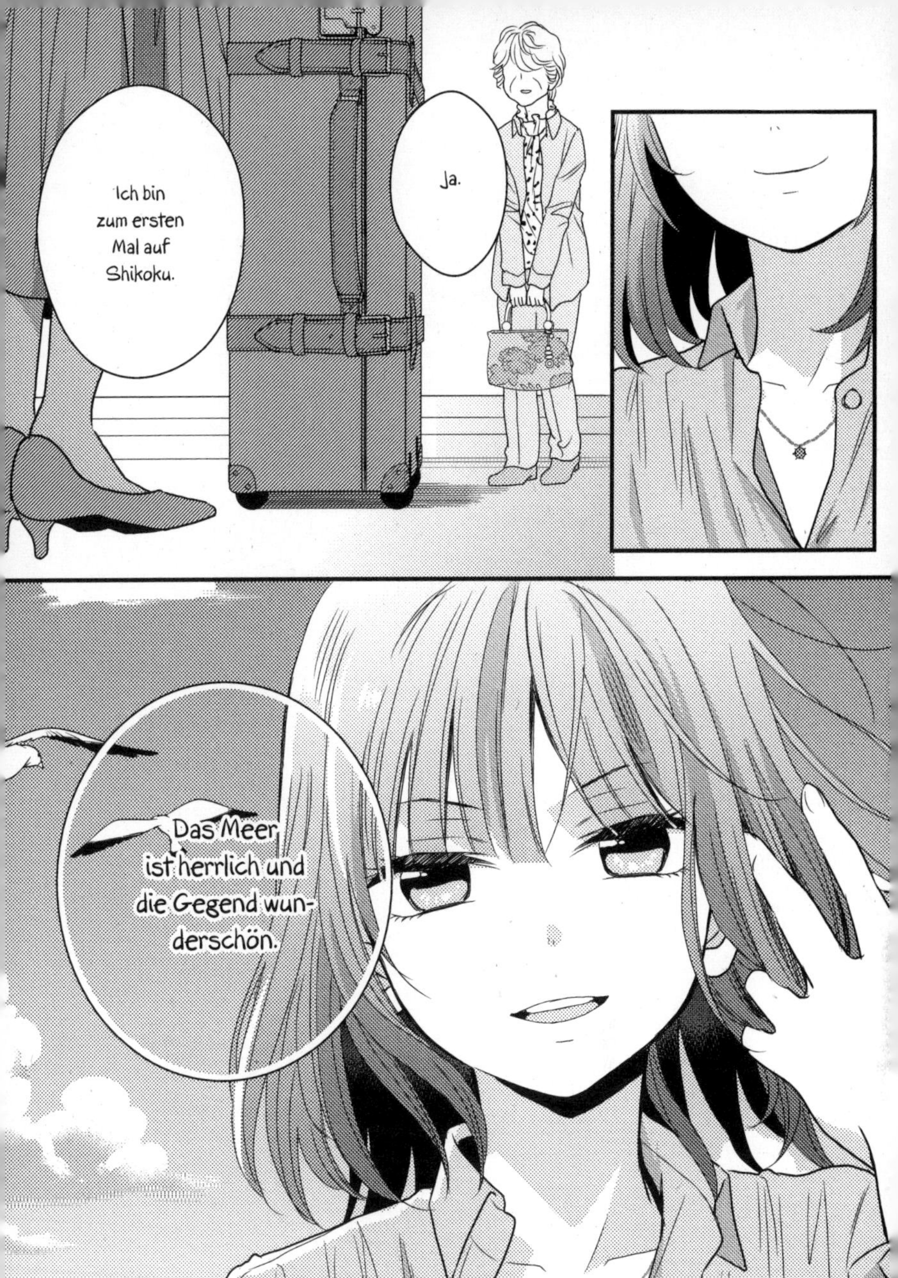
Ja.
Ich bin zum ersten Mal auf Shikoku.
Das Meer ist herrlich und die Gegend wunderschön.

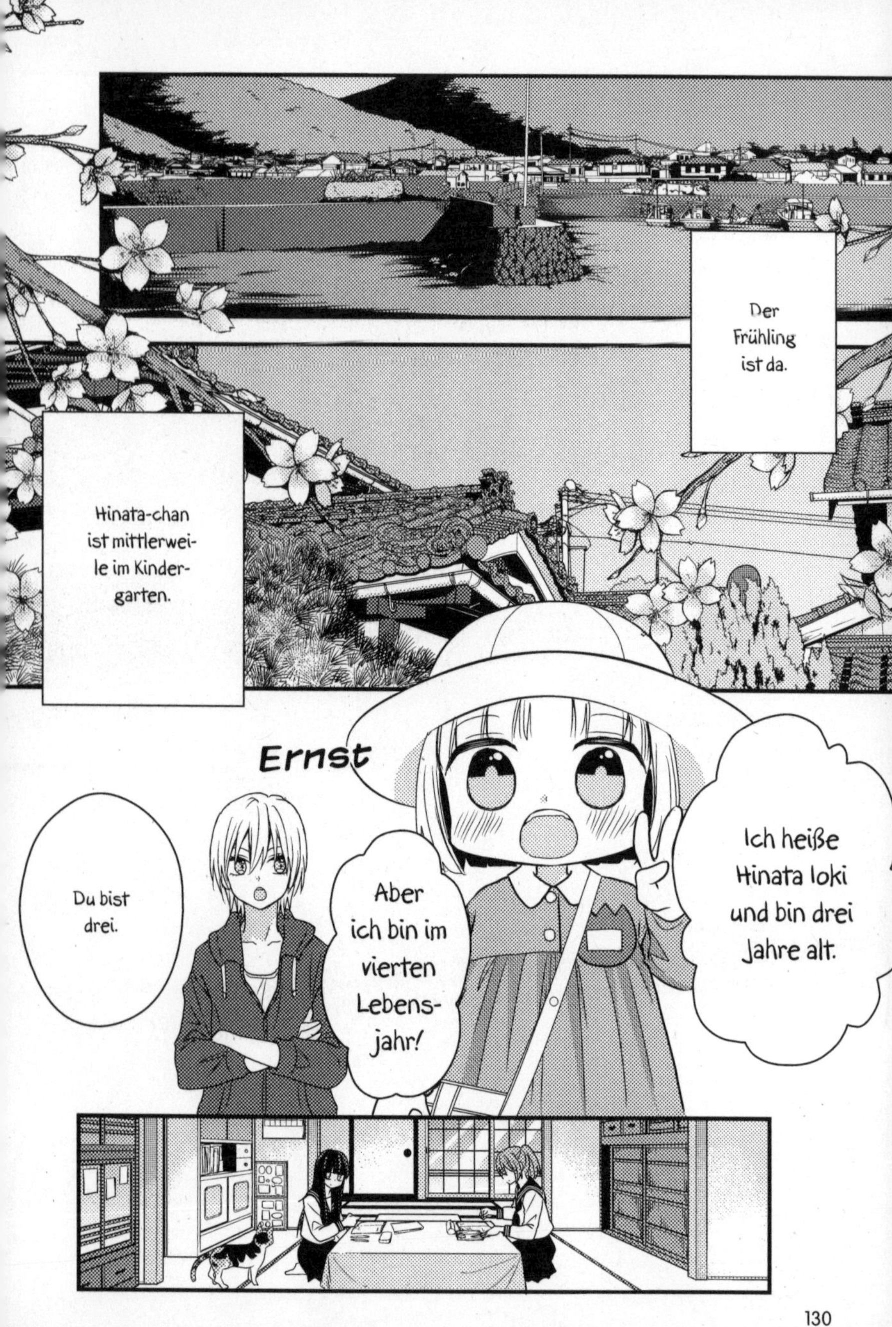

Der Frühling ist da.
Hinata-chan ist mittlerweile im Kindergarten.
Ich heiße Hinata Ioki und bin drei Jahre alt.
Ernst
Aber ich bin im vierten Lebensjahr!
Du bist drei.

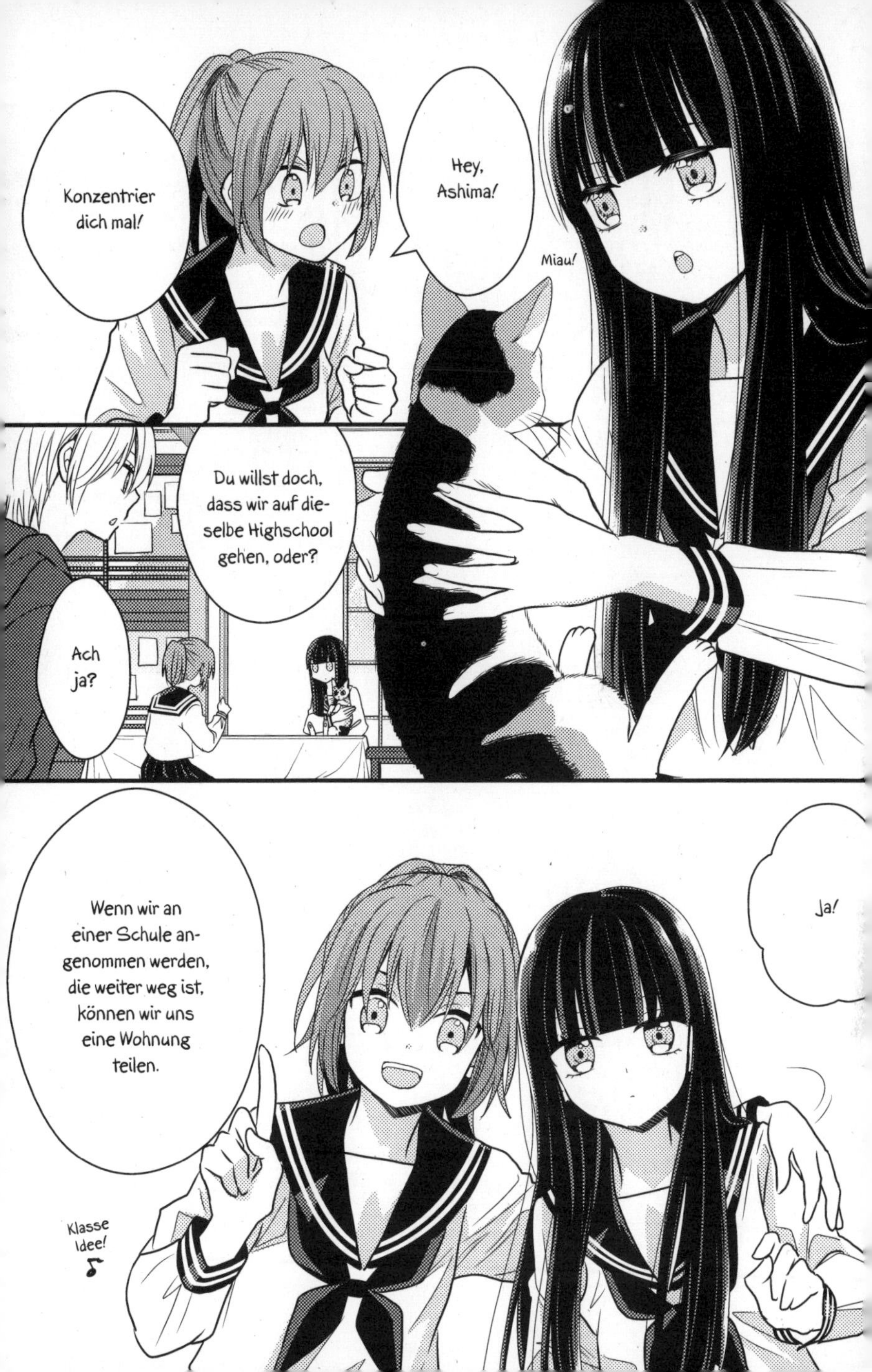
Miau!
Hey, Ashima!
Konzentrier dich mal!
Du willst doch, dass wir auf die-selbe Highschool gehen, oder?
Ach ja?
Wenn wir an einer Schule an-genommen werden, die weiter weg ist, können wir uns eine Wohnung teilen.
Klasse Idee! ♪
Ja!

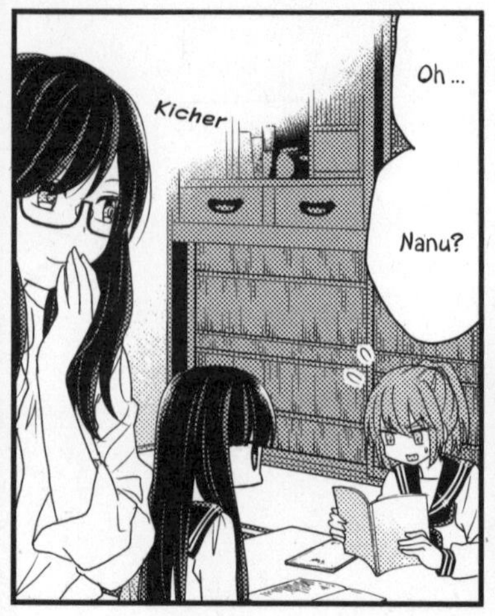
Oh ...
Nanu?
Kicher
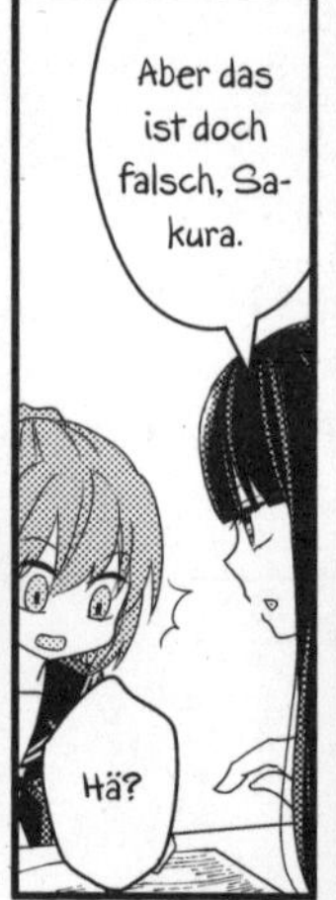
Aber das ist doch falsch, Sakura.
Hä?
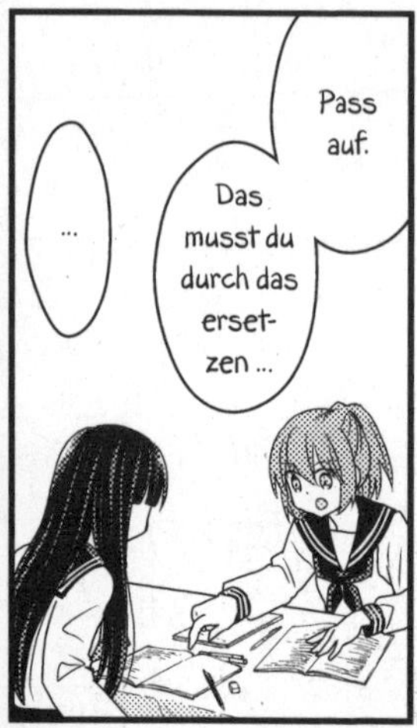
Pass auf.
Das musst du durch das ersetzen ...
...
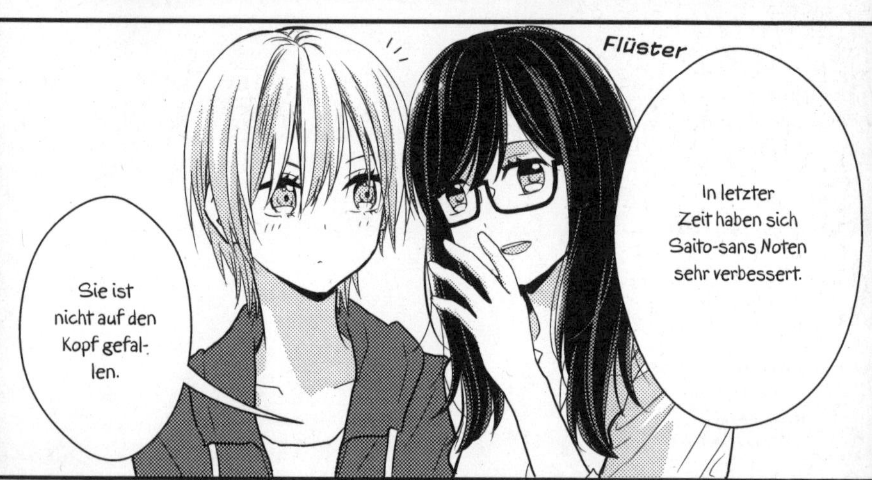
Flüster
In letzter Zeit haben sich Saito-sans Noten sehr verbessert.
Sie ist nicht auf den Kopf gefallen.
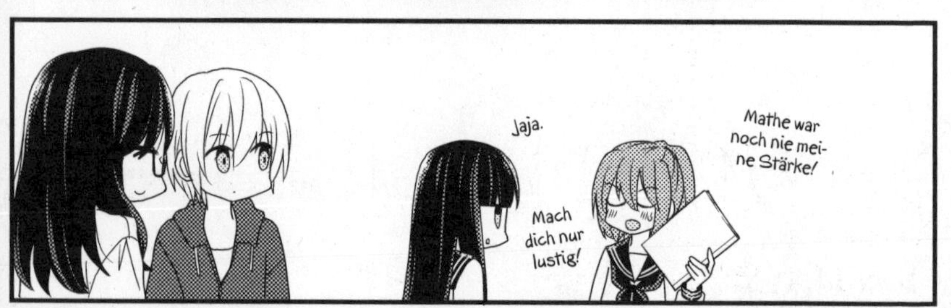
Mathe war noch nie meine Stärke!
Jaja.
Mach dich nur lustig!

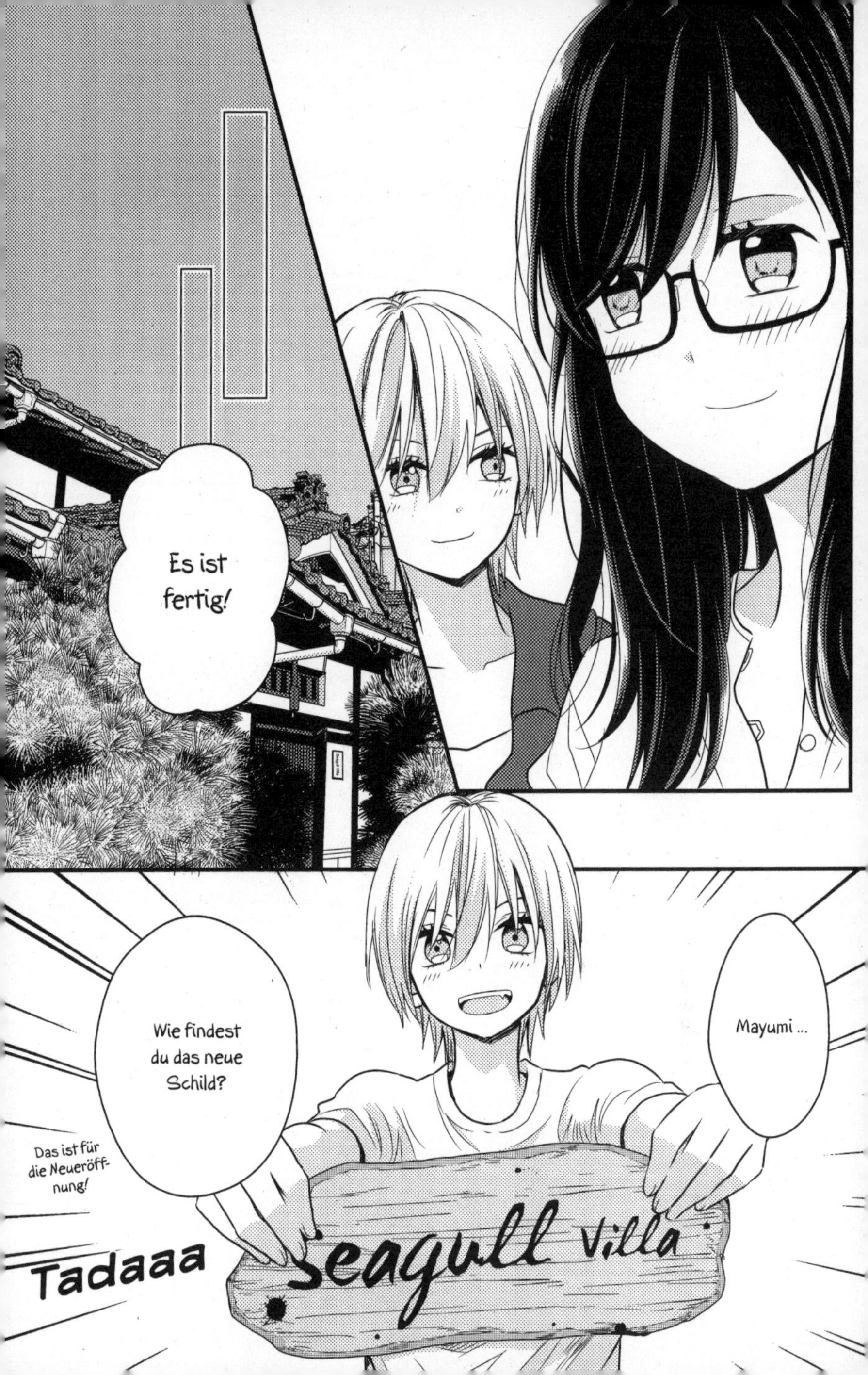
Es ist fertig!
Mayumi ...
Wie findest du das neue Schild?
Das ist für die Neueröff-nung!
Tadaaa
Seagull Villa

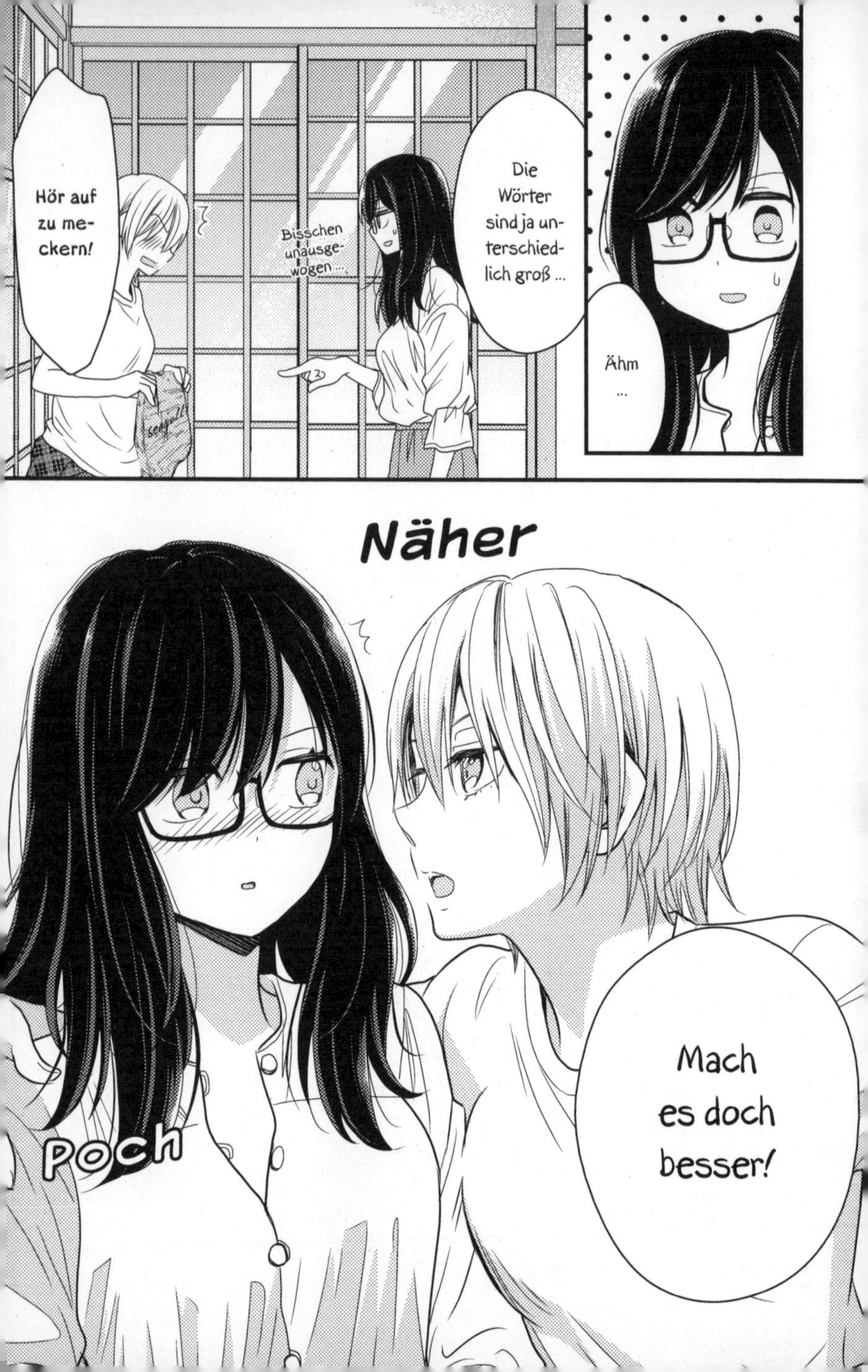

Ähm …

Die Wörter sind ja unterschiedlich groß …

Bisschen unausgewogen …

Hör auf zu meckern!

Näher

Mach es doch besser!

Poch

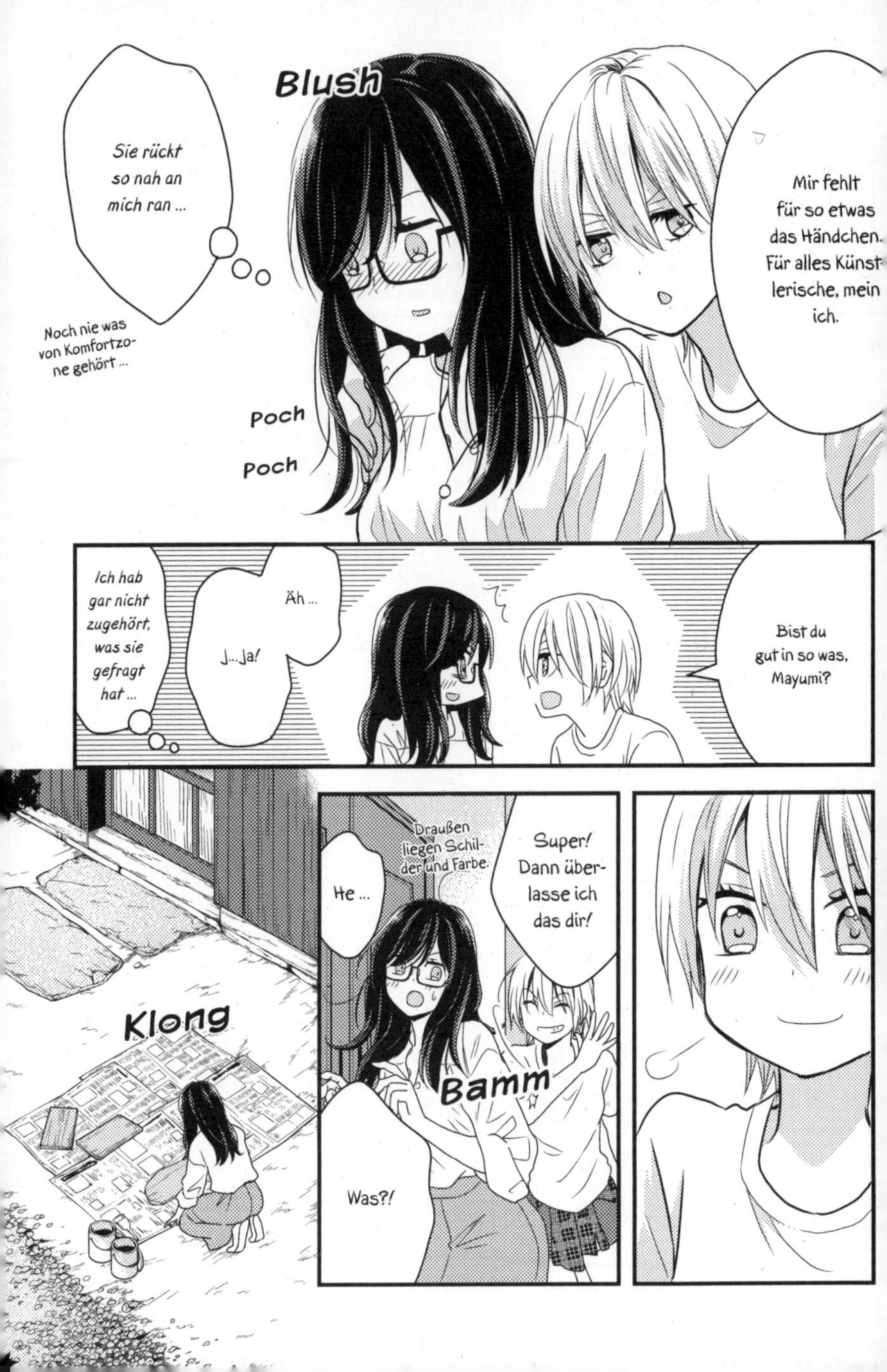

Mir fehlt für so etwas das Händchen. Für alles Künstlerische, mein ich.

Blush

Sie rückt so nah an mich ran ...

Poch

Poch

Noch nie was von Komfortzone gehört ...

Bist du gut in so was, Mayumi?

Äh ...

J...Ja!

Ich hab gar nicht zugehört, was sie gefragt hat ...

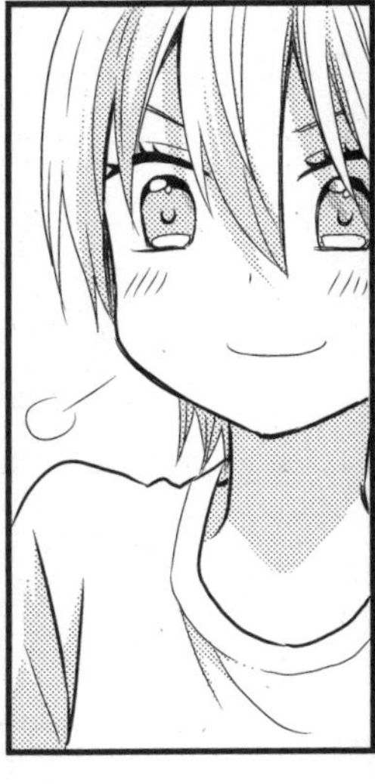

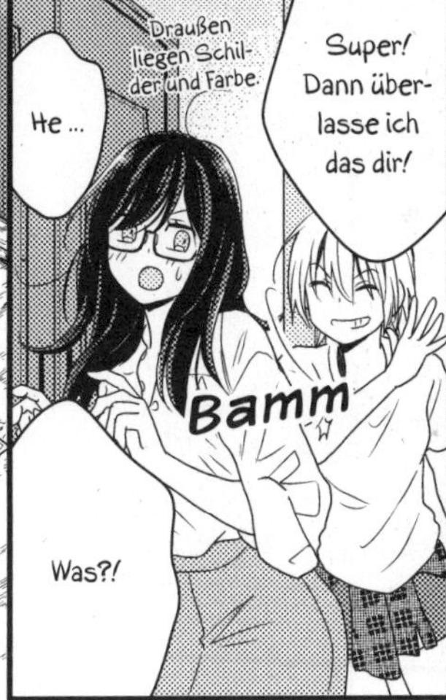

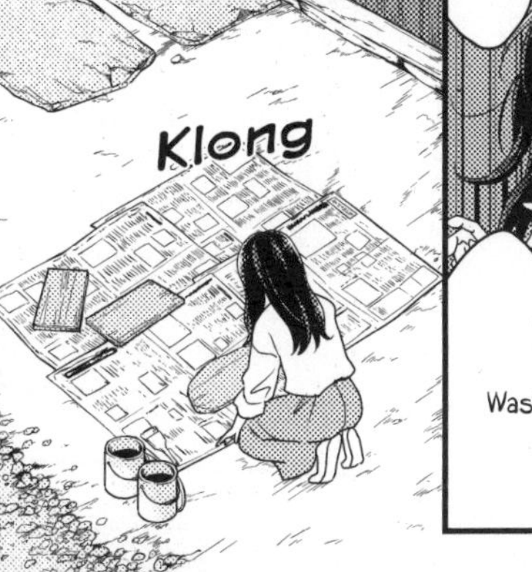

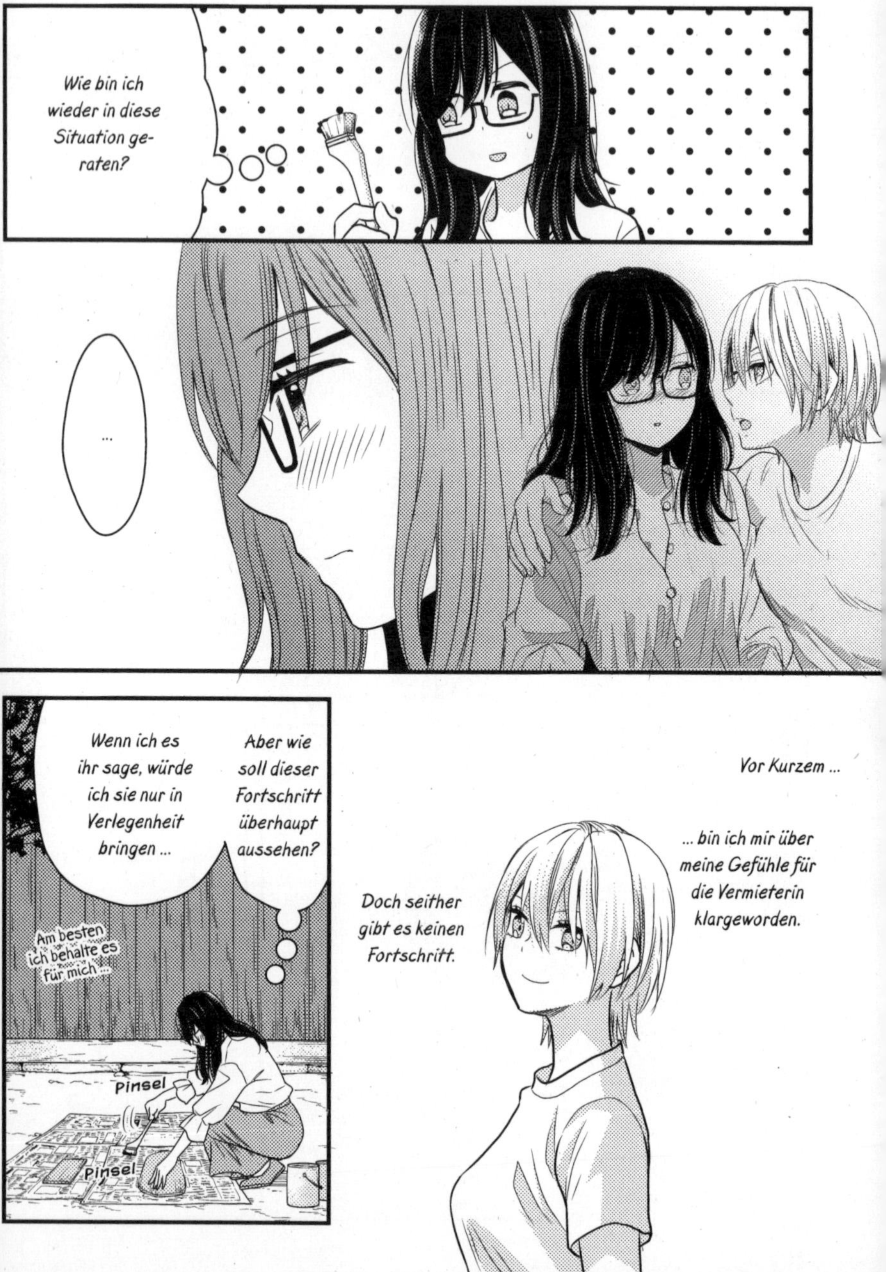

Wie bin ich wieder in diese Situation geraten?

...

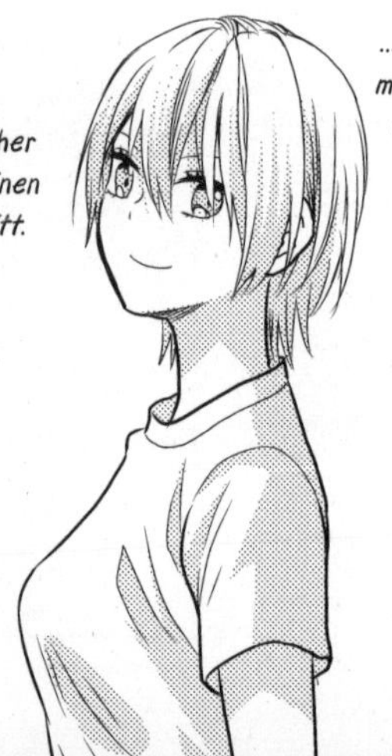

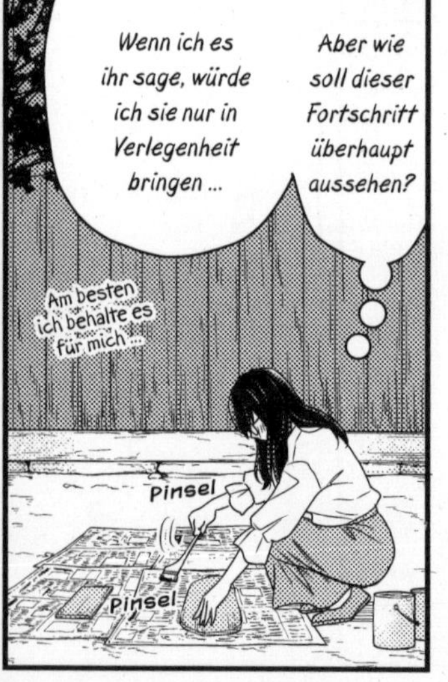

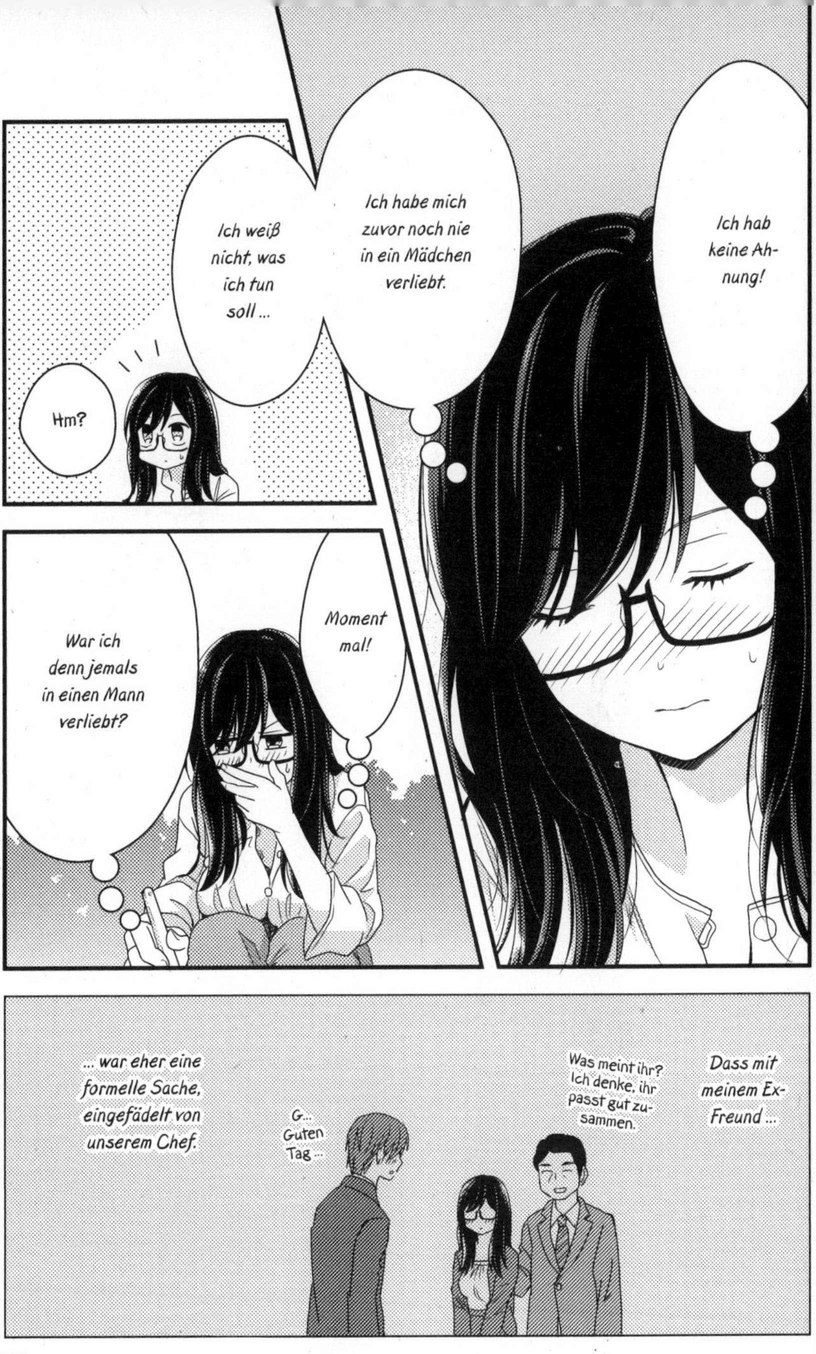

Ich hab keine Ahnung!

Ich habe mich zuvor noch nie in ein Mädchen verliebt.

Ich weiß nicht, was ich tun soll ...

Hm?

Moment mal!

War ich denn jemals in einen Mann verliebt?

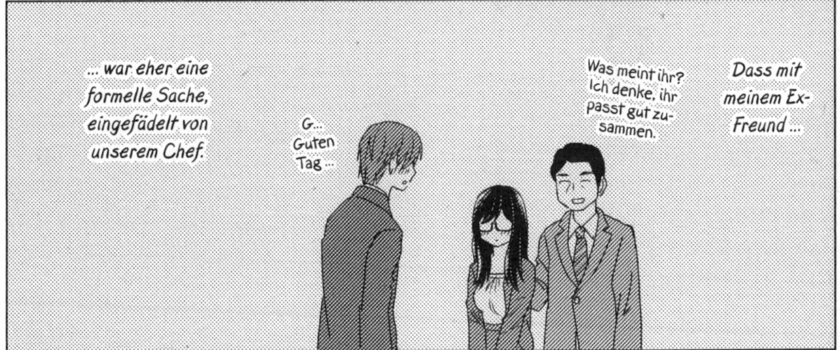

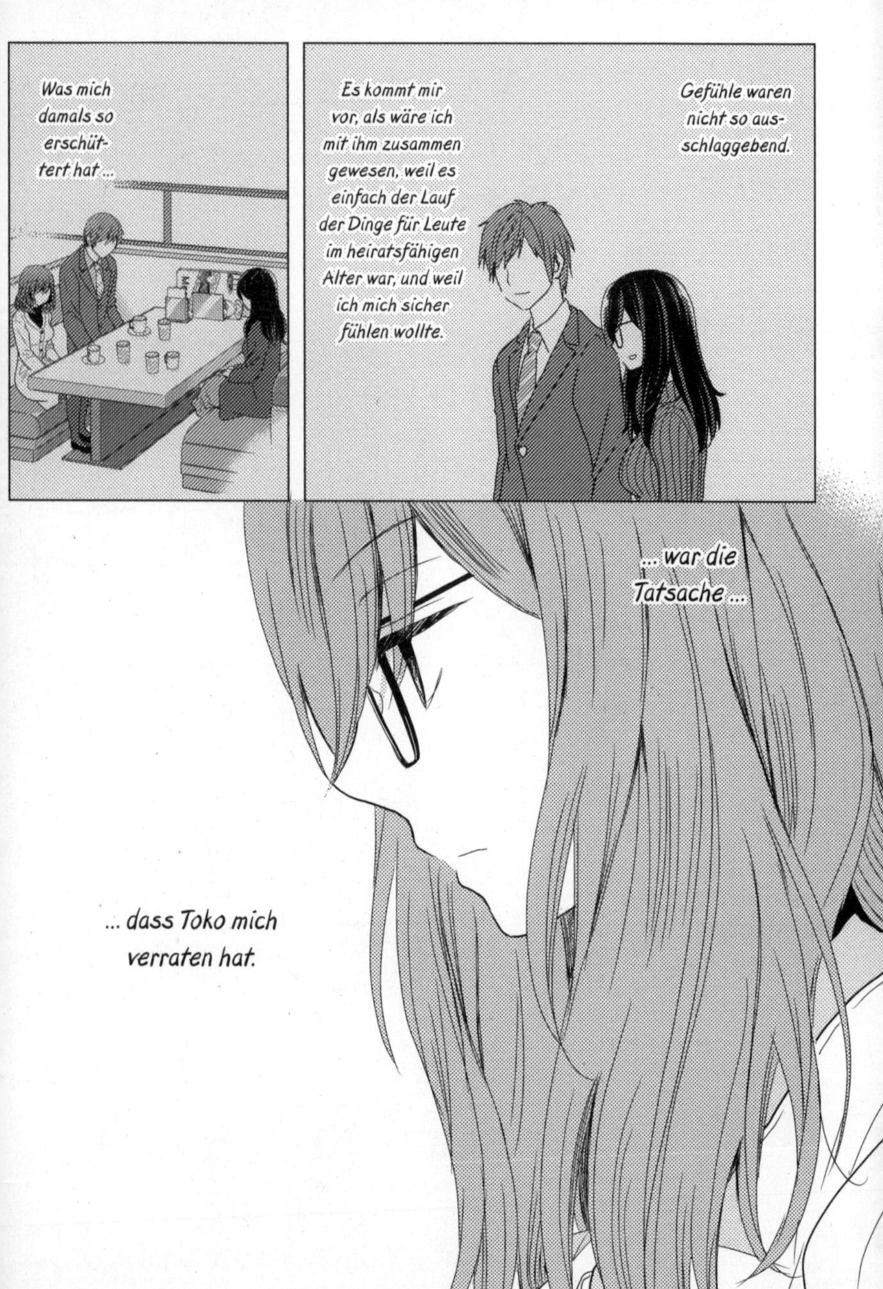
Gefühle waren nicht so ausschlaggebend.
Es kommt mir vor, als wäre ich mit ihm zusammen gewesen, weil es einfach der Lauf der Dinge für Leute im heiratsfähigen Alter war, und weil ich mich sicher fühlen wollte.
Was mich damals so erschüttert hat ...
... war die Tatsache ...
... dass Toko mich verraten hat.

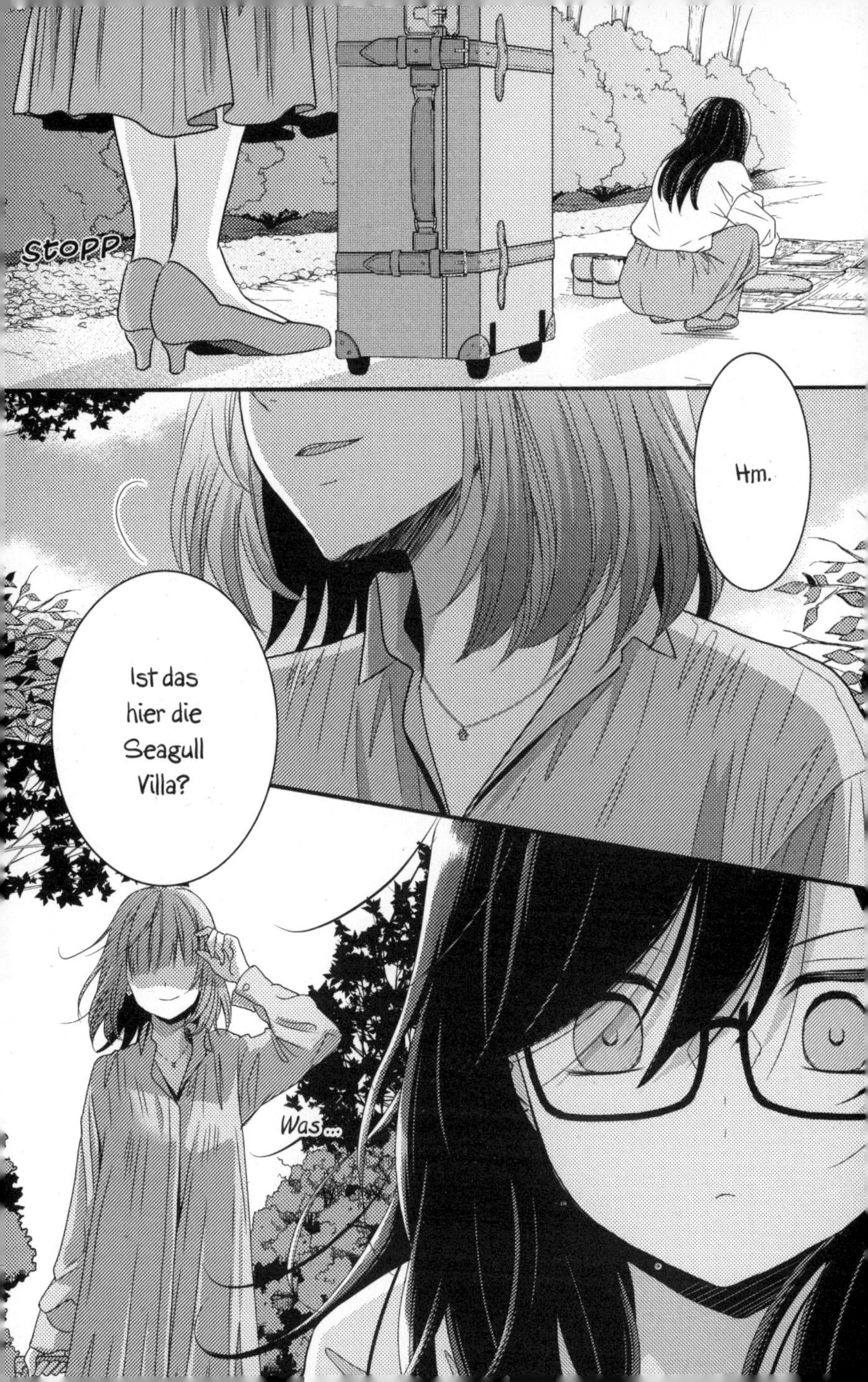
STOPP
Hm.
Ist das hier die Seagull Villa?
Was ...

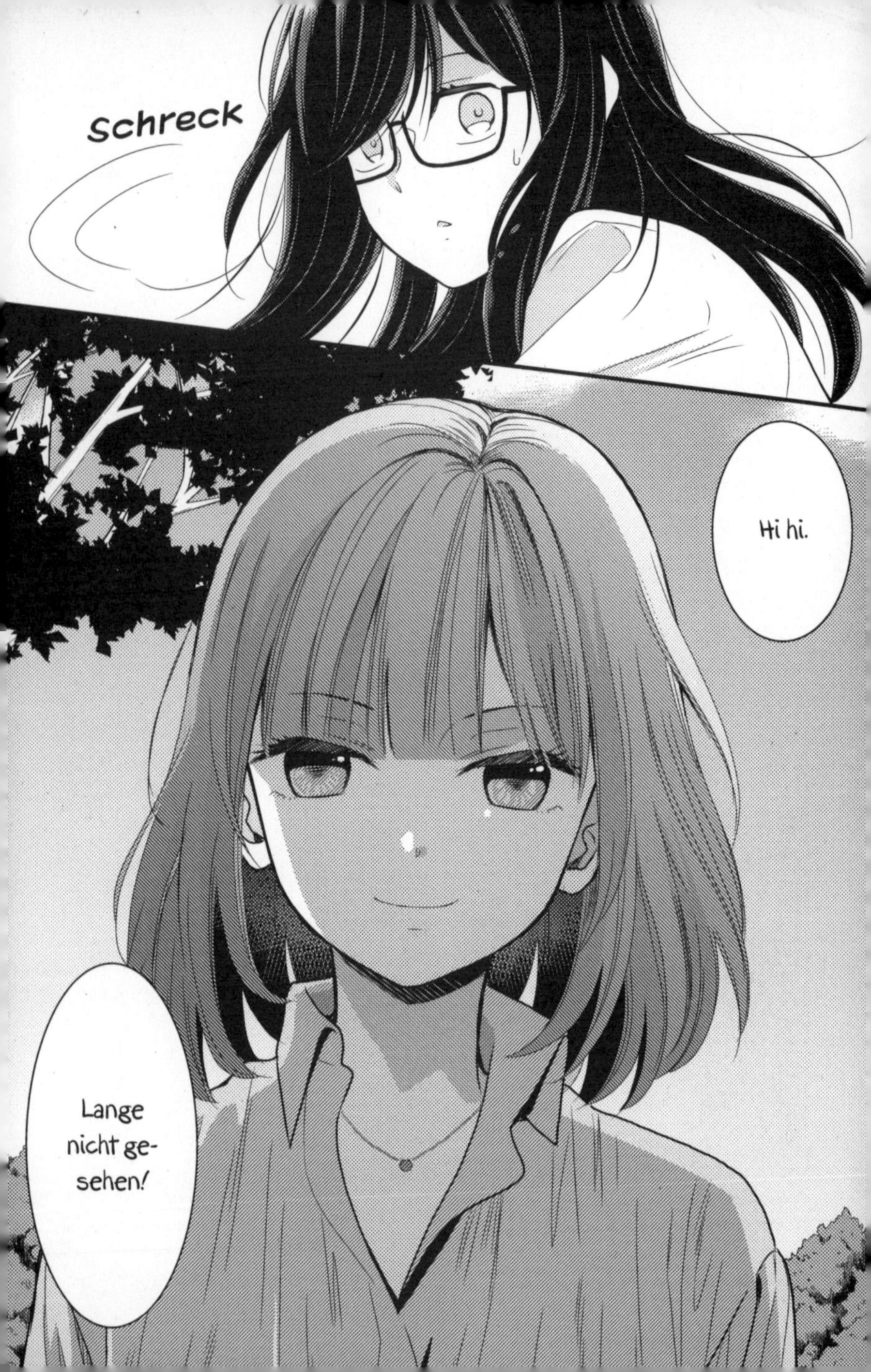
Schreck
Hi hi.
Lange nicht ge- sehen!

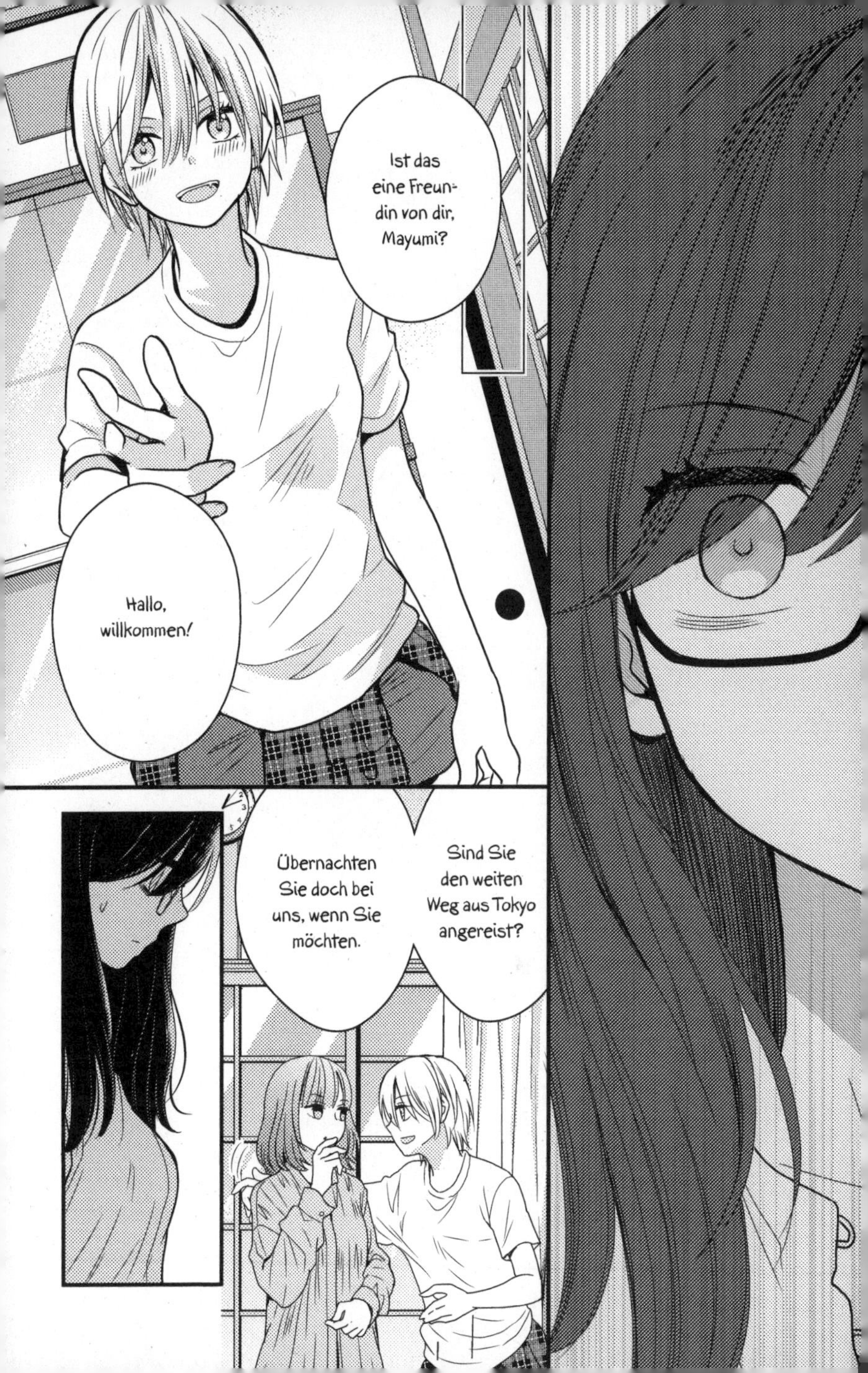
Ist das eine Freundin von dir, Mayumi?
Hallo, willkommen!
Sind Sie den weiten Weg aus Tokyo angereist?
Übernachten Sie doch bei uns, wenn Sie möchten.

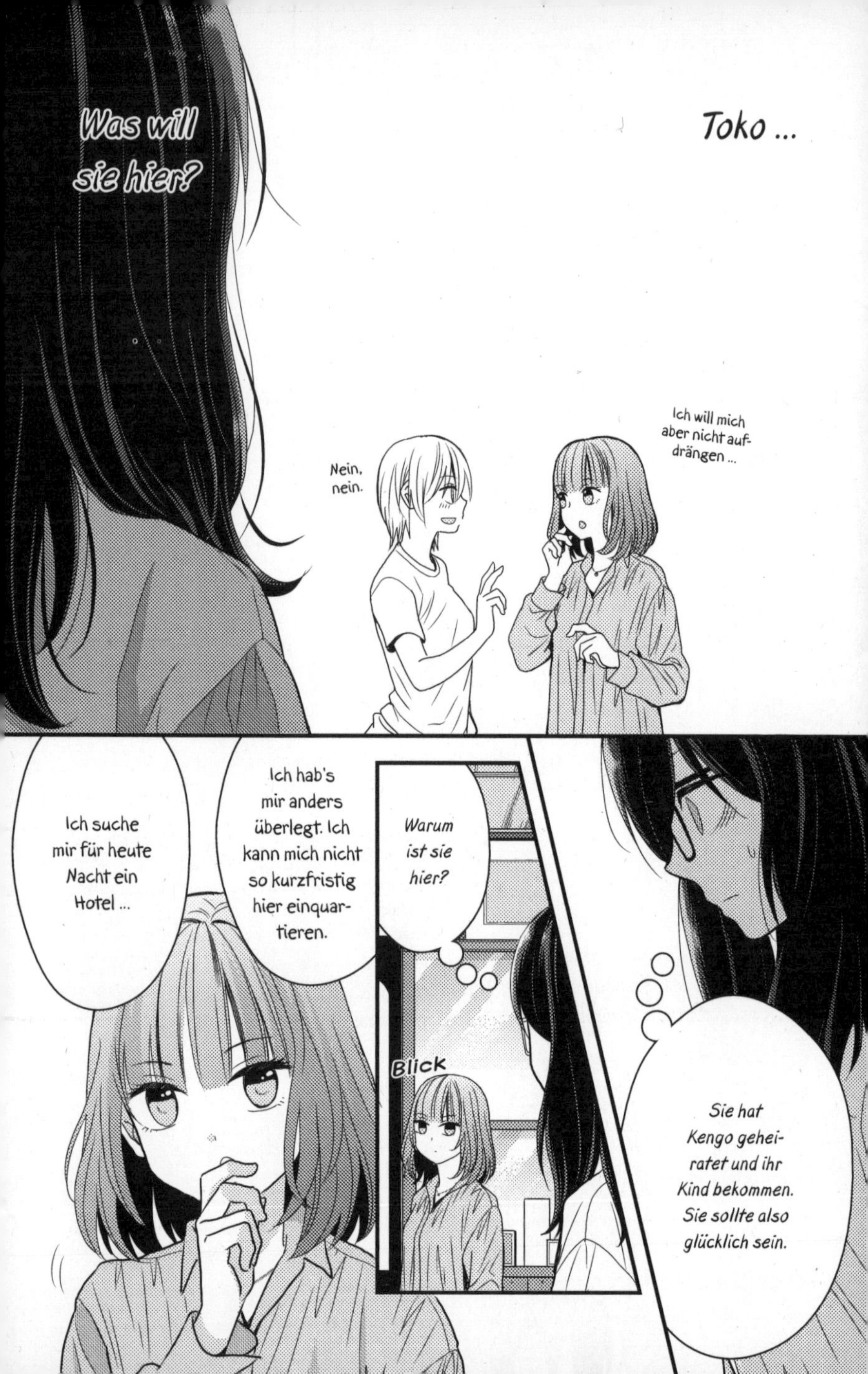
Toko ...
Was will sie hier?
Ich will mich aber nicht aufdrängen ...
Nein, nein.
Sie hat Kengo geheiratet und ihr Kind bekommen. Sie sollte also glücklich sein.
Warum ist sie hier?
Blick
Ich hab's mir anders überlegt. Ich kann mich nicht so kurzfristig hier einquartieren.
Ich suche mir für heute Nacht ein Hotel ...

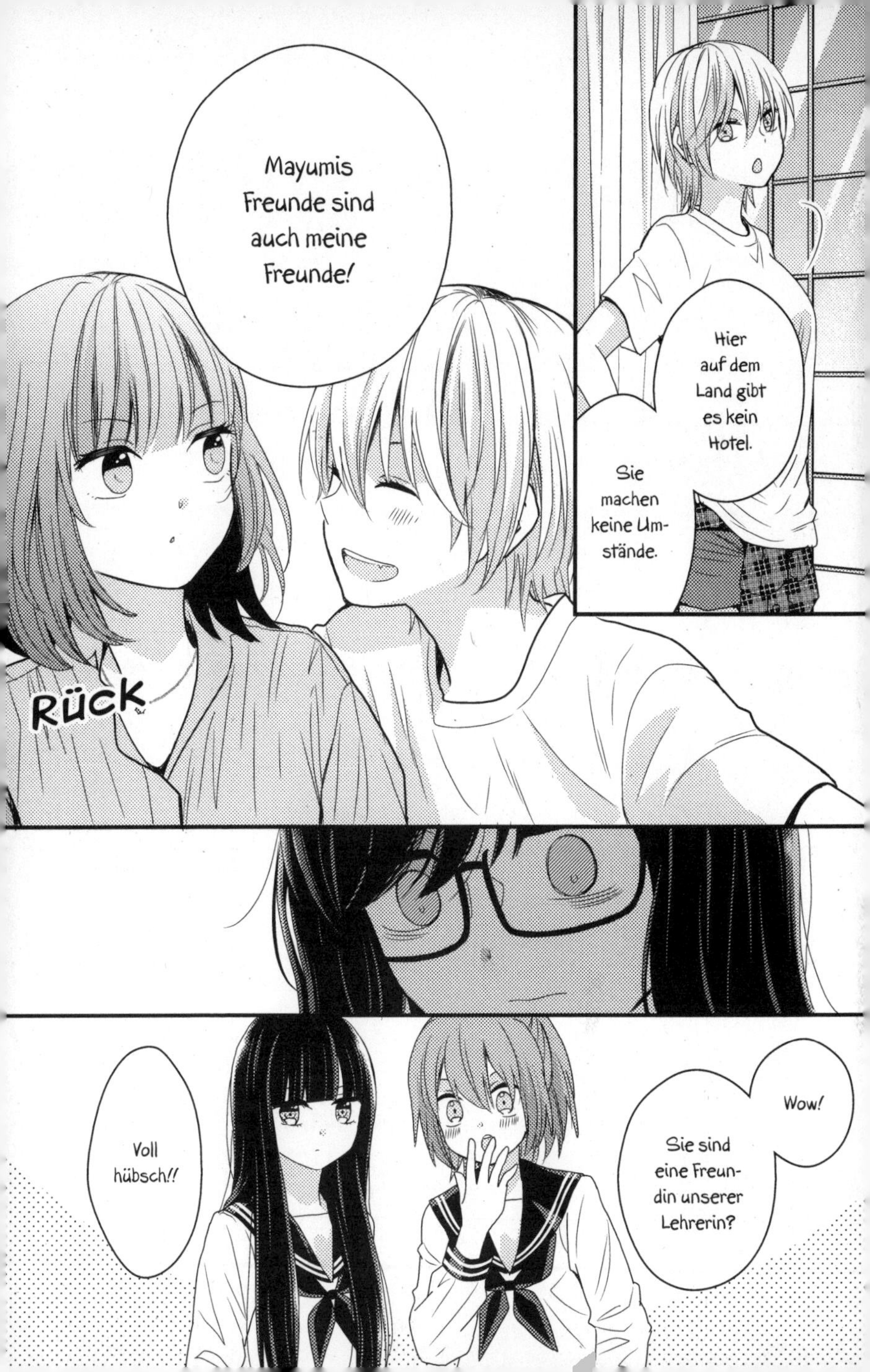
Hier auf dem Land gibt es kein Hotel.
Sie machen keine Umstände.
Mayumis Freunde sind auch meine Freunde!
RÜCK
Wow!
Sie sind eine Freundin unserer Lehrerin?
Voll hübsch!!

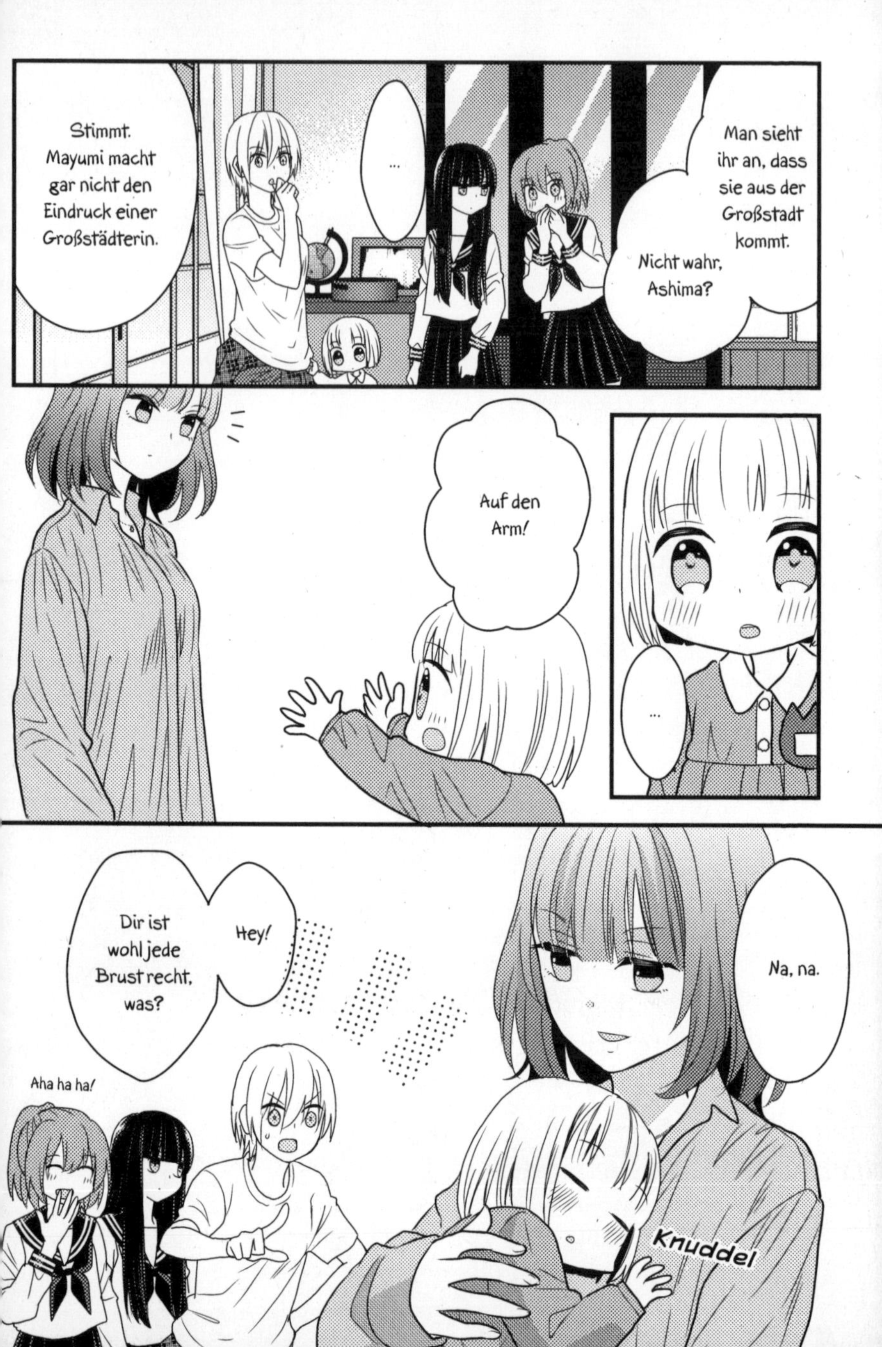
Man sieht ihr an, dass sie aus der Großstadt kommt.
Nicht wahr, Ashima?
...
Stimmt. Mayumi macht gar nicht den Eindruck einer Großstädterin.
...
Auf den Arm!
Na, na.
Knuddel
Hey!
Dir ist wohl jede Brust recht, was?
Aha ha ha!

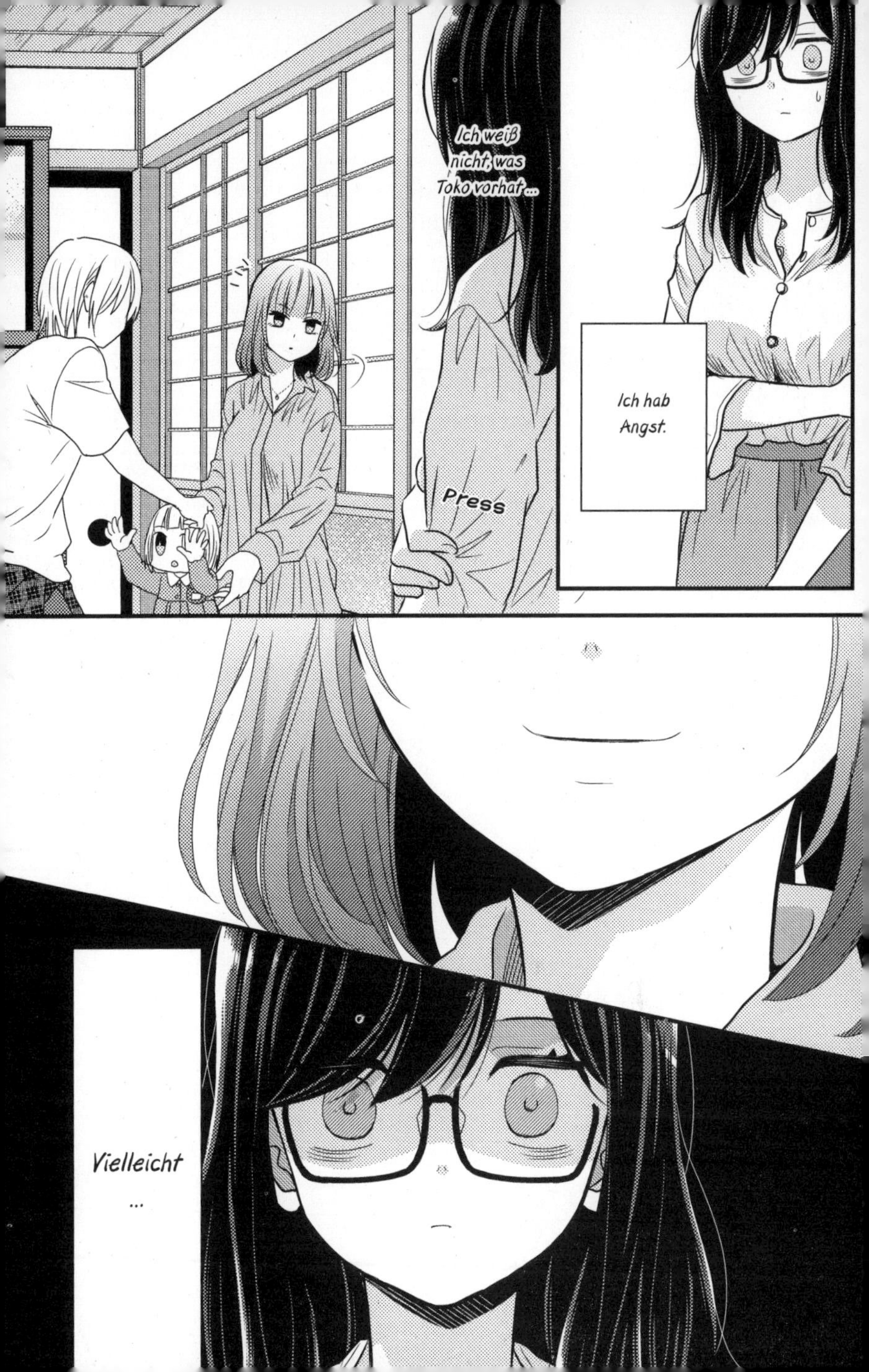

Ich hab Angst.
Ich weiß nicht, was Toko vorhat ...
Press
Vielleicht ...

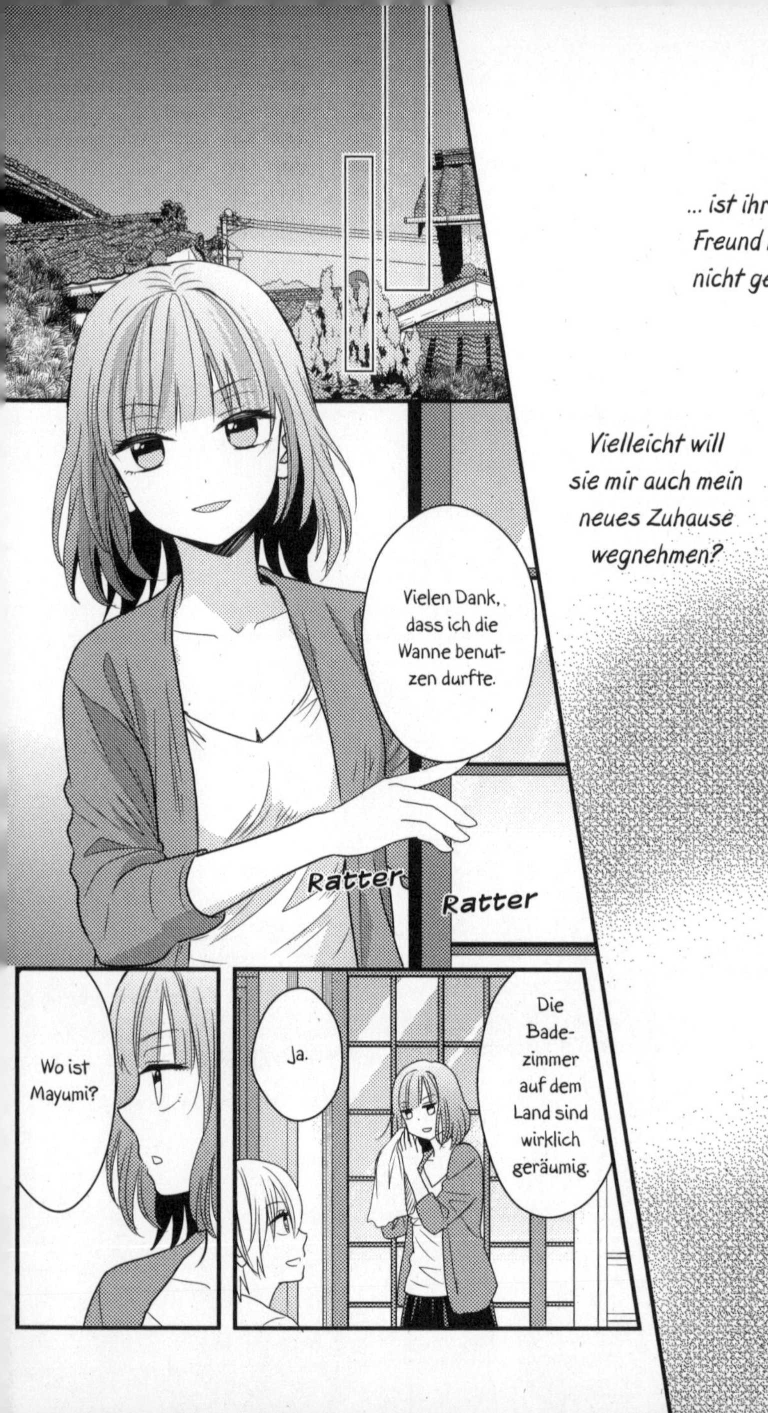
... ist ihr mein Freund noch nicht genug.
Vielleicht will sie mir auch mein neues Zuhause wegnehmen?
Vielen Dank, dass ich die Wanne benutzen durfte.
Ratter
Ratter
Die Badezimmer auf dem Land sind wirklich geräumig.
Ja.
Wo ist Mayumi?

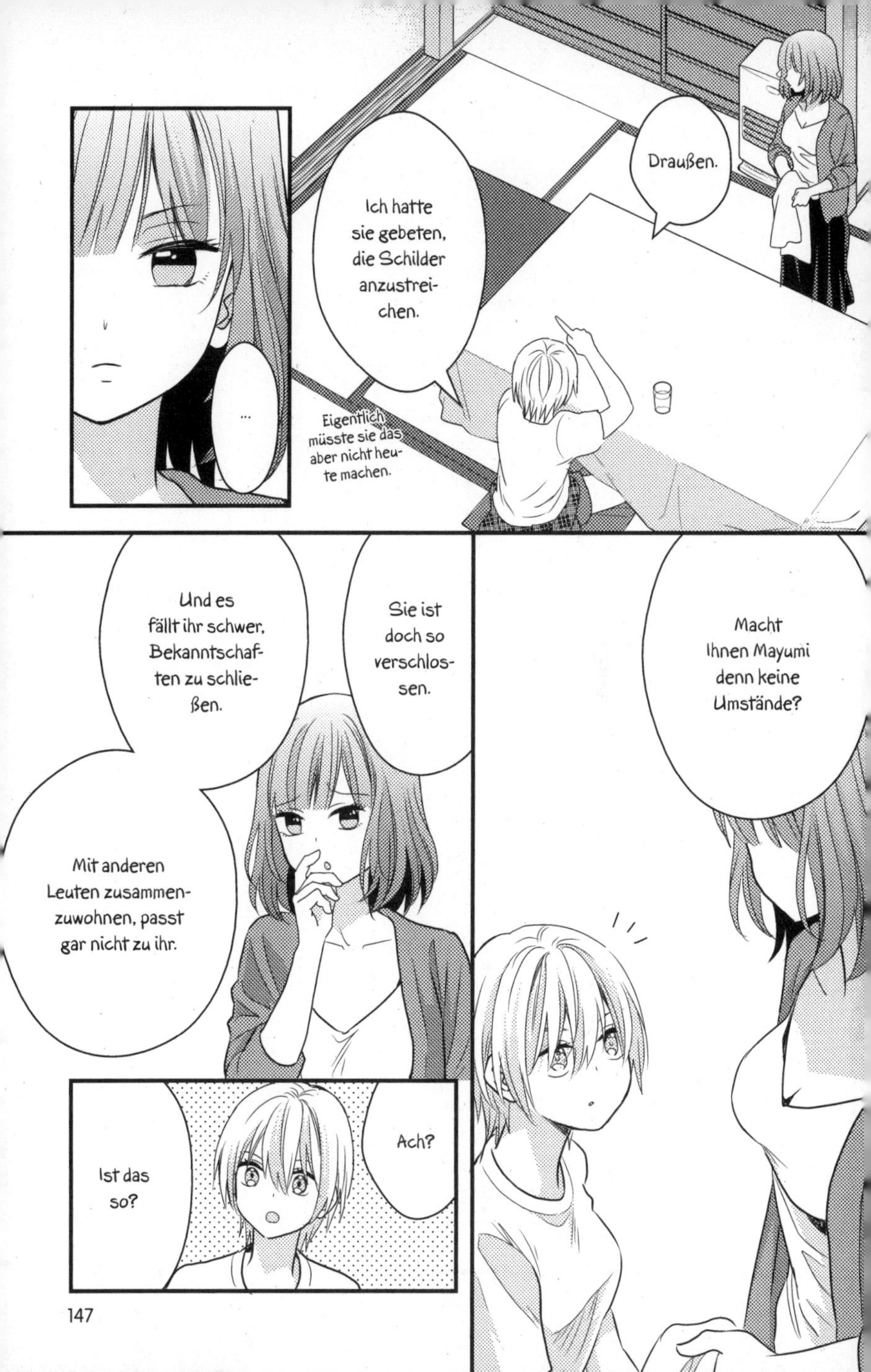
Draußen.
Ich hatte sie gebeten, die Schilder anzustrei-chen.
Eigentlich müsste sie das aber nicht heu-te machen.
...
Macht Ihnen Mayumi denn keine Umstände?
Sie ist doch so verschlos-sen.
Und es fällt ihr schwer, Bekanntschaf-ten zu schlie-ßen.
Mit anderen Leuten zusammen-zuwohnen, passt gar nicht zu ihr.
Ach?
Ist das so?

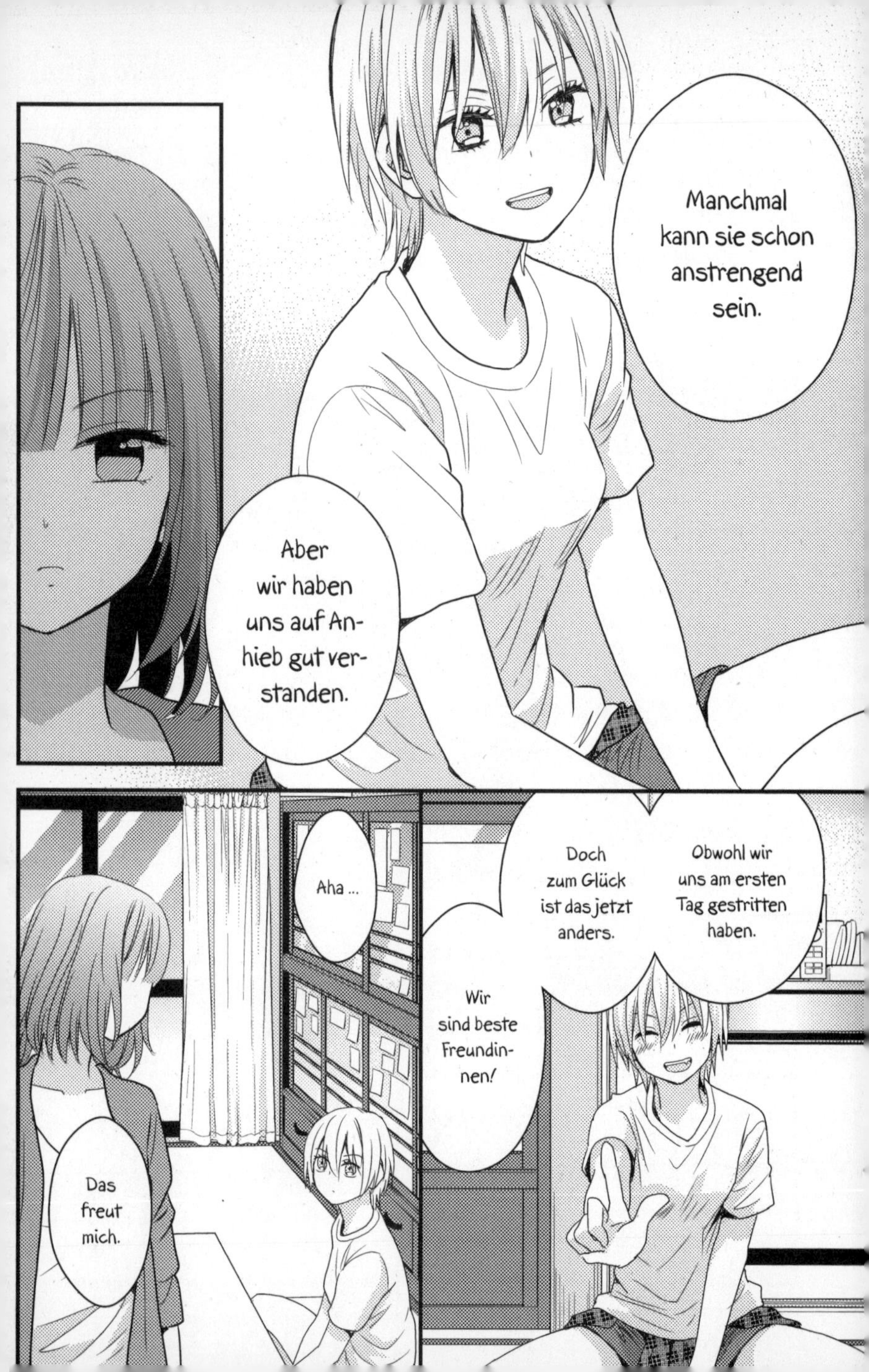
Manchmal kann sie schon anstrengend sein.
Aber wir haben uns auf Anhieb gut verstanden.
Obwohl wir uns am ersten Tag gestritten haben.
Doch zum Glück ist das jetzt anders.
Aha ...
Wir sind beste Freundinnen!
Das freut mich.

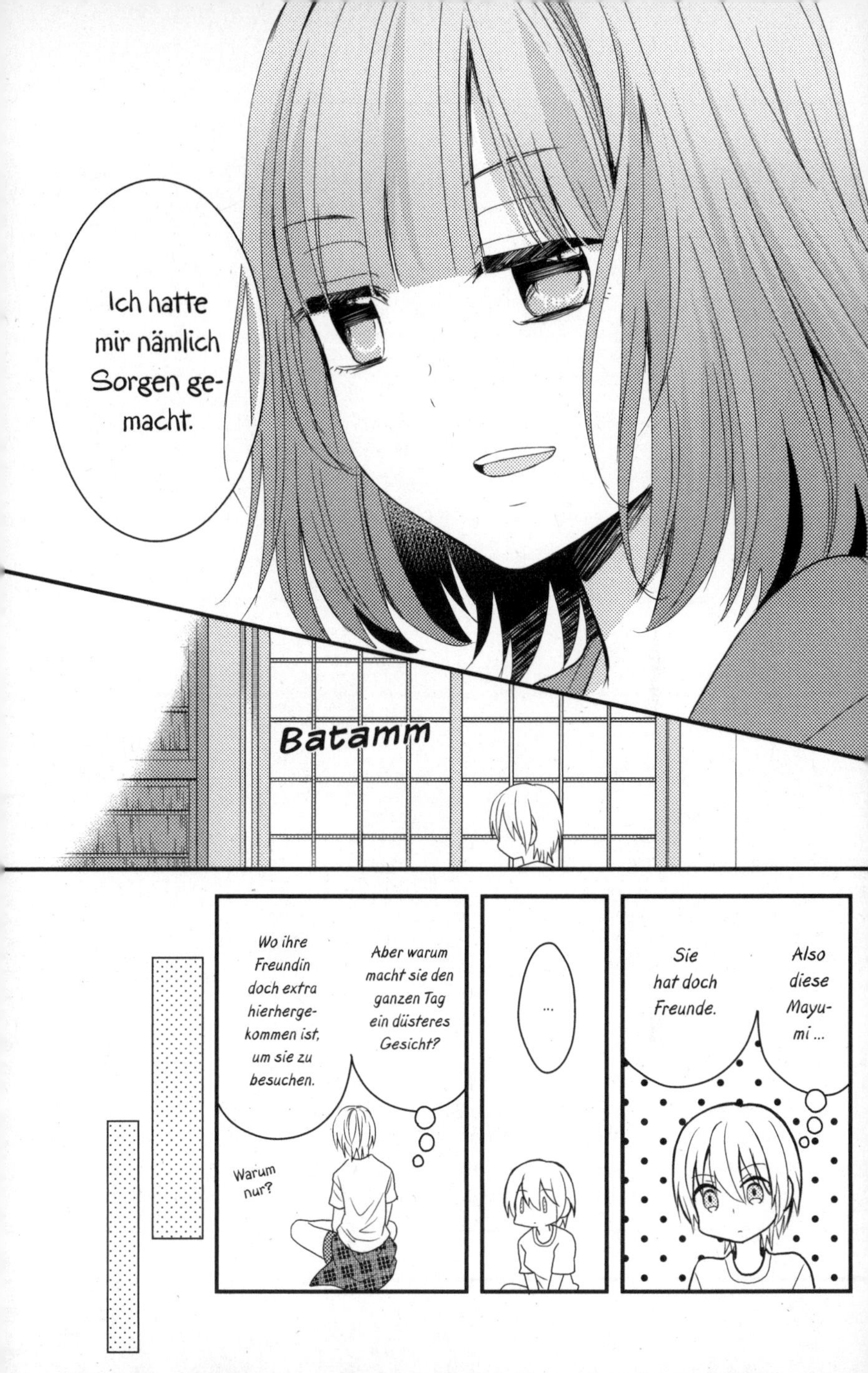
Ich hatte mir nämlich Sorgen gemacht.
Batamm
Also diese Mayumi ...
Sie hat doch Freunde.
...
Aber warum macht sie den ganzen Tag ein düsteres Gesicht?
Wo ihre Freundin doch extra hierhergekommen ist, um sie zu besuchen.
Warum nur?

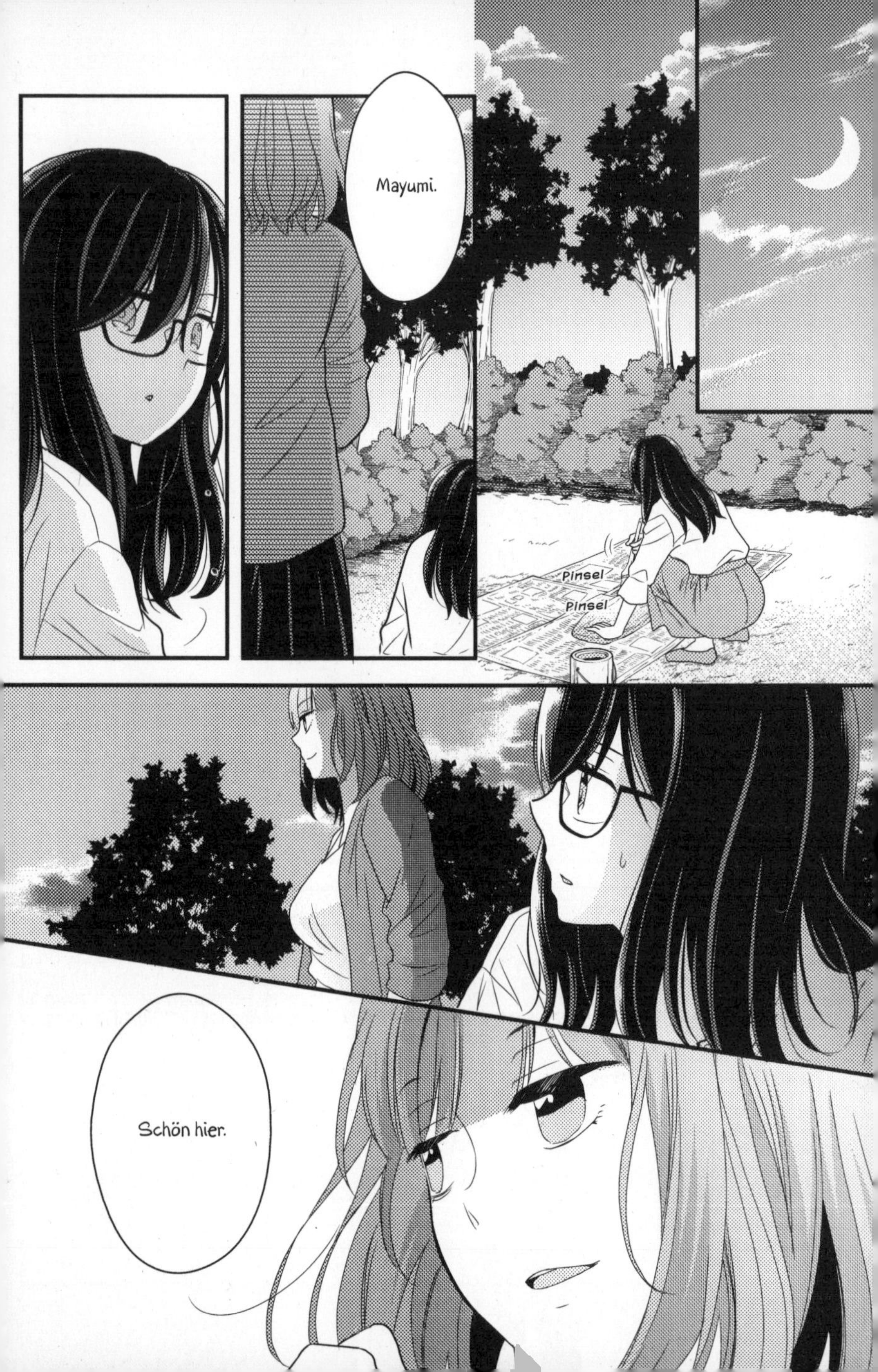
Pinsel
Pinsel
Mayumi.
Schön hier.

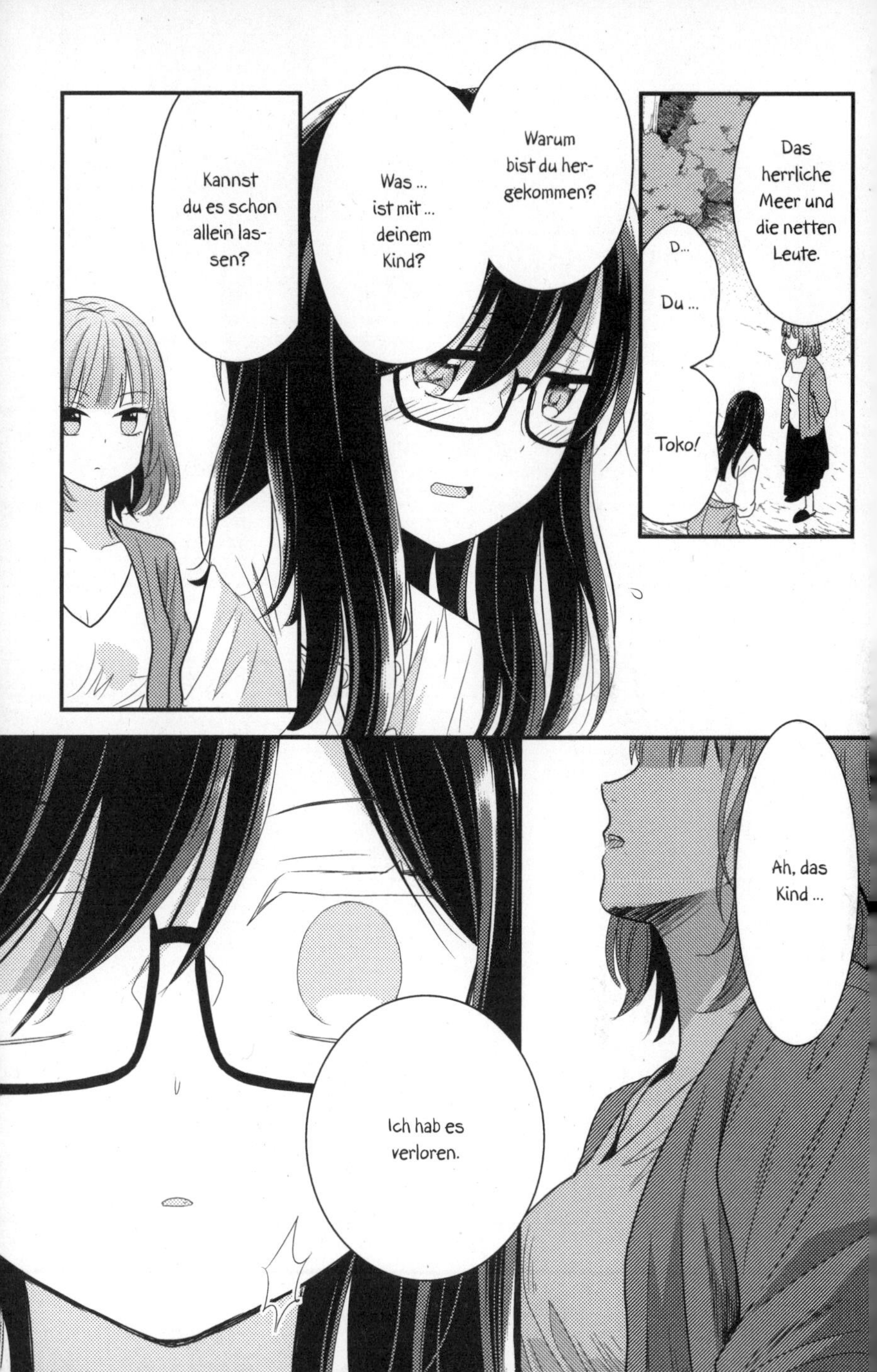
Das herrliche Meer und die netten Leute.
D... Du ... Toko!
Warum bist du her-gekommen?
Was ... ist mit ... deinem Kind?
Kannst du es schon allein las-sen?
Ah, das Kind ...
Ich hab es verloren.

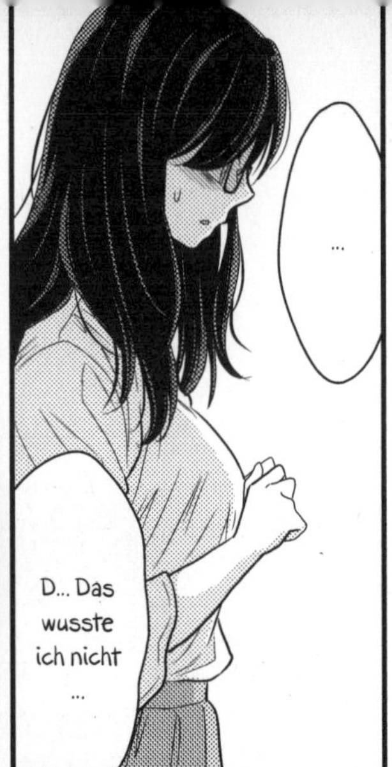
...
D... Das wusste ich nicht ...

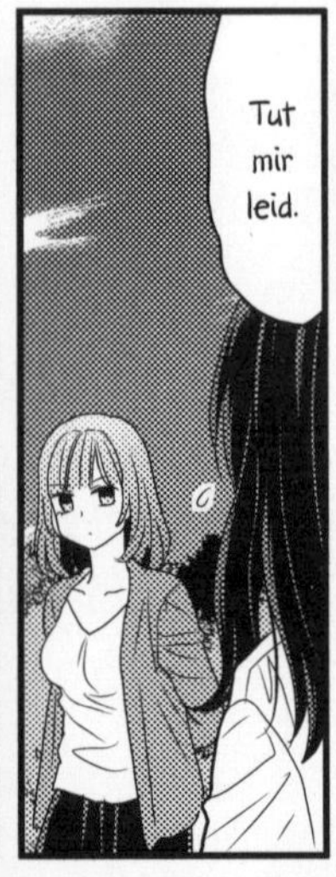
Tut mir leid.

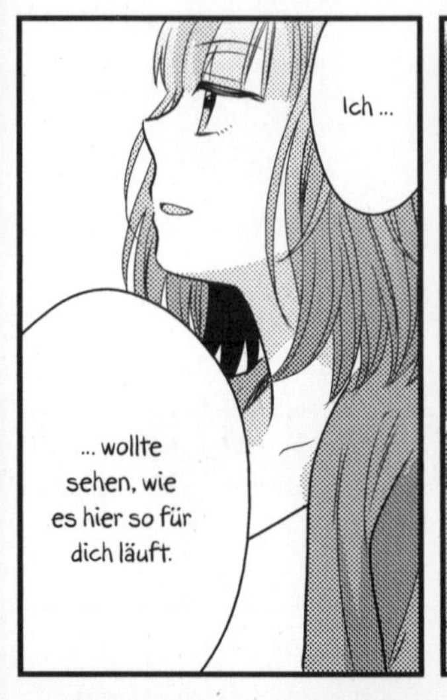
Ich ...
... wollte sehen, wie es hier so für dich läuft.

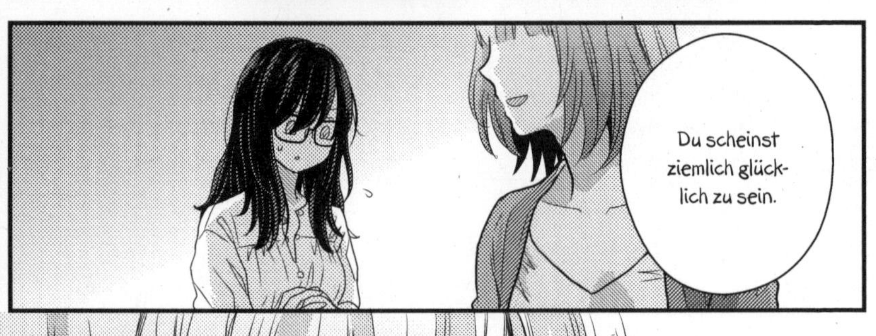
Du scheinst ziemlich glücklich zu sein.

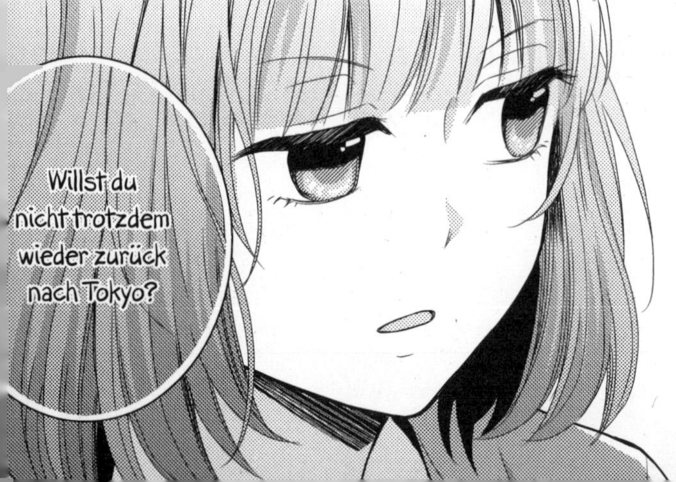
Willst du nicht trotzdem wieder zurück nach Tokyo?

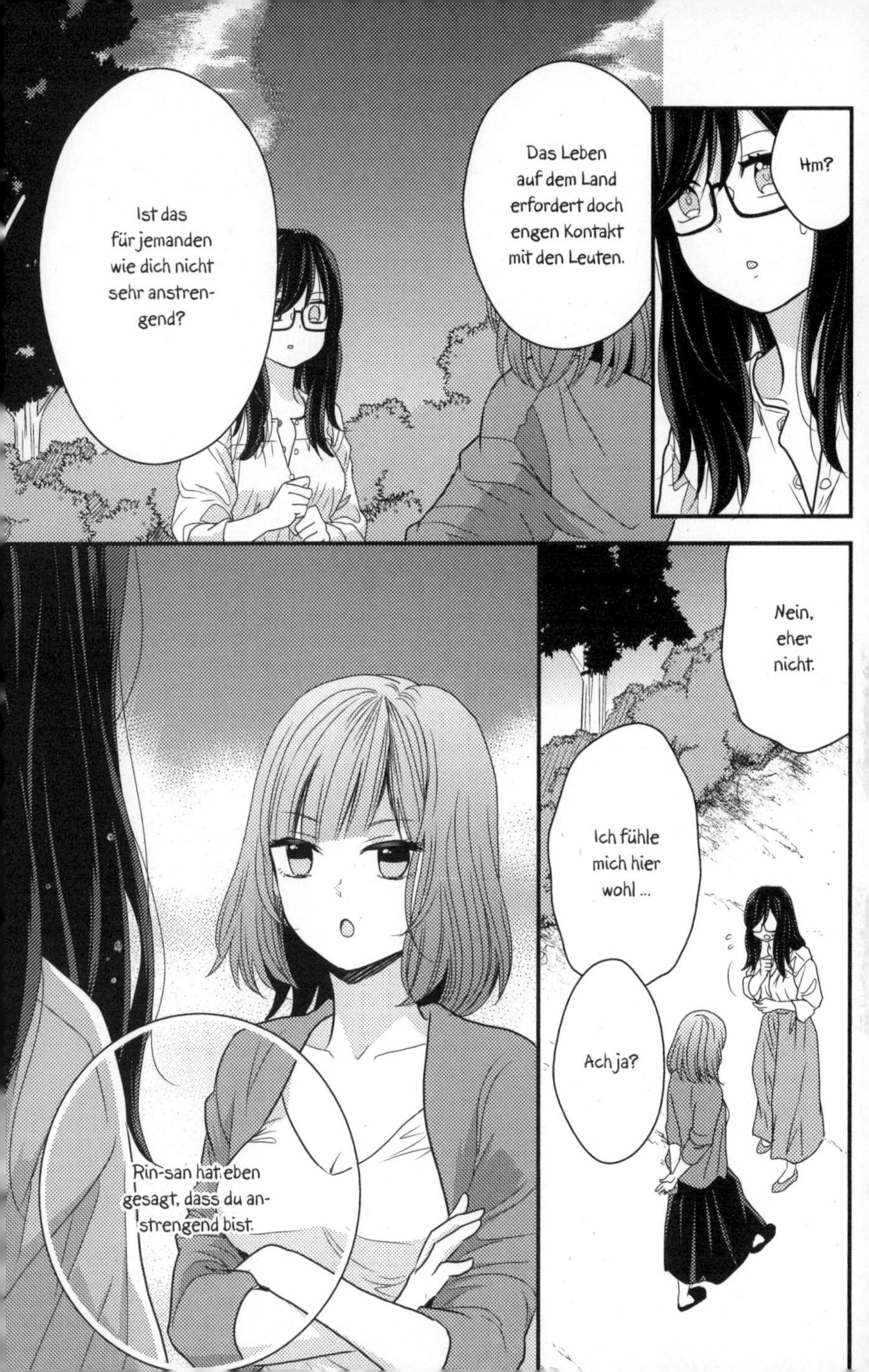
Hm?
Das Leben auf dem Land erfordert doch engen Kontakt mit den Leuten.
Ist das für jemanden wie dich nicht sehr anstrengend?
Nein, eher nicht.
Ich fühle mich hier wohl ...
Ach ja?
Rin-san hat eben gesagt, dass du anstrengend bist.

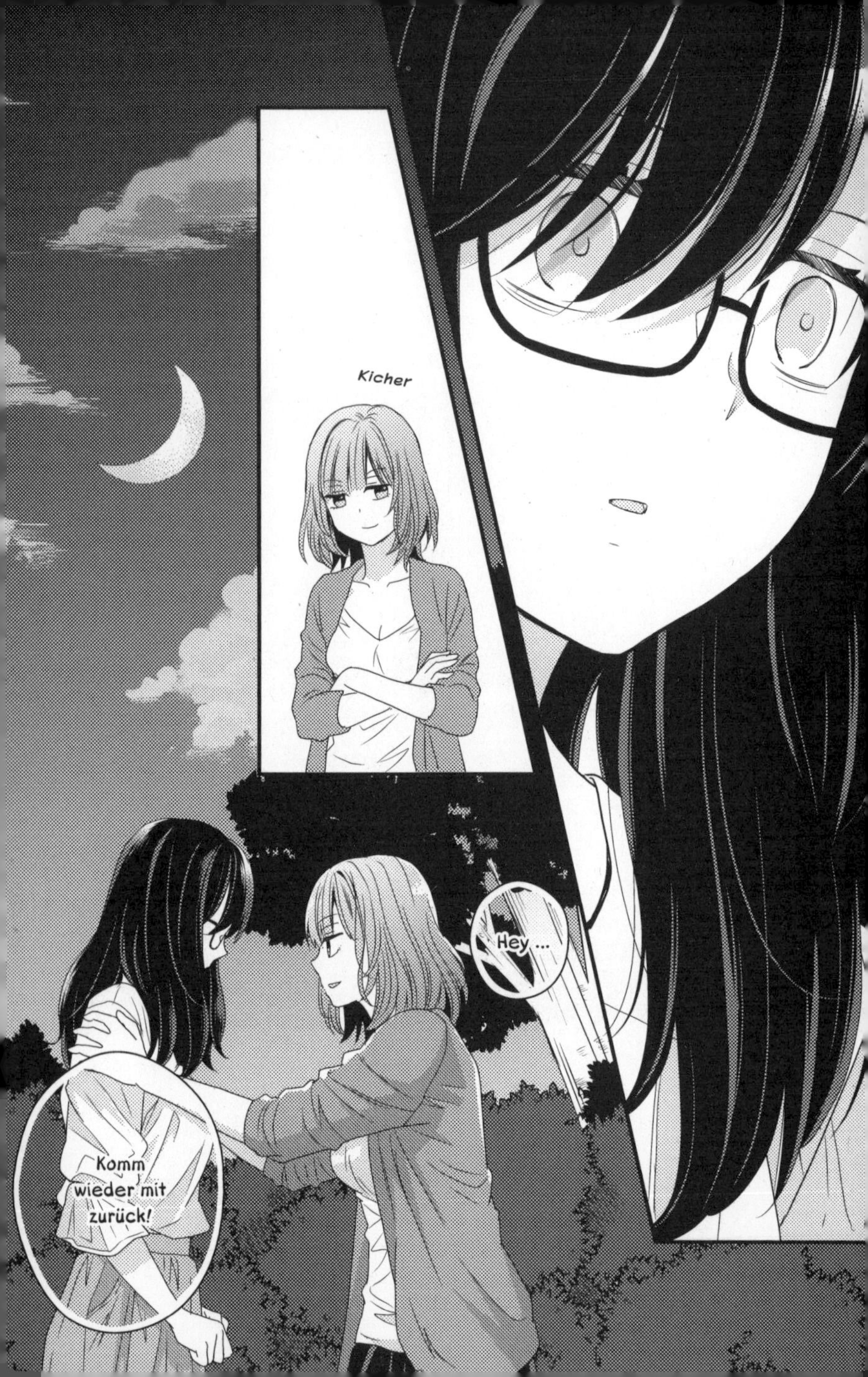
Kicher
Hey ...
Komm wieder mit zurück!

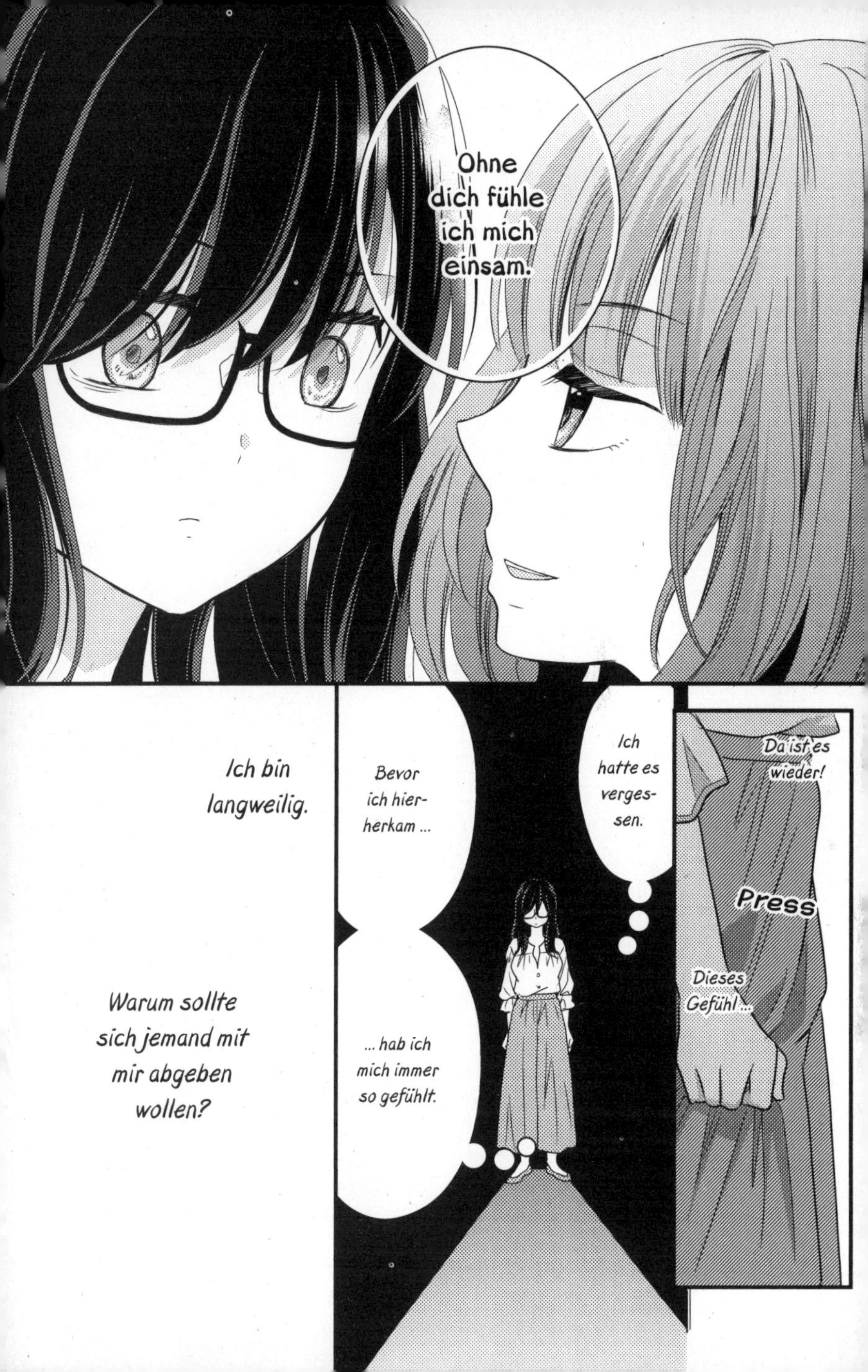
Ohne dich fühle ich mich einsam.
Da ist es wieder!
Press
Dieses Gefühl ...
Ich hatte es vergessen.
Bevor ich hierherkam ...
... hab ich mich immer so gefühlt.
Ich bin langweilig.
Warum sollte sich jemand mit mir abgeben wollen?

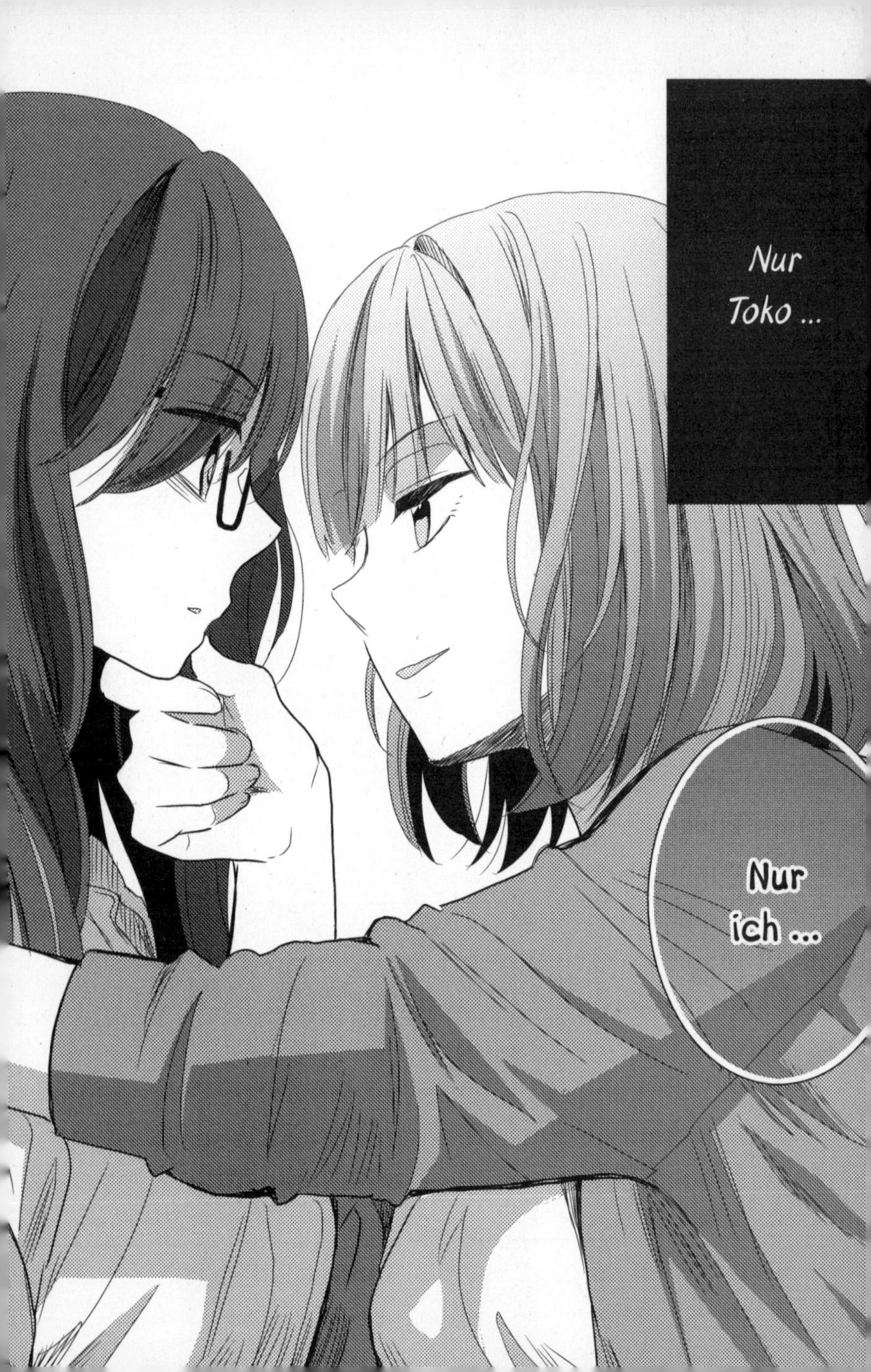
Nur
Toko ...
Nur
ich ...

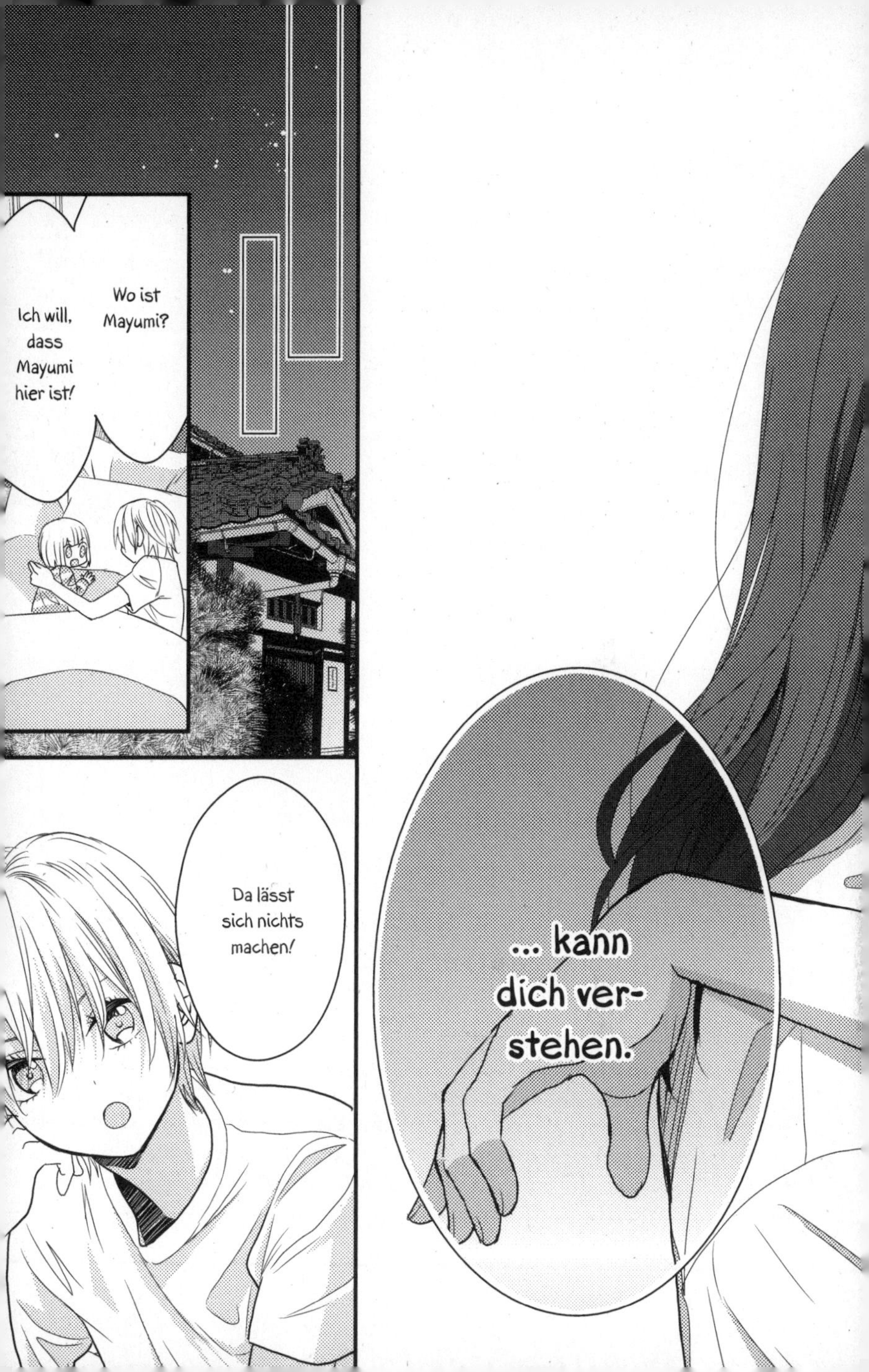
... kann dich verstehen.
Wo ist Mayumi?
Ich will, dass Mayumi hier ist!
Da lässt sich nichts machen!

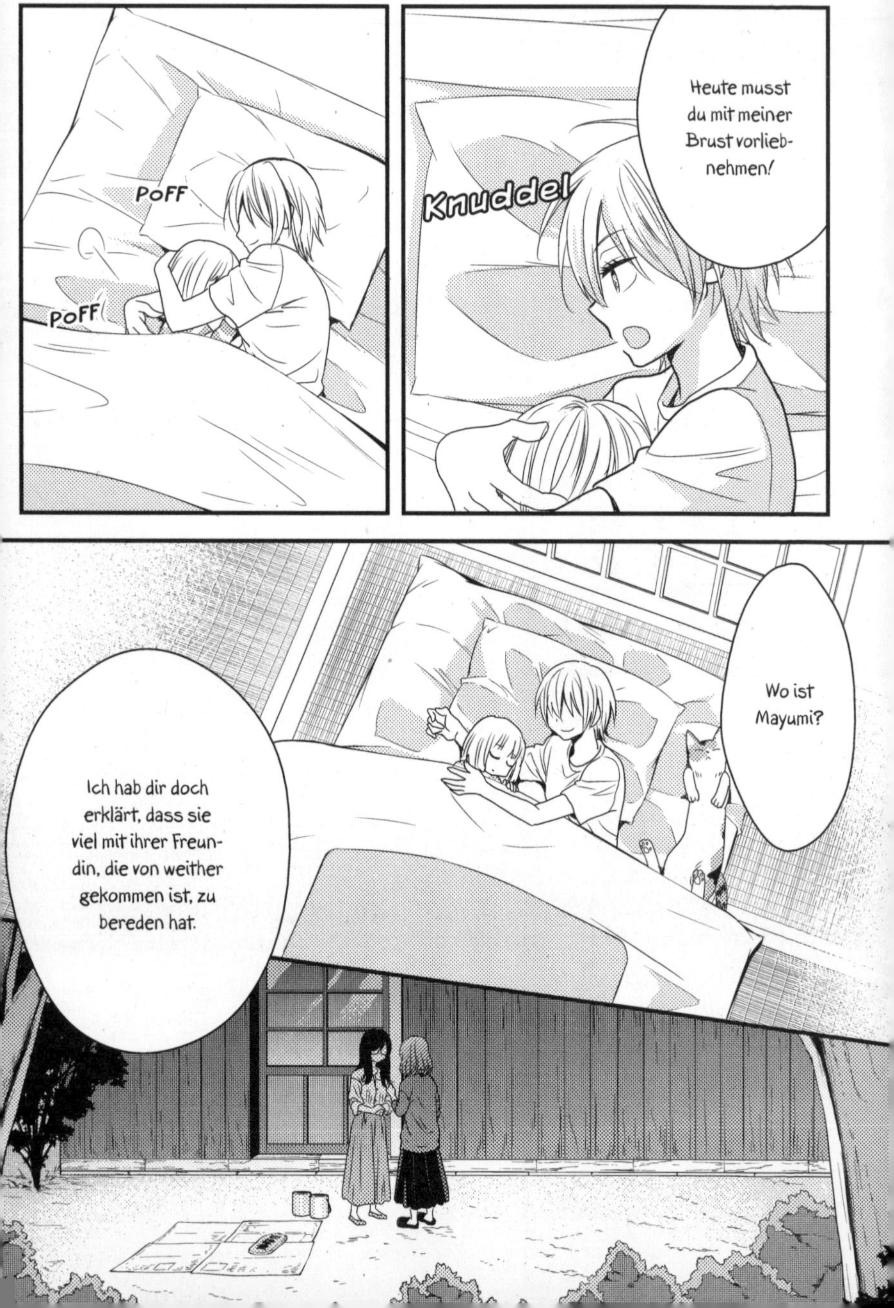

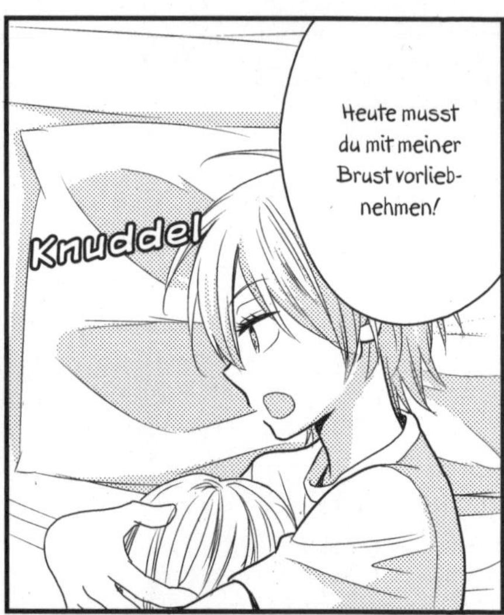

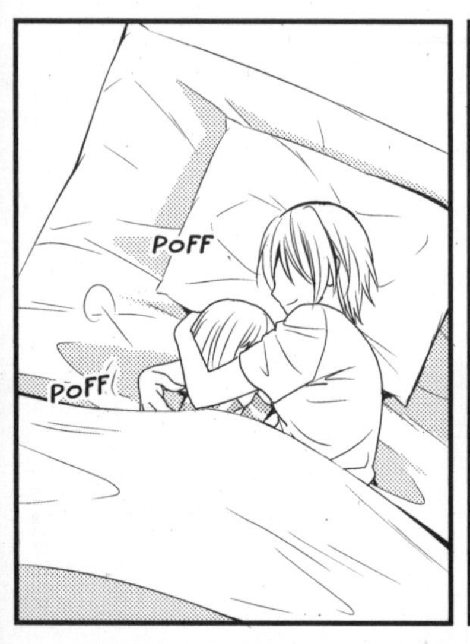

Wo ist Mayumi?

Ich hab dir doch erklärt, dass sie viel mit ihrer Freundin, die von weither gekommen ist, zu bereden hat.

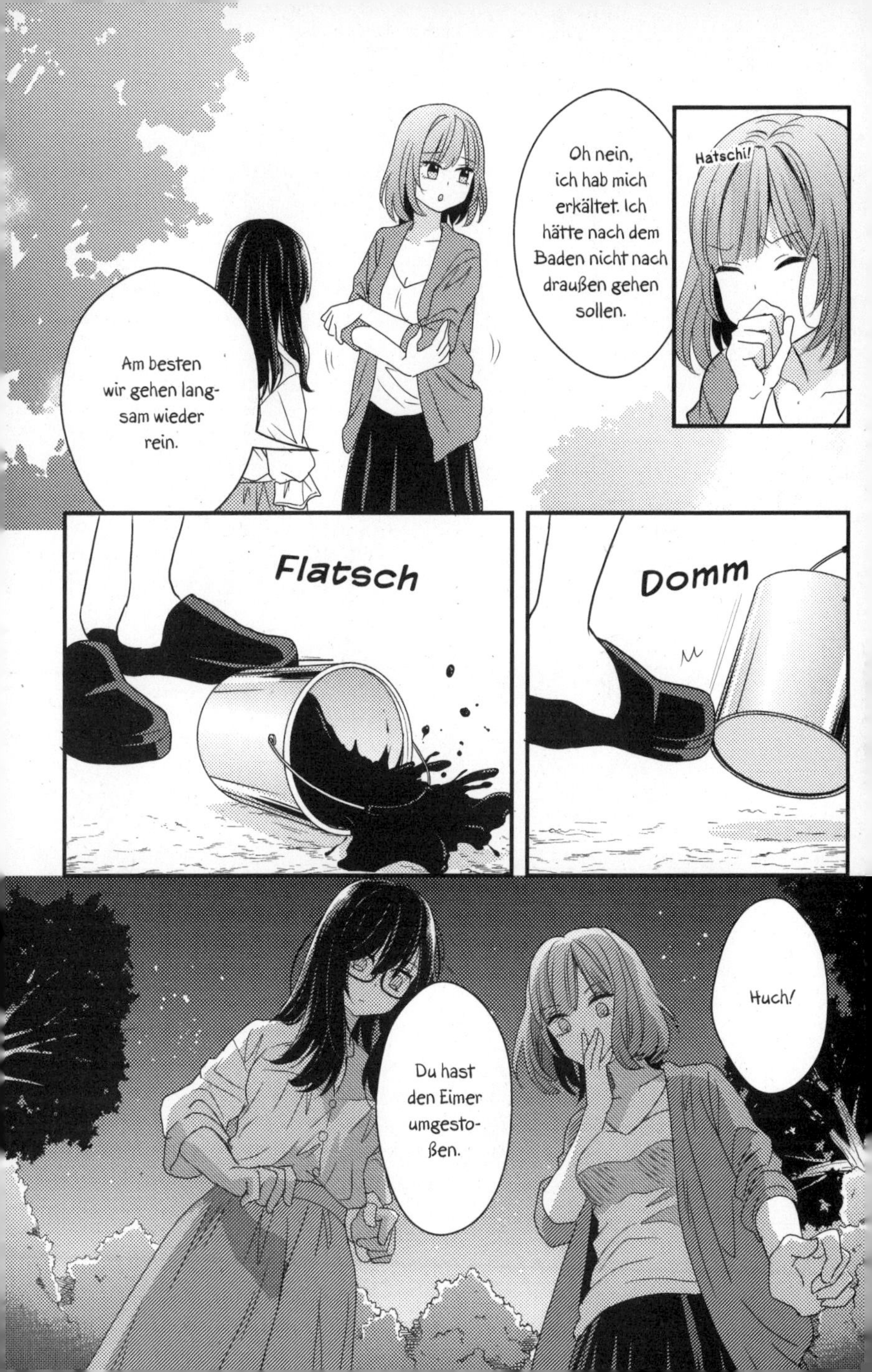
Hatschi!
Oh nein, ich hab mich erkältet. Ich hätte nach dem Baden nicht nach draußen gehen sollen.
Am besten wir gehen langsam wieder rein.
Domm
Flatsch
Huch!
Du hast den Eimer umgestoßen.

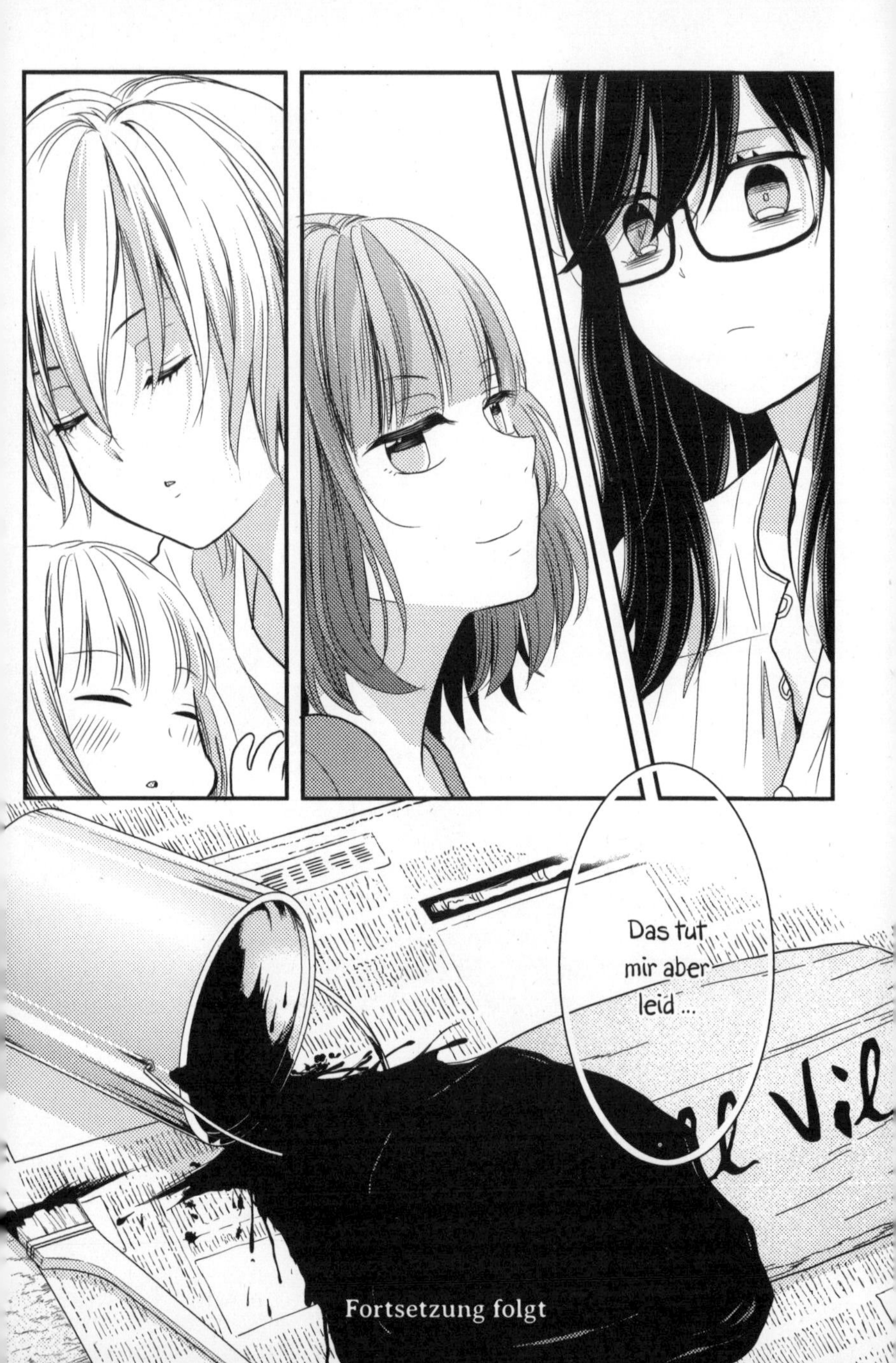
Das tut mir aber leid ...
Fortsetzung folgt

Nachwort

Vielen Dank, dass ihr zum zweiten Band von *Our Days at Seagull Villa* gegriffen habt!

Übrigens …

Seit dem Sommer haben wir eine neue Mitbewohnerin.

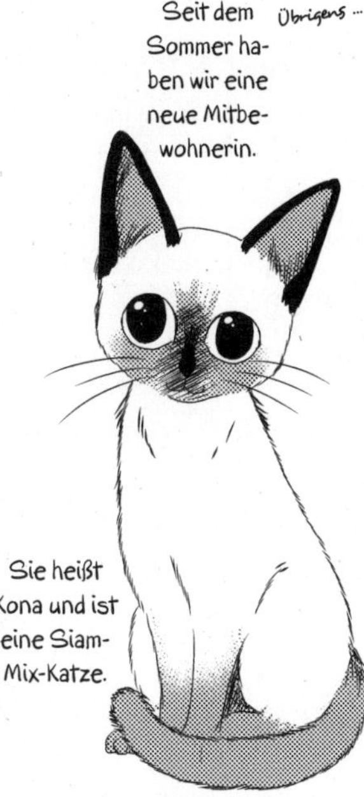

Sie heißt Kona und ist eine Siam-Mix-Katze.

Charakter: Unschuldig und eine impulsive Draufgängerin.

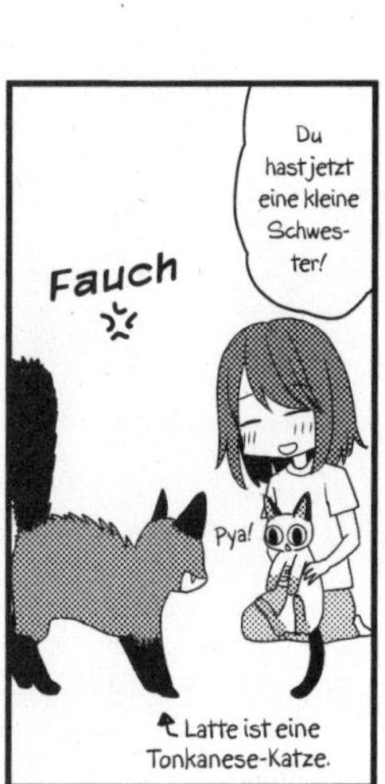

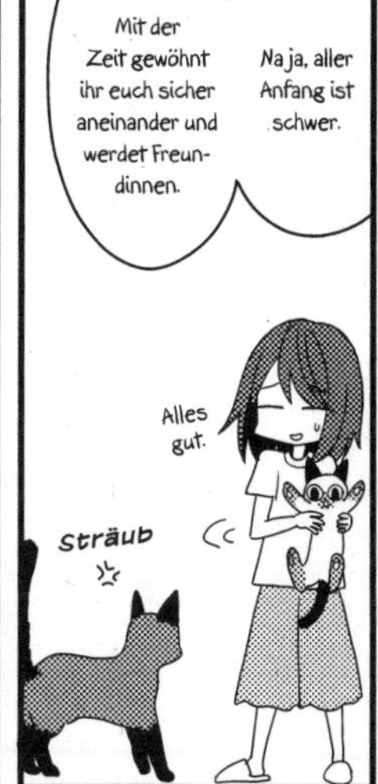

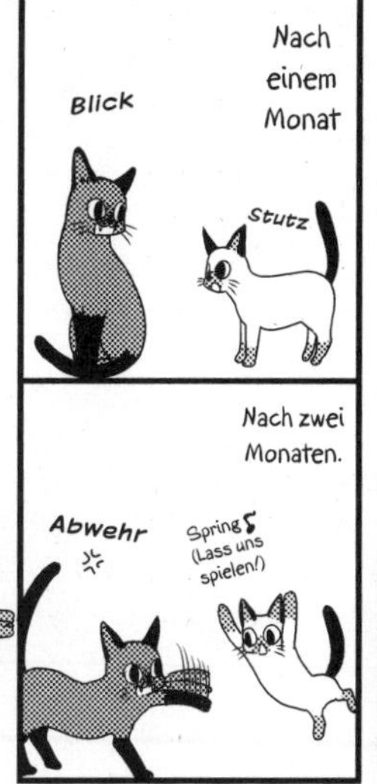

Mittlerweile sind schon drei Monate vergangen, aber die beiden vertragen sich noch immer nicht …

Wenigstens schlafen sie jetzt schon mal näher beieinander.

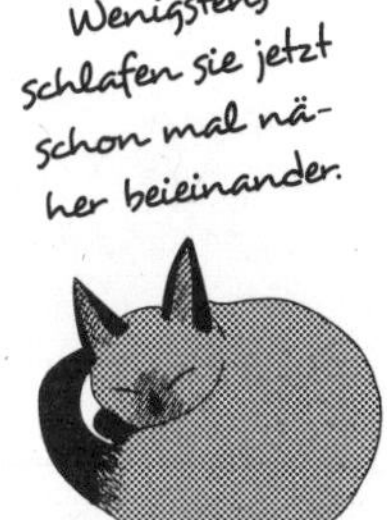

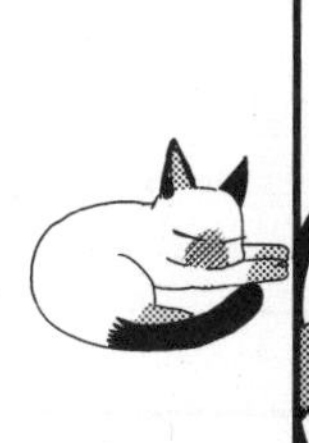

Special thanks! An Pine-san (Leitung) und an Onaka-san. Sowie an I-san, G-san und N-san (Assistenz), ans Design und an alle Leserinnen und Leser!

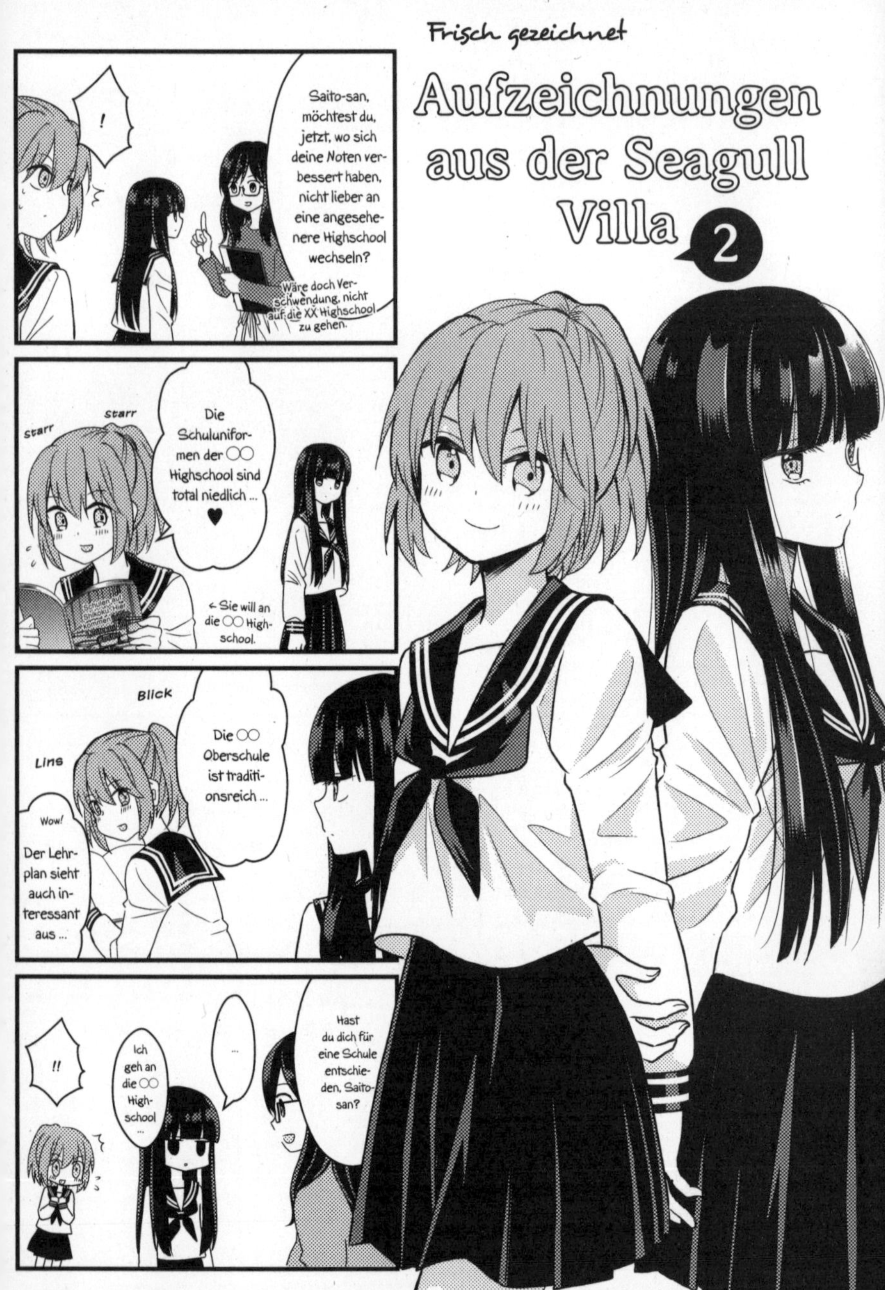
Frisch gezeichnet
Aufzeichnungen aus der Seagull Villa
2
Saito-san, möchtest du, jetzt, wo sich deine Noten verbessert haben, nicht lieber an eine angesehenere Highschool wechseln?
Wäre doch Verschwendung, nicht auf die XX Highschool zu gehen.
!
Die Schuluniformen der ○○ Highschool sind total niedlich ... ♥
starr
starr
← Sie will an die ○○ Highschool.
Blick
Die ○○ Oberschule ist traditionsreich ...
Lins
Wow!
Der Lehrplan sieht auch interessant aus ...
Hast du dich für eine Schule entschieden, Saito-san?
...
Ich geh an die ○○ Highschool ...
!!

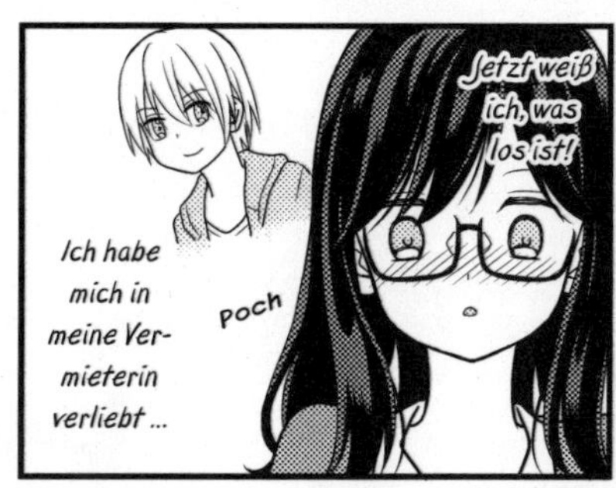
Jetzt weiß ich, was los ist!
Ich habe mich in meine Vermieterin verliebt ...
Poch

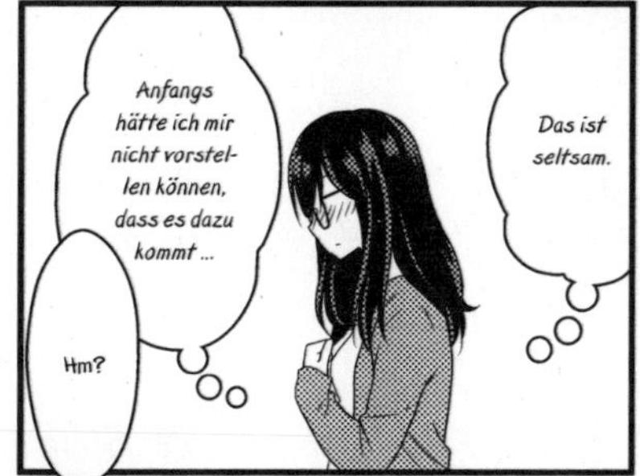
Das ist seltsam.
Anfangs hätte ich mir nicht vorstellen können, dass es dazu kommt ...
Hm?

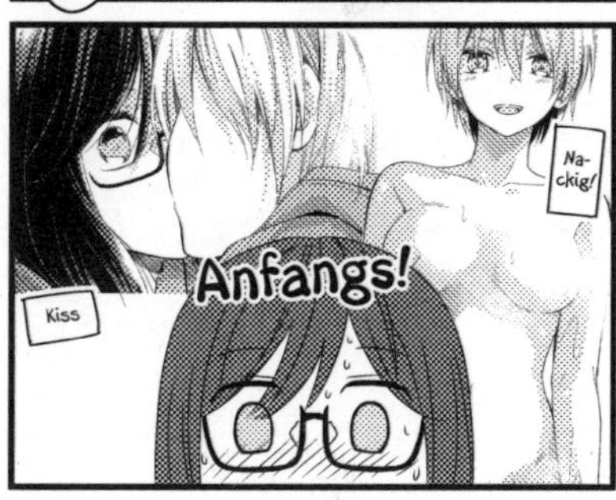
Nackig!
Anfangs!
Kiss

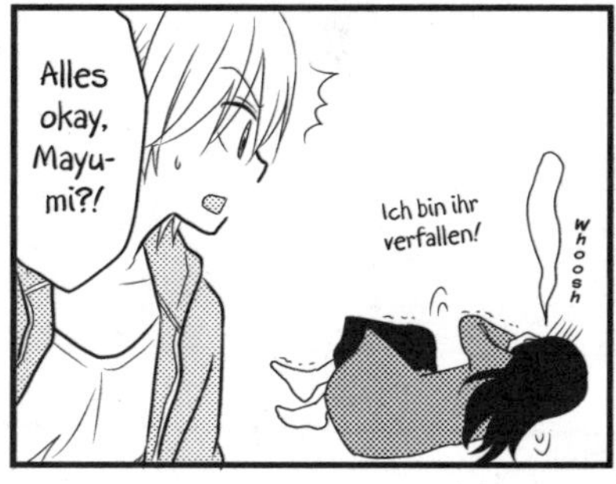
Whoosh
Ich bin ihr verfallen!
Alles okay, Mayumi?!

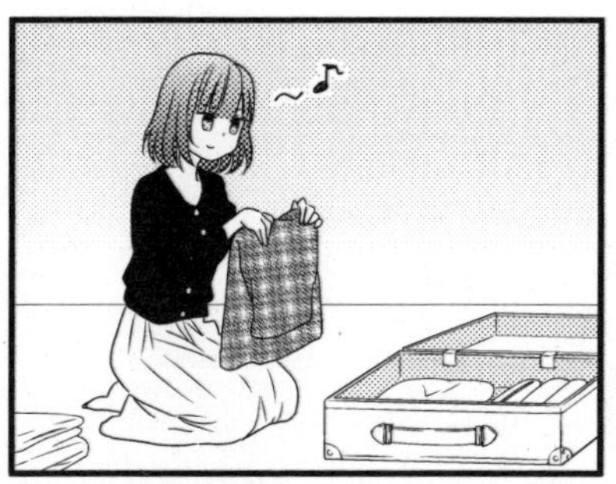
~♪

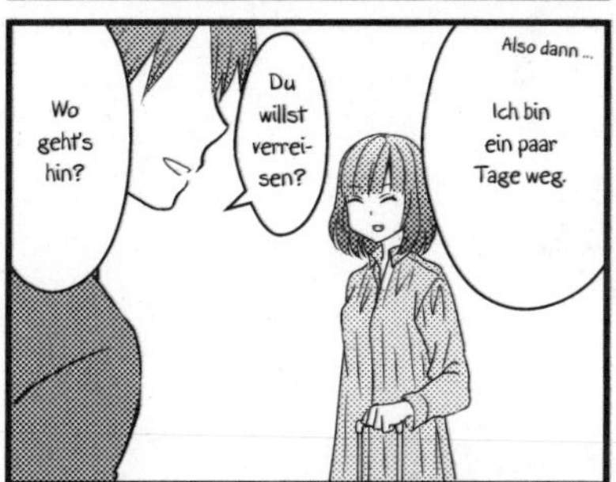
Also dann ...
Ich bin ein paar Tage weg.
Du willst verreisen?
Wo geht's hin?

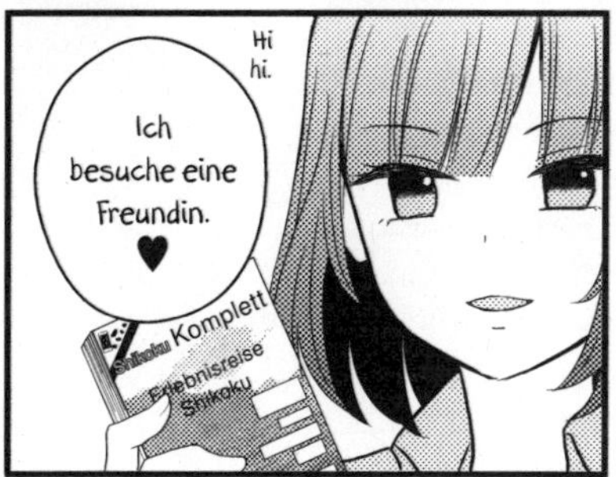
Hi hi.
Ich besuche eine Freundin. ♥
Shikoku Komplett
Erlebnisreise Shikoku

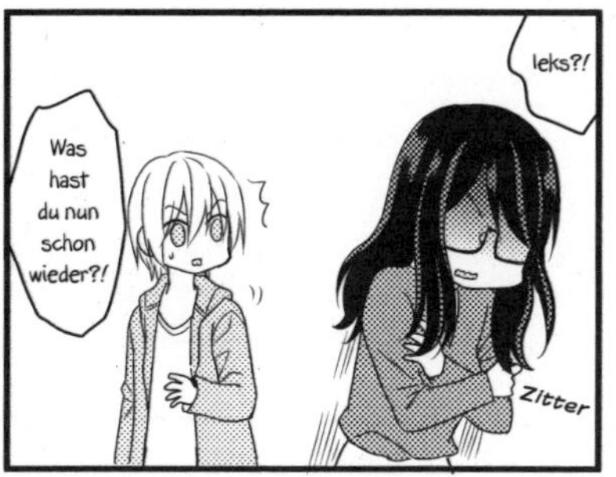
Ieks?!
Zitter
Was hast du nun schon wieder?!

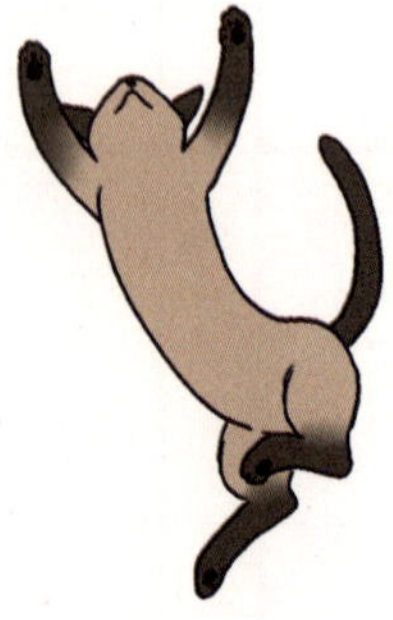

Autorenkommentar

Ich habe den Rekord meines bisherigen Höchstgewichts gebrochen. Verzweifelt habe ich daher mit einer Diät begonnen. Ich bin fest entschlossen, mit Muskeltraining und proteinreicher Ernährung weiterzumachen!

Naoko Kodama

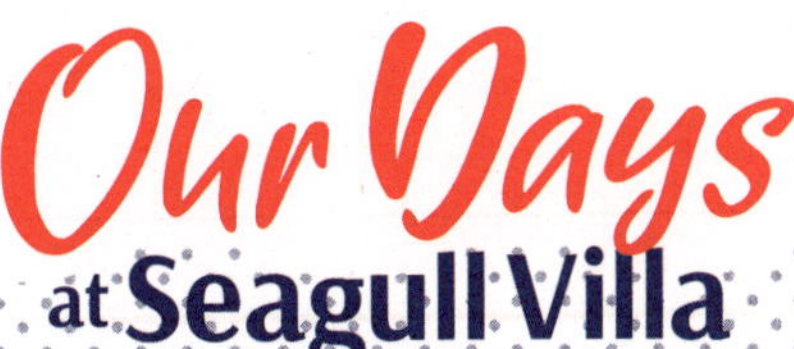
Our Days
at Seagull Villa

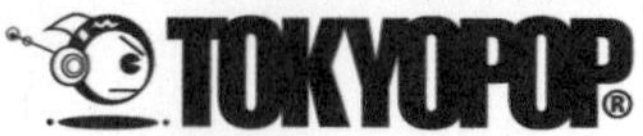

TOKYOPOP GmbH
Hamburg

TOKYOPOP
1. Auflage, 2022
Deutsche Ausgabe/German Edition

Aus dem Japanischen von Noreen Adolf

First published in Japan in 2020 by Ichijinsha Inc., Tokyo.
Publication rights for this German edition arranged through Kodansha Ltd., Tokyo.
Original cover design: Yasuhisa Kawatani

Redaktion: Lisa Duty
Lettering: Vibrant Publishing Studio
Herstellung: Alina Kronenberg, Nils Bornemann
Druck und buchbinderische Verarbeitung:
CPI–Clausen & Bosse GmbH, Leck
Printed in Germany

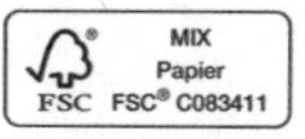

Wir achten auf die Umwelt.
Dieses Produkt besteht aus FSC®-zertifizierten und anderen kontrollierten Materialien.

ISBN 978-3-8420-7935-9

www.tokyopop.de